中國學術思想 研究輯刊

三 編

林慶彰 主編

第 18 冊

王應麟之經史學

何澤恆 著

花木蘭文化出版社

國家圖書館出版品預行編目資料

王應麟之經史學／何澤恆 著 — 初版 — 台北縣永和市：花木
蘭文化出版社，2009〔民 98〕

目 2+254 面；19×26 公分

（中國學術思想研究輯刊 三編：第 18 冊）

ISBN：978-986-6528-88-0（精裝）

1.（元）王應麟 2.學術思想 3.經學 4.史學

125.99 98001720

ISBN - 978-986-6528-88-0

9 789866 528880

中國學術思想研究輯刊

三 編 第十八冊　　　　　　ISBN：978-986-6528-88-0

王應麟之經史學

作　　者	何澤恆	
主　　編	林慶彰	
總 編 輯	杜潔祥	
出　　版	花木蘭文化出版社	
發 行 所	花木蘭文化出版社	
發 行 人	高小娟	
聯絡地址	台北縣永和市中正路五九五號七樓之三	
	電話：02-2923-1455／傳眞：02-2923-1452	
網　　址	http://www.huamulan.tw 信箱 sut81518@ms59.hinet.net	
印　　刷	普羅文化出版廣告事業	
封面設計	劉開工作室	
初　　版	2009 年 3 月	
定　　價	三編 28 冊（精裝）新台幣 46,000 元	

王應麟之經史學

臺靜農題

王應麟之經史學

何澤恆　著

作者簡介

何澤恆，廣東中山人，1950 年生，台灣大學中國文學博士，現任該校中國文學系教授。研究領域涉及《周易》《四書》《老子》《莊子》《孫子兵法》、中國經學史、宋代學術、清代學術等方面。著有《先秦儒道舊義新知錄》《焦循研究》《王應麟之經史學》《歐陽修之經史學》等書。

提　　要

　　《四庫提要》稱王應麟博洽多聞，在宋代罕與倫比。其著作宏富，見於著錄者無慮三十種，散佚之餘，現存者仍得其半，其中《玉海》、《困學紀聞》二書流傳為尤廣。《玉海》多傳故實，可補史志所未詳；而為其學術心得之結晶者，則當在《困學紀聞》。故本書以《紀聞》為主要之依據，而以其他著述為輔，以研討其經史之學。蓋王氏為學，雖博涉多方，然尤以經史為主。如《紀聞》書中經史各卷，已占全書之大部分，即其評詩、評文三卷之所述，亦多以考證之方式為之，是亦無異為史學也。故本書雖以經史學為主題，實亦猶綜合而研究其學術之全部。全文分四章：首章考述王氏生平事跡及其學術淵源。第二、三兩章就其經史之學分別部居，一一有所闡述。末章專論王氏之學術與清儒之關係。蓋首章考其源，而末章泝其流也。

　　清儒於王氏之學，特為重視，傚法《紀聞》以著書者，自顧炎武《日知錄》以下，不知凡幾。而為《紀聞》箋校輯注者，自閻若璩、何焯、全祖望以下，亦不啻十家。故王氏之學，於有清一代，可謂始終盛行不輟。惟清儒箋注其書，或校勘其文字之異同，或稽考其引據之來歷，而於其為學之本原與夫著書精神之所在，則鮮有抉發。此蓋由箋注體例所限，再則清儒之重其學，無疑多偏在考證博聞之一面，於知人論世之義遂不免有所忽略。是編之撰，董理其全書之脈絡而為其學術作全盤之申述，可補前賢所未備。

目

次

前　言

　　王應麟，字伯厚，晚號深寧居士，宋季仕至禮部尚書，入元後杜門不出，讀書治學，凡二十年，卒。

　　深寧早歲攻詞科，嘗應博學鴻詞中選。著作宏富，見於著錄者無慮三十種。今傳世者以《玉海》、《困學紀聞》二書最爲通行。《玉海》係其早年爲詞科所輯之類書，采摭雖豐，然非深寧所自矜重。《困學紀聞》則爲其入元以後，晚歲精力所萃之著作，故欲研討其學術，無疑當以是書爲主而輔以其他遺著。

　　深寧詞科之學，頗受呂東萊、眞西山之影響，惟綜論其學術血脈之所自，則應歸諸朱子。深寧晚年隱居鄉里，足不出甬上，故後人推以爲四明之儒宗。然南宋學術，朱陸分途，四明學者多宗陸；其以朱變陸者，則有黃東發、王深寧、史果齋，皆已當宋之季世。而深寧所得於朱子之傳者，尤在其經史之學。夫博文約禮，深寧固知兼重，而其自所表見之成績，則仍偏多於博文。加之宅心溫厚，不喜標立門戶，故後來全謝山論其學術，但見其著書之博采眾說，便謂其兼師朱陸呂，又或稱其爲明招之傳，是皆未足以審其學術傳承之眞也。本文第一章詳述深寧生平事蹟，並考其學術淵源，而於以下各章中屢有指陳，以爲補充。

　　《困學紀聞》一書，於經史子集天道歷數地理，皆有所涉及，足見深寧於古書幾無一不讀，其爲學蓋主通貫四部而不主專業。其論經，亦反對墨守家法，拘執門戶，故既重視漢唐以來諸經之注疏，又兼采北宋諸儒之說，以至時賢之議論，而求其融匯貫通。蓋可謂深有得於朱子論經之遺旨。其研經，莫不原原本本，具有根柢，而不涉空言。故或貫通全經經文，參證諸家注疏以爲說；或類比群經異同，以爲參校；而於經文經說之不見於傳本，而猶存

載於他書者，亦特加重視，遂又別開輯佚之學。此種考證著書之法，對此後清儒有甚大之影響。故其著作，亦特為清儒所眾口同譽也。本文經學篇依《困學紀聞》原書篇次，分章論述，以期探討其經學之梗概。

至於史學，深寧無專史之修纂。而嘗裒輯《玉海》，書中備載有宋一代掌故，率本諸實錄國史日曆，多為後來史志所未詳者，足供後人考究宋代史實之參考。然其書本為獺祭而作，非撰史之比，故欲研究深寧之史學，仍應以《困學紀聞》為主要之依據。《紀聞》書中《考史》凡六卷，而其論史之旨趣已在其中，蓋其議論，亦莫不藉考證以出之也。本文貫串全書，立治道、人才、風俗、制度四項，分予敘述。《紀聞·考史》各卷，但依諸史先後之次以為序，本無分立節目；本文分節，乃作者歸納而為之，用便於記述耳，必綜貫以求，而後可以知其論史之通義也。

顧在深寧之意想中，其實亦無經史之分途。彼嘗言「因經明道」，則所重者尤在道，然觀其為學，可知其決不主舍經以言道。其申道明道，一以實事實學為說，可謂實事求是。故書中往往舉史事以證經義，一則欲藉具體之事以闡明經旨，再則可證經中所述之義，皆可於後代史實中得其驗證，以見經義之確乎可以施行。此其融匯經史，而欲求致用之深旨之所在。本文史學篇之最後一節，於此即有所申論。

清儒對深寧之博學，特為激賞，而尤有得於其考證著書之方法。故倣傚《困學紀聞》之體裁而成書者，自顧亭林《日知錄》以下，蓋數數見，而其考據之方法，雖益詳益密，然大輅始乎椎輪，增冰成於積水，深寧之功，固不可沒。清儒既重其學，故於《困學紀聞》，自閻潛邱、何義門、全謝山以下，為之箋校者無慮七家，逮嘉道間，復有萬蔚亭為之集證、翁鳳西為之輯註，幾可謂終有清一代，用力於其書者始終不衰。然諸家箋注，多詳考其文字事實之出處原本，於深寧因考證經史以申明義理之一面，鮮有發明，本文則轉於此點詳加指陳。至於力索冥蒐，考辨是非，則清儒之珠玉在前，非作者淺學之所能望其萬一。故本文有詳人之所略而略人之所詳者，殆睎乎補前賢之所未備，雖力有未逮，區區微意，固在此也。

深寧身處易代之際，亡國以後歸里隱居不出，著書講學以卒。故其《困學紀聞》書中，每寓故國之思、亡國之痛。諸家箋註中，唯全謝山對其身世之慨多所摘抉，可謂大有功於深寧之書者。本文最後一章，本謝山之意，續加發揮。竊意以為後人之倣深寧著書而真有得於深寧者，唯顧亭林《日知錄》

一書。亭林之學亦宗朱子，而其身世之所遇，復與深寧差似，異代同情，其心目之所關注，乃不期而若合符節，其爲書之體貌風神，遂亦見有若是之相近也。《日知錄》亦盛爲清儒所推重，惟以其書中用語，多觸時諱，故有清一代通行之板本，皆爲人所改竄，而其書中所特寓之民族精神，亦隨之湮沒而不彰。然其手鈔原本，則仍暗中流傳不輟。《困學紀聞》雖亦多寄其遺民之志節、民族之意識，然就清人言，則終究爲一部前人之遺籍，且所述悉以考證之面貌出之，其旨亦較隱晦，故更可公開流行。清初諸儒之重視《日知錄》者，幾無不同時注意《困學紀聞》，雖二書同爲此後清儒考據之學淵源所自，然清儒之好讀其書者，其始或亦暗寓其民族意識也。惟在清廷高壓之下，文網殊密，學術被逼轉向，深寧亭林，遂僅以博學多聞爲世所崇重，而其生平志節之所寄，重義理重經世之遺旨，反沈埋而未章，是則未可以言二人學術之全也。故本文特並深寧亭林而爲之論者，蓋亦表微之意云爾。

　　本文之撰成，蒙鄭因百（騫）師悉心指導。自撰忝居門下，先後已十年，受業請益，仰沾時雨，深媿資性駑鈍，未足以報先生之循循善誘也。又蒙臺靜農師賜予題籤，尤爲銘感。全文述竟，謹誌其至誠之謝忱焉。

〔是編草成於民國 70（1981）年 6 月，當時受限於物質條件，僅能少量油印。今承花木蘭文化出版社正式付梓，因便更正初稿若干誤字，並增入書名號，而內容則率仍其舊。儵忽逮今，垂三十載，靜農、因百二師皆已先後作古，重閱舊篇，豈勝感惻。民國 98（2009）年 2 月作者附識。〕

第一章 王應麟之生平及其學術淵源

第一節 事跡繫年

一、宋亡以前

王應麟，字伯厚，又字厚齋，學者稱深寧先生。本貫開封府祥符縣。曾祖安道建炎初扈蹕南渡，乾道間始定居於鄞，屬慶元府。〔註1〕父撝，字謙父，博洽多聞，性耿介，非其友不與語。幼學於樓昉，〔註2〕為文醇深，善議論。〔註3〕應麟生於宋寧宗嘉定十六年癸未（1223）七月二十九日寅時。弟應鳳與應麟同日生。〔註4〕應鳳字仲儀，又字默齋，小字若鳳。應麟九歲即通六經。

〔註1〕《陳譜》云：「《嘉靖寧波府志》：鄞縣治南一里，宋尚書王應麟所居，今稱王家府。謝山全氏《湖語注》：深寧先生封鄞縣伯，故所居亦稱錦里。今考先生故居在城西南廂，鄞縣學前白鶴廟之東廟，相傳為先生書堂遺址，即所謂汲古堂書庫也。王家府、錦里，名皆不傳。」

本節據錢大昕、陳僅、張大昌三家《深寧先生年譜》參定，以下簡稱《錢譜》、《陳譜》、《張譜》。

〔註2〕全謝山《深寧學案·敍錄》謂「四明之學多宗陸，深寧之父亦師史獨善以接陸學。而深寧紹其家訓，又從王子文以接朱氏，從樓迂齋以接呂氏。又嘗與湯東澗遊，東澗亦兼治朱陸呂之學者也。和齊斟酌，不名一師。」今按，謝山《麗澤諸儒學案》：「樓昉，號迂齋，從東萊於婺。李悅齋學士，王厚齋尚書，其高弟也。」王梓材案云：「李悅齋為紹熙庚戌進士，厚齋尚書以嘉定癸未生，相去三十四年。且其父溫州，已是幼從迂齋，尚書未必再及樓門。」則從學於樓迂齋者乃謙父，非應麟，全說未足據。說參本章第二節。

〔註3〕博洽至議論二十五字，據《康熙寧波府志·人物傳》。見《張譜》案語。

〔註4〕《錢譜》謂應鳳後應麟八年生，同日。《陳譜》辨之，云：「《宋史·儒林本傳》，

十六歲從鄉先生吳參倚學。十七歲父撝遷國子監正，將作監主簿，乃隨侍入朝。是歲撝同年進士余天錫參知政事，屬撝教其子弟。歲終致束脩，堅却不受，曰：「吾二兒習詞學，鄉里無完書，願從公求尺牘，往借周益公、傅內翰、番陽三洪暨其餘習詞學者，凡二十餘家所藏書。」余欣然應之。撝性嚴急，每授題，設巍座，命坐堂下，刻燭以俟，少緩輒呵譴之。由是應麟文益敏捷。

嘉熙四年庚子，應麟十八歲，八月試國子監，中選。翌年二月，別院省記奏名。四月御史臺覆試。五月廷試乙科，登徐儼夫榜進士，賜及第出身。是歲七月，侍父撝於婺州，遂從王埜受學，習宏詞科。初，眞文忠（德秀）從傅伯壽爲詞科，埜與文忠相後先，源緒精密，應麟遂得呂成公（祖謙）、眞文忠之傳。〔註5〕又從徐鳳受習之。〔註6〕先是應麟初登第，言曰：「今之事舉子業者，沽名譽，得則一切委棄。制度典故，漫不省，非國家所望於通儒。」於是發憤誓以博學宏辭科自見。假館閣書讀之，每以小冊納袖中，入祕府，凡見典籍異聞，則筆錄之，復藏袖中而出。〔註7〕

淳祐三年癸卯二十一歲，調衢州西安主簿。民以年少易視之，輸賦後時。

應麟與弟應鳳同日生。《宏簡錄・道學本傳》，父撝同日雙生二子，曰應麟應鳳。僅按，嘉定癸未七月庚午日，先生與弟應鳳同日生，見先生自作《墓誌》及先生子昌世所作《壙記》。」《張譜》則仍依《錢譜》，繫應鳳生年於庚寅，云：「《寶祐登科錄》應鳳名下稱年二十七，七月二十九日寅時生。寶祐四年，先生年三十四，而應鳳年二十七。《錢譜》所據者此。《陳譜》恐未合。《宏簡錄》雖有此說，而《宋史・本傳》及先生自製《墓誌》、子昌世所作《壙記》，祇稱同日生，未有云同生於某年月日者。」今按，錢張所據，僅《寶祐登科錄》一證。惟王昌世所撰《壙記》云：「先公於嘉定十六年七月庚午，與叔父太常博士諱應鳳生同日。」應麟《浚儀遺民自誌》亦云：「先君擢第之歲，與弟太常博士應鳳生同日，嘉定癸未七月也。」《壙記》之文，或尚可有兩解，至《自誌》全篇句法，悉倣歐陽永叔《醉翁亭記》，（應麟謂《醉翁亭記》乃倣《易・文言》，說見《困學紀聞》。）則此所謂同日，固不得謂在癸未之外之其他年也。竊謂《登科錄》殊不足據，當以應麟《自誌》爲準，故仍依《陳譜》。又按，《宋人軼事彙編》引《堅瓠集》一則，謂王氏二子爲獮猴所雙生，並登科通顯爲名臣，說極荒誕。又曰弟名應龍，養父宋鄞人王某以販馬爲業，皆不值識者一辨。筆記野語，類多不經，固不足信也。

〔註5〕 說依《陳譜》。惟此所謂得呂眞之傳者，當係詞科之學，非指道學。參本章第二節。

〔註6〕 袁桷《清容居士集》卷三十三《陳志仲墓誌》：「宋季詞科，呂成公眞文忠傳諸徐鳳。徐鳳傳諸王公應麟。」張大昌謂諸書均稱從王埜，不言從徐鳳，未知深寧從二人之前後，姑繫此。今依張說。

〔註7〕 假館閣書筆錄異聞事，據《至正直記》。《陳譜》繫於乙巳二十三歲，《張譜》則繫於辛丑，今從後者。

應麟白郡守繩以法，遂立辦。諸校欲為亂，知縣事翁甫倉皇，計不知所出，應麟亦以理諭服之。五年乙巳，二十三歲，侍父入朝。調浙西提舉常平主管帳司，部使者鄭霖異待之。六年丙午，二十四歲，十月赴西安。八年戊申，二十六歲，十月，差監戶部平江府百萬倉。〔註8〕長洲宰扁其縣圃曰茂苑。應麟告之曰：「長洲非此地也。」問其故。曰：「吳王濞都廣陵。《漢·郡國志》：廣陵郡東陽縣有長洲澤，吳王濞太倉在此。東陽，今盱眙縣。故枚乘說吳王云：長洲之苑。服虔以為吳苑，韋昭以為長洲在吳東，蓋謂廣陵之吳也。」曰：「他有所據乎？」應麟曰：「隋虞綽撰《長洲玉鏡》，蓋煬帝在江都所作也。長洲之名縣，始於唐武后時。」〔註9〕是年長子良學生，字茂章。九年己酉，二十七歲，三月，陞從事郎。十一年辛亥，二十九歲，父撝兼國史院編修官、實錄院檢討官，預修四朝史，撰《輿服志》六卷。理宗賜撝御書「竹林汲古傳忠」六字。應麟代撰謝賜表。撝因額其里居堂曰汲古堂，所撰文曰《汲古文集》。十二年壬子，三十歲，撝以直秘閣知溫州。四月，應麟差浙西提舉常平茶鹽司主管。七月，考試臨安。十二月，撝卒於溫州任，應麟還鄉守制。

　　寶祐三年乙卯三十三歲，二月服闋。三月，差揚州州學教授。〔註10〕四年丙辰，三十四歲，二月，以從事郎新除揚州州學教授。試博學宏詞科，中選。三月，有旨聽擢。四月，添差浙西安撫司幹辦公事。五月，集英殿策進士，宣入殿廬充覆考檢點試卷官。考第既上，帝欲易第七置其首。應麟讀畢，頓首曰：「是卷古誼若龜鑑，忠肝如鐵石。臣敢為得人賀。」遂寘第一。及唱名，乃文天祥也。弟應鳳，亦以第二甲第九人登第。〔註11〕

　　寶祐五年丁巳，三十五歲，主管三省樞密院架閣文字。〔註12〕七月，除國子錄。十月，改宣教郎，依舊職。翌年，三十六歲，六月，除武學博士。上疏言：「陛下閱理多，願治久，當事勢之艱，輿圖蹙於外患，人才乏而民力殫。宜彊為善，增修德，無自沮怠。恢宏士氣，下情畢達。操紀綱而明委任，謹左右而防壅蔽，求哲人以輔後嗣。」既對，帝問父名。曰：「爾父以陳善為

〔註8〕 《錢譜》繫甲辰，《陳譜》依《壙記》改繫戊申。今依《陳譜》。
〔註9〕 《錢譜》亦繫甲辰，文簡略。《張譜》則據《困學紀聞》，並移此。今從之。
〔註10〕 此據《錢譜》。《陳譜》亦從之，按云：「先生《試宏詞繫衍》云，從事郎新除揚州州學教授。若三月差授，至明年二月，歷時已久，似不得稱新。豈差命雖下，而以試事，實未及赴任，故仍從初銓之例歟？附疑俟考。」
〔註11〕 此據《陳譜》。錢、張二譜謂應鳳是科年二十七，今不從。參註4。
〔註12〕 《錢譜》繫前一年丙辰，今姑依陳張二譜改移於此。

忠，可謂繼美。」

開慶元年己未，三十七歲，正月爲禮部點檢試卷官。二月，除太常寺主簿。三月出院。五月，輪對後殿。時丁大全以會計得幸于上，擅奏擬，臺諫承風旨。大全招應麟，諭意將拜爲御史。而大全諱言邊事。應麟入對言：「淮戍方警，蜀道孔艱，海表上流皆有藩籬脣齒之憂。軍功未集而吝賞，民力既困而重斂，必失軍民心，非修攘之計也。願陛下勿以宴安自逸，勿以容悅之言自寬。」帝愀然曰：「邊事甚可憂。」對曰：「無事深憂，臨事不懼，願汲汲預防，毋爲壅蔽所欺。」由是與大全忤。是日即以臺諫論罷。十月，丁大全罷，以吳潛爲左丞相，賈似道爲右丞相。是年弟應鳳應博學宏詞科，中選。先是應鳳中甲科，或謂曰：「此麗澤先生名弟也。」蓋以異自見。及入選，人以三洪並稱。

景定元年庚申，三十八歲，九月，轉奉議郎，添差通判台州。〔註 13〕三年壬戌，四十歲，八月，赴台州。四年癸亥，三十一歲，二月，轉承議郎。五月，除行太常博士。七月供職。九月，祀明堂，爲前導官。湯漢爲少卿，與應麟鄰牆居，朝夕講道，言關洛建上江西之同異、永嘉制度、沙隨《古易》、蔡氏圖書經緯、西蜀史學，通貫精微，剖析幽眇。漢曰：「吾閱士良廣，惟伯厚乃眞儒也。使眞文忠在，願同在弟子列。」會漢耄年，力祈去，遂薦之於丞相賈似道。〔註 14〕

景定五年甲子，四十二歲，除行秘書郎。七月甲戌，彗星見於柳，芒角燭天，長十餘丈。自四更從東方見，日高方斂，凡月餘。詔求直言。應麟率

〔註 13〕　《錢譜》據《延祐四明志》，繫寶祐六年戊午，並以《宋史》所謂「大全罷，起通判台州」者爲非。《陳譜》則依《壙記》，繫庚申，則與《宋史》合。《張譜》並同。今從之。

〔註 14〕　《錢譜》附於景定元年，《陳譜》繫咸淳元年，皆誤。《張譜》改繫於此。按云：「《宋史・湯漢本傳》云：遷太府少卿，升太子諭德，改秘書少監，疏論臺諫，乞休致。擢太常少卿，補外爲福建安撫，改知隆興府。度宗即位，召奏事，授太常少卿。是漢兩除太常，一在登極前。……據《本傳》，於爲太府太常固無年月，然《（寧波）府志》云，會漢耄年，遂薦先生於似道。是指漢乞休致時。陳直增爲太常少卿，尤爲失考。何若稱少卿以闕疑。況咸淳元年，則似道已因先生撰表驚異，何取乎漢薦邪？今依《壙記》繫爲太常博士於四年，即附繫之。仍稱爲少卿而不稱太常，庶與傳亦不相悖。」今按，《館閣續錄》卷七載湯漢景定四年四月以太府少卿，兼玉牒所檢討官，兼太子右諭德。除秘書少監，兼職依舊。十月，除太常少卿。則漢爲太府太常，皆在是年，《張譜》所繫者是矣，因從之。

同舍五人扣閣上書，極論執政侍從臺諫之罪，積私財行公田之害。又言應天變莫先回人心，回人心莫先受直言。箝天下之口，沮直臣之氣，如應天何。時直言者多忤權臣，故應麟及之。是年八月，應麟輪對延和殿，有旨繳進。兼沂靖惠王府教授。九月，赴講堂講《禮記》。遷行祕書著作佐郎。〔註15〕

是年十月丁卯，理宗崩。度宗即位，應麟兼攝禮部郎官，掌丞相箋表。故事，嗣君聽政御正殿，丞相四上表，即允。已上一夕，百官會臨宮中，丞相命省吏致命於臨次，曰：「嗣君入纂大統，禮宜加多，願郎中增多三表。」應麟即臨次操筆立就，具以進。咸淳元年乙丑，四十三歲，直學士院馬廷鸞知貢舉，有旨以應麟攝直學士院。三月，兼權禮部郎官。丞相護山陵事畢，復命作辭表三通。吏拱立以俟，應麟從容授之，丞相驚服。〔註16〕四月，考太學補試。閏五月，兼翰林權直學士院崇政殿說書。六月，經筵進講《周易》。讀《稽古錄》。七月，除著作郎。翌年丙寅，四十四歲，正月，除守軍器少監。經筵，值人日雪，帝問有何故事，應麟以唐李嶠李乂等應制詩對。因奏春雪過多，民生飢寒，宜謹感召。升兼學士院權直。三月，援淳熙詞臣倪思故事，乞免兼禮部郎。有旨依所乞免兼。九月，轉朝散郎，除將作監。帝視朝，謂應麟曰：「為學要灼見古人之心。」對曰：「嚴恭寅畏，不敢怠皇，克勤克儉，無自縱欲，強以馭下，制事以斷，此古人之心。然操舍易忽於眇緜，兢業每忘於游衍。」帝嘉納之。既而轉對，言人君防未萌之欲，存不已之誠。十一月，賜緋魚袋。咸淳三年丁卯，四十五歲，二月乙丑，詔賈似道專拜平章軍國重事，左右相葉夢鼎江萬里皆畏避去，似道亦求去。上惶恐，不知所以。應麟在經筵，奏言孝宗朝闕相亦逾年。上亟取慰諭之。似道大疑上語安所從得，後知從經筵所授，深忌之。語包恢曰：「我去朝士若王伯厚者多矣，但此人素著文學名，不欲使天下謂我棄士，彼盍少思自貶。」恢以言告。應麟笑曰：「忤相之患小，負君之罪大。」三月，兼侍立修注官，升權直學士院，以明堂恩數轉官。〔註17〕四月，次子昌世生。〔註18〕八月，輪對。十月，大雷電。應麟奏言：「十月之雷，惟東漢數見，命令

〔註15〕《錢譜》繫在十月度宗即位前，與《壙記》及《本傳》合。《陳譜》繫十二月，未詳何據，疑不可從。說參《張譜》。

〔註16〕《錢譜》《陳譜》均類繫於增請視朝三表後，《張譜》據《本紀》移繫於此，今從之。

〔註17〕《張譜》據《咸淳遺事》繫此。

〔註18〕《陳譜》依《家乘》附於咸淳元年，《張譜》則據黃溍《墓誌銘》，改依《錢譜》繫此。今從之。

不專，姦衺並進，卑踰尊、外陵內之象。當清天君，謹天命，體天德，以回天心。守成必法祖宗，御治必總威福。」似道聞之，益惡，斥逐之意遂決。〔註19〕是月，除秘書少監，升兼侍講。上疏論市舶，不報。十一月，進講《毛詩》《禮記》。除起居舍人，權中書舍人，書行吏右禮工房。經筵進讀《孝宗寶訓》終篇，轉朝請郎。〔註20〕十二月，以杜史故事，牒閤門直前奏對，謂用人必先察君子小人。當國者疑之，方袖疏，侍班臺臣亟疏駁之。由是二史直前之制遂廢。

咸淳四年戊辰，四十六歲，除秘閣修撰，主管建康府崇禧觀。九月，弟應鳳由淮西制置司參議官，以文天祥召爲太常博士，甫入國門而卒。所著有《默齋稿》及《訂正三輔黃圖》。〔註21〕翌年己巳，四十七歲，十二月，依舊職，差知徽州，以父諱近州名辭免，不允。〔註22〕又明年庚午，四十八歲，三月，至徽州任。父撝嘗守是郡，民稱清白太守。應麟始至，父老慶曰：「此吾清白太守子也。」在郡遵節用愛人之訓，例所不取者，悉以予民。曰絹，

〔註19〕 《本傳》但云冬雷，不繫月日。《錢譜》繫咸淳四年九月庚申。《陳譜》改繫於此。《張譜》並據《本紀》定大雷電在十月甲戌。今姑從之。

〔註20〕 《陳譜》按云：「《家乘》載經筵進讀《孝宗寶訓》終篇，轉朝散郎，在三月陞權直學士院下，與《壙記》不合。且丙寅九月已載轉朝散郎，不宜複出。今定爲朝請郎之誤，依《壙記》移正。惟先生既轉是階，而庚午慶元府學《大成殿記》仍繫朝散郎舊資，殊不可解。豈《壙記》亦有誤歟？附疑俟考。」張大昌謂彼散字或傳鈔之誤。

〔註21〕 此依《陳譜》。陳氏按云：「《家乘》是歲九月二十二日，公弟應鳳卒於臨安府北關門，葬同塋下安山，壽四十六。按陳合撰公母《陳太碩人墓誌銘》爲咸淳九年，云子二，應鳳官至朝奉郎太常博士，先五年卒。據此則《家乘》所載爲信。又按，應鳳……以文天祥薦除太常博士，甫入國門而卒。」《張譜》則轉繫德祐元年乙亥，駁陳說，曰：「《家乘》，《陳譜》謂其不足據，此依《家乘》，非也。《登科錄》載應鳳在寶祐四年時二十七歲，其卒年則四十六。其非咸淳四年卒明矣。文信國在四年適爲似道劾罷，至九年始爲湖南提刑，彼時安有薦除？陳合《墓誌》謂先五年卒者，太碩人先應鳳五年而卒，非應鳳先陳太碩人卒也。蓋謂與先生爲雙生子，故必謂卒在四年，而實未合。」今按，《家乘》不足據，非謂其所載一切，無一可信。今既有陳合《墓誌》與之相符，則可證其不誤。應鳳卒戊辰，太碩人卒壬申，適先五歲。若謂應鳳乙亥卒，則自壬申下數乙亥，前後不過四載，烏得云先五年而卒？況如張說，則陳合《墓誌》豈有當於文理乎？又文信國爲似道劾罷在咸淳六年。四年正月，彼尚兼學士院權直，兼國史院編修官，實錄院檢討官，以臺臣黃鏞奏免所居官。冬至，除福建提刑，未赴任。翌歲四月差知寧國府，十一月領府事。（《文山先生全集》卷十七《紀年錄》）則必謂文山咸淳四年無薦除，亦屬武斷。蓋《張譜》執《登科錄》之孤證，謂王氏必非雙生，致有此牽強之辯也。參註4。

〔註22〕 此據《陳譜》。

曰折帛錢，皆蠲一分，先期代納。曰布麥錢，曰下戶鹽隨衣折斛錢，曰坊場錢銀，皆為民代輸。又減榷酤月額，免折帛茶租月樁舊欠。除免糧錢，增活人倉田。又以十二萬楮為平糴，本有水旱，則以告糴。始至郡時，帑纔八萬，去之日，凡二十七萬。尋轉朝奉大夫。是年，嘗造邑人方回家，與談論彌日。

咸淳七年辛未，四十九歲，在徽州任。七月，除秘書監兼權中書舍人。先是劉克莊、湯漢死，眾論掌制以應麟、陳合、馮夢得三人為首。馮、陳適以故去，應麟守徽方踰年。似道始曰：「非伯厚不可。」因有是召，力辭不許。〔註23〕十月，轉朝散大夫，解郡組，造朝供職。書行吏右禮刑房，兼國史院編修、實錄院檢討官，兼侍講。進講《禮記·大學》。讀《九朝通略》、《通鑑綱目》。十一月，除起居郎，仍權中書舍人，兼權吏部侍郎。翌年壬申，五十歲，三月，進講《禮記》徹章。轉朝請大夫。七月，書行吏左戶房。元兵久圍襄樊，上疏極言邊事，經筵指陳成敗順逆之說。且曰：「國家所恃者大江，襄樊其喉舌，議不容緩。朝廷方從容如常時，事幾一失，豈能自安？」時朝廷無以邊事言者。帝不懌似道，復謀斥逐之。〔註24〕九月，應麟以祀明堂攝左相，進玉幣爵。是月丁丑，母陳太碩人卒，歸鄞守制。

翌歲咸淳九年癸酉，五十一歲。六月，撰輯《周易鄭康成注》。七月，瀛國公即位。十二月，服闋，詣臨安造朝。〔註25〕

恭帝德祐元年乙亥，五十三歲。二月庚申，賈似道潰師江上，畿甸震動。三月，應麟除中書舍人兼直學士院。四月，內殿奏對，暫權給事中吏部尚書兼掌外制，書行吏左戶兵刑房。是月，正謝賜紫金魚袋兼同修國史實錄院同修撰兼侍讀。上疏陳十事：曰急征討、曰明政刑、曰厲廉恥、曰通下情、曰求將材、曰練軍實、曰備糧餉、曰舉實才、曰擇牧守、曰防海道。且言：「圖大患者，必略細故，求實效者，必去虛文。請集諸勤王之師，厚賞以作氣。惟能戰，斯可守。」六月庚子朔，日有食之，既晝，晦如夜，星見，雞鶩皆歸。應麟草日食求言詔。應詔言答天戒五事，陳備禦十策。進讀三朝寶訓。丙午，言開慶之禍，始於丁大全，凡大全之黨在謫籍者，皆勿宥。從之。七月，除試尚書禮部侍郎兼中書舍人兼書行吏右。辭免，不允。八月，正謝賜

〔註23〕據《延祐四明志》及《錢譜》。按：據《宋史》卷四六，湯漢辛咸淳八年，卷四三八《本傳》作卒年七十，則是年漢尚存也。
〔註24〕《陳譜》附咸淳七年辛未，《張譜》改依《本紀》《本傳》繫此，今從之。
〔註25〕此亦從《張譜》。

金帶。九月，以明堂恩數，加封鄞縣開國伯，食邑九百戶。十一月，除兼禮部尚書。辭免，不允。〔註26〕甲申，除禮部尚書兼給事中。辭免，不允。辭兼中書舍人，從之。旋兼攝吏部尚書。左丞相留夢炎用徐囊為御史。時江陵制置司朱禩孫、江西制置司黃萬石皆北降，夢炎猶除拜二人。應麟繳奏曰：「囊與夢炎同鄉，有私人之嫌。萬石鱻戾無學，南昌失守，誤國罪大。今方欲引以自助，善類為所搏噬者，必攜持以去。吳浚貪墨輕躁，豈宜用之？況夢炎舛令慢諫，讜言勿敢告，今之賣降者多其任用之士。」疏再上，不報。應麟乃出關俟命。再奏曰：「因危急而紊紀綱，以偏見而拂公議。臣封駁不行，與大臣異論，勢不當留。」疏入，又不報。甲午，遂東歸。十二月丁未，遣中使譚純德以翰林學士宣召。識者以為奪其要路，寵以清秩，非所以待賢士。應麟力辭不赴。是歲，戴表元執弟子禮來學。〔註27〕

二、宋亡以後

德祐二年丙子，應麟五十四歲。是歲宋亡。

應麟從此杜門不出，朝夕坐堂上取經史諸書講解論辨。子昌世甫十歲，聽受無倦。自是昌世於名理經制治道之體統，古今禮典之因革，殊聞異見，靡不悉究。

元世祖至元十七年庚辰，應麟五十八歲。八月，著《通鑑地理通釋》成。

〔註26〕《陳譜》繫十月。《張譜》云：「辭免兼給事中，《本紀》在甲申日。若在十月，似不應隔二十餘日始有辭免不允之事。今雖不得其日，仍依《錢譜》附十一月。」今從錢、張二譜。

〔註27〕《張譜》據《清容集‧戴先生墓誌》繫於明年丙子，按云：「《墓誌》云咸淳辛未授建康府教授，在建康以言語筆札為己任，後二年中秋歸。時王公應麟師表一代，先生獨執弟子禮。竊謂其稱在建康，則當壬申，至乙亥遷臨安府教授。其後二年失秩，似當在丙子。」今按，清容《戴先生墓誌銘》謂表元「越乙亥歲由建康歸，遷臨安府教授，行戶部掌故，皆不就」，又云「後二年失仕歸剡，俾枏事先生」，前文則泛言其在建康事，宜乎張氏之疑其有誤。惟剡源自序《文集》，云：「辛未春，試南省，中第十名。五月對策，中乙科，賜進士及第，授迪功郎，昇學教授。癸酉冬起昇，及乙亥春，以故歸舊廬。改杭學教授，辭不就。」則剡源固自言起昇於癸酉。《剡源年譜》亦稱其是歲與建康通判袁洪常相往還，洪遣其子枏稟學焉。然則清容所撰《墓誌銘》，言其辛未試禮部，乙亥失仕，皆不誤，特未明指其在建康自癸酉耳。至謂「後二年失仕歸剡，俾枏事先生」者，當指枏之正式從學，洪之遣子稟學，固已於剡源之在建康日也。《張譜》之以剡源在建康當壬申，殆以誤會清容文字而失考。因據剡源《自序》，改繫於此。

是歲長子良學卒，官至兩浙運幹，年三十三。

　　翌歲辛巳，五十九歲，五月，著《漢制考》成。又翌年，六十歲，作《四明七觀》與《乾道四明圖經辨證》。二十三年丙戌，六十四歲，正月，著《踐阼篇集解》。翌年丁亥，六十五歲，四月，作《舒文靖先生璘廣平書院記》。〔註28〕是年同邑袁洪遣其子桷受業。〔註29〕

　　至元二十八年辛卯，六十九歲。是多，肅政廉訪副使陳祥分治慶元路，慕應麟名德，屢造廬式之。時應麟閉門不納客，爲之尊禮開說，俾學者師事之。陳祥造船十有四，聯貫巨纜，修州治城東東津浮橋，應麟作《修東津橋記》。翌歲壬辰三月，山長曹漢炎倡建書院於慈湖先生楊文元舊宅故址成，應麟爲作《慈湖書院記》。四月，作《觀文殿學士史宇之墓誌銘》。八月，作《奉化縣重修縣治記》。九月，慶元路肅政廉訪使陳祥重建儒學成，應麟作《慶元路重建儒學記》。陳祥建醫學成，應麟作《慶元路建醫學記》。翌年癸巳，七

─────────────────

〔註28〕《陳譜》繫德祐乙亥，非。今據《張譜》移此。

〔註29〕《錢譜》謂「同邑袁韶遣其子桷受業」。按，桷實係韶曾孫，《陳譜》已正之矣。《張譜》晚出，乃據《清容集·先夫人行述》及《外祖母張氏墓誌》所自敘，定桷生於丙寅夏六月。復據《至正直記》改繫受學事於至元十四年丁丑，並謂桷時年十二。今按，《清容集》卷四十三復有《祭外祖》一文，亦自稱生丙寅，《張譜》所考，可成定論。自丙寅至丁丑，亦正十二年。惟據《至正直記》遽定其即於是年受業於深寧，則似尚可商。清容《師友淵源錄》自稱居深寧門下十年，依張說，則自丁亥以後，清容即不復在門下。然清容癸巳方舉茂才異等，至成宗元貞元年乙未，始召爲麗澤書院山長，遲不赴任，戴表元乃作《送袁伯長赴麗澤序》以勸之。（《剡源戴先生文集》卷十二）大德元年丁酉，始因閻復、程文海、王構之薦出爲翰林國史院檢閱官。（據《元史》卷一七二《本傳》並《續通鑑》卷一九二）則其出仕在深寧辛後之次年。自丁亥以迄丙申尚有十年，深寧猶存，清容緣何止而不復受業？此可疑者一也。且若癸酉袁洪遣子受業於剡源，時清容年纔八齡。越二年乙亥，剡源親執弟子禮受學於深寧，（參註27）復越二年丁丑，洪又遣桷居深寧門下，則以一十二齡之童子，方受業三數載，復與其師共事另一師，其事亦可怪。況據《剡源年譜》，戊寅清容仍從剡源游，且至甲申仍稱剡源授徒於鄞袁氏乎？此可疑者二也。清容復有《袁州知事孔君墓誌銘》一首，（《清容居士集》卷三十）謂大德初元，與孔明遠每連席請益於深寧，惟深寧實已卒於前一年，錢竹汀謂此是清容筆誤。（參註32）儻其事在元貞二年丙申，清容誤憶，遂書大德初元丁酉，尚易從信。若謂孔袁連席請益事在丙戌，誤書丁酉，相差凡十二載，清容記憶力，當不若其可衰也。且剡源《送袁伯長赴麗澤序》，謂與袁君同郡同業。此文成於深寧卒前一歲，則其時師弟二人同受業於深寧，亦似較合理。故今不取張說，仍依《錢譜》，繫桷始從學深寧於丁亥，則清容所謂居門下十年者，始與深寧之卒年相合也。

十一歲，八月，陳祥復建鄞縣儒學成，是月壬寅，應麟作《鄞縣重建儒學記》。是歲修義田莊先賢祠堂成，亦作《先賢祠堂記》。〔註30〕越年甲午，七十二歲，十二月丙子，狄桂屬郡博士戴友復九先生祠祀，甲午爲作《先賢祠堂記》，並作《九先生傳》。〔註31〕是歲，應麟與舒閬風、劉正仲、陳西麓相倡酬於梅墟陳氏之世綸堂，輯爲《世綸堂雅集詩卷》，有洛社耆英之遺意。

　　成宗元貞二年丙申正月，廉訪使完顏貞改建九先生祠堂於鄞縣尊經閣之右，應麟作《九先生祠堂記》。孔昭孫爲慶元儒學正，以通家子執疑證訛，請益於門。時教授某恣睢自負，語侵應麟，昭孫憤然疏其謬誕數十事，鳴於憲府。〔註32〕是歲六月十二日戊申應麟卒，年七十四。〔註33〕先期自爲《墓銘》。十二月辛酉，葬於鄞縣東四十五里同隖。〔註34〕子昌世作《壙記》。

　　應麟著述甚富，其孫厚孫稱其著述之書大小三十餘種，而未列詳目，無從考其存佚。茲錄張大昌《王深寧先生年譜》所列其著述之存佚如後。

1. 《古易考》一卷（佚。見袁桷《師友淵源錄》，又見《浙江通志》引《經義考》。此種《宋史·本傳》、《藝文志》均不載。）
2. 《周易鄭康成注》（存。《宋志》、《傳》均不載。）
3. 《詩考》一卷（存。《宋史·藝文志》、《本傳》均作五卷。《經義考》云六卷。序文見《四明文獻集》，稱《詩考語略》。）
4. 《尙書草木鳥獸譜》（佚。見倪燦《宋史·藝文志補》，無卷數。）
5. 《詩地理考》六卷（存。《宋史·藝文志》、《本傳》，《甬上耆舊傳》均作五卷。或以《詩譜地理考》附末，不列卷數。）
6. 《詩辨》（佚。見倪燦《宋史·藝文志補》，無卷數。）
7. 《詩草木鳥獸蟲魚廣疏》六卷（佚。見《宋史·藝文志》、《浙江通志》。

〔註30〕　《錢譜》繫甲午十二月，誤。說見《張譜》。
〔註31〕　《張譜》據《延祐四明志》繫此。九先生者，楊適、杜醇、王致、樓郁、王說、舒璘、沈煥、楊簡、袁燮也。
〔註32〕　此據《清容集·孔明遠墓誌銘》。惟誌稱大德初元，「（明遠）與桷每連席請益」，《張譜》因定清容受業深寧自至元十四年丁丑，遂繫此事於至元二十三年丙戌。竊謂清容居門下，仍當始自丁亥，則此事宜移此也。說參註29。
〔註33〕　《宋史·本傳》不載其卒之年月及年歲若干。當據深寧自撰《浚儀遺民自誌》及子昌世所作《壙記》，定其生於嘉定十六年七月庚午，卒於元貞二年六月戊申，享年七十有四。諸譜並同。方回序《小學紺珠》，在元大德庚子，自稱「回年七十四，公長回六歲」，則是王氏生於嘉定十四年辛巳，卒年七十有六，殆爲方氏誤記，不足據也。
〔註34〕　《陳譜》云：「舊名同谷山。」

此種《本傳》不載。《經義考》詩上有毛字。）

8. 《補注王會篇》（存。見《本傳》，而《藝文志》不載。舊《鄞縣志》作《王會九州異物獻會解》，《經義考》作《周書王會解》。）

9. 《集解踐阼篇》（存。）

10. 《春秋三傳會考》三十六卷（佚。見《宋史·藝文志》、《浙江通志》。此種《本傳》不載。）

11. 《論語考異》二卷（佚。見《浙江采集書目》、《鄞縣志》。此種《宋史》志傳諸書均不載。）

12. 《論語鄭康成注》二卷（或謂爲惠棟所僞託。）

13. 《孟子考異》一卷（佚。見《浙江采集書目》、《鄞縣志》。此種《宋史》志傳諸書均不載。）

14. 《六經天文編》（存。）

15. 《漢藝文志考證》十卷（存。《宋史·本傳》、《志》不載。）

16. 《通鑑答問》四卷（存。《至正四明志》作五卷。）

17. 《通鑑地理考》一百卷（佚。見《宋史·藝文志》、《本傳》。）

18. 《通鑑地理通釋》十四卷（存。）

19. 《漢制考》四卷（存。）

20. 《困學紀聞》二十卷（存。）

21. 《筆海》四十卷（佚。見《宋史·藝文志》、《本傳》。）

22. 《玉海》二百卷（存。）

23. 《蒙訓》四十四卷（佚。見《宋史·藝文志》，而《本傳》作四十卷。李振裕刊本、《道光府志》俱作七卷。）

24. 《小學紺珠》十卷（存。）

25. 《小學諷詠》四卷（佚。見《宋史·藝文志》、《本傳》。）

26. 《補注急就篇》六卷（存。）

27. 《姓氏急就篇》二卷（存。）

28. 《詞學題苑》四卷（佚。見《宋史·本傳》。）

29. 《詞學指南》四卷（存。）

30. 《玉堂類稿》、《掖垣類稿》四十五卷（佚。《墓誌》稱再入翰苑，三入掖垣，《制稿》凡四十五卷。《延祐四明志》亦作《內外制》四十五卷。《宋史·本傳》作《玉堂類稿》二十三卷、《掖垣類稿》二十二卷。《四

明文獻集》選采數十篇，餘文皆佚。）

31. 《深寧集》一百卷（佚。見《宋史·本傳》，而《藝文志》不載。《延祐
四明志》作《文集》八十卷。全謝山云一百二十卷。殘存若干篇收入
《四明文獻集》、《深寧文鈔摭餘編》中，餘文皆佚。）

以上《張譜》所列共三十一種，《宋史·本傳》及《藝文志》所載者已備在其
內。以種數計，存佚約各居其半，以卷數計，佚者較多，《文集》百卷不存，
尤為可惜。至於應麟自言其著述，則有一十三種。《浚儀遺民自誌》云：

再入翰苑，三入掖垣，《制稾》凡四十五卷，才弱文不逮古也。嗜學
老不倦，為《困學紀聞》。彙次之書，有《詩考》、《地理考》、《漢藝
文志考》、《通鑑地理考》、《地理通釋》、《通鑑答問》、《集解踐阼篇》、
《補注急就篇》、《王會篇》，輯古今言行為《蒙訓》，其文棄曰《深
寧集》，然不足傳也。〔註35〕

應麟自言之十三種，均列入《張譜》詳目，《通鑑地理考》、《制稾》、《蒙訓》、《深
寧文集》之外，其餘九種現存。而特稱《紀聞》為嗜學老不倦之所作；袁清容
稱其師獨所矜重者唯在《困學紀聞》一書，其言實為有據。台灣大學同學呂君
美雀有《王應麟著述考》一文，考論益詳。〔註36〕《張譜》所列外，呂文又增
考《尚書鄭注》十卷（存）、《春秋左氏傳賈服注》十二卷（存）、《箴膏肓》一
卷、《起廢疾》一卷、《發墨守》一卷（存）、《駁五經異義》一卷（存）、《玉海
藝文經解》九卷（佚）、《三字經》一卷（存），以為皆出於偽託。〔註37〕深寧著
作之書，存佚不一，諸家著錄卷帙數目亦多有出入，呂文所考，大體信而有徵。
本論文偶有不同之見，則隨文指出，分別見於後文各節，此不贅述。

應麟遺書以《困學紀聞》與《玉海》兩種最為通行，亦最為重要，略述
如下。

《玉海》有影印元後至元三年慶元路儒學刊本行世，書後附刻凡十三種，
計為《詩考》一卷、《詩地理考》六卷、《漢藝文志考證》十卷、《通鑑地理通
釋》十四卷、《周書王會補注》一卷、《漢制考》四卷、《踐阼篇集解》一卷、
《急就篇補注》四卷、《小學紺珠》十卷、《姓氏急就篇》二卷、《周易鄭康成
注》一卷、《六經天文編》二卷、《通鑑答問》五卷。然《玉海》一書，《浚儀

〔註35〕文見《陳譜》附錄。
〔註36〕呂文載《故宮圖書季刊》第三卷第一、二兩期。
〔註37〕世傳《三字經》，呂文疑從《小學諷詠》摘錄而成。參本文經學篇論小學節。

遺民自誌》中並未述及，係深寧卒後搜輯付梓者。牟應復云：

自公歿之後，其家族黨分爭，書遂遺缺，縉紳韋布，遞相抄錄，雖
多寡不同，俱非全書。〔註38〕

應麟孫厚孫亦謂是時天下之士久慕《玉海》一書之名，致嘗爲人竊去，白之
憲司，書復得歸，而散佚頗多。乃降指揮於慶元路刊刻。至正三年，浙東道
宣慰都元帥也乞里不花知其多闕誤，久未訂正，迺屬厚孫重加校勘。其書至
至元六年始刻成。

《玉海》乃應麟爲士人習博學宏辭所編之類書，事類該博，援據淵洽，
分爲二十一門，曰天文、律曆、地理、帝學、聖文、藝文、詔令、禮儀、車
服、器用、郊祀、音樂、學校、選舉、官制、兵制、朝貢、宮室、食貨、兵
捷、祥瑞。內又析爲二百四十二類，自經史傳注諸子群集，以至稗官小說、
方技讖緯之書，悉分類採摘彙次之。蓋以博學宏辭科，擬題作文，專務強記，
雖小而日月名數不可遺闕，故是書無不包羅詳盡也。而所採錄故實，亦皆吉
祥善事，與其他類書體例迥殊。書中尤備載有宋一代掌故，率本諸實錄國史
日曆，多有後來史志所未詳者，尤可爲後人考論宋代事實之一極有價值之參
考。〔註39〕其爲書則類比古今材料纂輯而成，故以清儒章實齋之說視之，可
謂是纂輯，非著述，或是記注，而非撰述。〔註40〕蓋僅爲詞科獺祭而作也。

今《玉海》書末又附有《詞學指南》四卷，採集唐以來詞科家之說，尤
宗呂東萊、眞西山之論，復益之以己說，列歷朝試題，用便學者模擬。殆猶
近代應試之指導範本也。其書成於揚州教授任內，即寶祐四年應麟初中辭科
之選時。《玉海》應與是書爲一書，殆《指南》爲學者示範，而學者自爲文，
則可取材於《玉海》。故祇得《玉海》，將不知如何用之於詞科；祇得《指南》，
則其自爲文也，亦將不知所取材。是以二書當相須爲用，然則《玉海》之始
作，或當與《指南》同時，至其後復有增輯，固理所可能。〔註41〕要之，二

〔註38〕參見《玉海・旨揮》。
〔註39〕參見《玉海・序》並《四庫提要》卷一百三十五《子部・類書》一。
〔註40〕參章氏《文史通義》內篇一《書教》篇及內篇二《博約》篇。並參本文第四
　　　章第三節。
〔註41〕《玉海》卷首載浙東道宣慰司刊書牒文稱《玉海》實二百卷，而婺郡文學李
　　　垣序所列卷目則已合《詞學指南》言之，故是本已通爲二百零四卷，是元人
　　　初刻是書時已有知二書當合爲一者。清《四庫全書》所據兩江總督採進本《玉
　　　海》，亦合《詞學指南》爲二百四卷。故館臣以其相沿已久，遂仍其舊，至其
　　　他附刻之各種則分別著錄。

書皆當為應麟中年以前所作，而晚歲已不加重視也。

故論應麟之學，自當以《困學紀聞》一書為最要。應麟自稱嗜學老不倦之
所成。袁清容亦謂其晚歲獨矜重是書。應麟子昌世貽書牟應龍，亦稱其父平生
書最多，惟《困學紀聞》尤切於學者。故本論文之作，主要根據是書，而參以
群籍，融會貫穿，以窺深寧著書之苦心，論學之微旨。此書之付梓，在泰定二
年，則亦在深寧謝世三十年以後矣。明人續有翻刻。清初閻潛邱校本，即據其
家藏元刻本與明刊本校讐而成。今商務印書館影印傅增湘雙鑑樓所藏者，即為
泰定二年慶元路之刊本也。有關此書之校箋，別詳本論文第四章。

深寧文稿則早多散佚，明鄞縣鄭真、陳朝輔嘗輯《四明文獻集》，選各家詩
文凡六十卷，其書亦陸續散亡，今唯存深寧所作者五卷，遂以一人之作而冒總
集之名。全書一百七十餘篇，制誥居十之七，蓋捃拾殘賸，已非其舊。〔註42〕
又清道光間葉熊復加蒐輯，裒成《深寧文鈔摭餘編》三卷，則多為雜文之屬。
近人張壽鏞將二書合刻，收入《四明叢書》中。〔註43〕臠臠殘膏，今尚可見者
唯此耳。

第二節　學術淵源

一、王應麟與四明學術

（一）明州四先生

全謝山《慶曆五先生書院記》曰：

> 有宋真仁二宗之際，儒林之草昧也。當時濂洛之徒，方萌芽而未出，
> 而睢陽戚氏在宋、泰山孫氏在齊、安定胡氏在吳，相與講明正學，
> 自拔於塵俗之中。亦會值賢者在朝，安陽韓忠獻公、高平范文正公、
> 樂安歐陽文忠公，皆卓然有見於道之大概；左提右挈，於是學校遍
> 於四方，師儒之道以立。而李挺之、邵古叟輩，其以經術和之。說
> 者以為濂洛之前茅也。然此乃跨州連郡，而後得此數人者以為師表，

〔註42〕參《四庫提要》卷一百六十五《集部‧別集類》十八。

〔註43〕《四明叢書》所收《深寧文鈔摭餘編》又附補遺《東山詩》一首，乃近人武
　　　　昌徐恕據明正統刻《上虞志》補入。呂美雀《王應麟著述考》從宋陳思編、
　　　　元陳世隆補之《兩宋名賢小集》內，復輯錄深寧遺詩三首，曰《天童寺》、《望
　　　　春山》、《東錢湖》，則為《四明文獻集》及《深寧文鈔摭餘編》所未收者。

其亦難矣。而吾鄉楊杜五先生者，駢集於百里之閒，可不謂極盛歟？

蓋四明之地濱海，自成區域。隋唐以前，文教尚未開。其學術人物殆始於盛唐賀知章。賀氏嘗與徐堅等共撰《唐六典》，其詩文皆有可觀者。晚居故里，自號四明狂客。唐文宗時，瑯琊王元暐爲鄞縣令，興修水利，其地遂成樂土。唐社既屋，繼爲五代之大亂，中原文物衣冠，多遷吳越。流寓既盛，文教乃寖興。逮宋仁宗慶曆七年，王安石爲鄞令，始創縣學，延杜醇爲之師，四明學風，實可謂由是始也。時河南二程子之學尚未出，而彼一鄉之地，則集集然有五先生爲之師表，宜乎謝山之頌贊也。所謂五先生乃指杜醇石臺、楊適大隱、王致鄞江、樓郁西湖、王說桃源。彼等皆隱而未仕，唯甬上文風，醞釀孕育，實可謂由五人爲之先導。

四明學脈，雖溯源於慶曆五先生，唯伊洛世系，則必自鄞縣高閌始。彼於北宋末年入太學，見楊龜山於京師，獲其指授。歸里後建長春書院，四方名士，翕然嚮慕。高宗紹興十三年初建杭州國學，召爲國子司業。南宋太學制度，多爲其所手創。

其後二十年，當孝宗乾道之初，四明後進楊簡、袁燮、舒璘、沈煥同入太學。見陸九齡德容肅然，親炙之，朝夕以道義切磨。後師事九齡弟九淵，得其指授，具有原本，是爲甬上四先生。〔註44〕全謝山云：「象山之門，必以甬上四先生爲首。」〔註45〕陳北溪《答陳師復書》曰：「浙間年來象山之學甚旺，由其門人有楊袁貴顯，據要津唱之。」〔註46〕是陸學之傳，明州四先生之功爲多。唯陸門諸子，最能發揮象山之說者，則當推楊簡。

楊簡，乾道五年進士，官至寶謨閣學士。陸象山至富陽，簡時官富陽主簿。嘗夜集雙明閣，象山數提本心二字。簡問：「何謂本心？」象山曰：「君今日所聽扇訟，彼訟扇者必有一是一非。若見得孰是孰非，即決定爲某甲是某乙非。非本心而何！」簡聞之，忽覺此心澄然清明。亟問曰：「止如斯邪？」象山厲聲答曰：「更何有也！」簡退，拱坐達旦，質明納拜，遂稱弟子。其生平踐履，處閨門如對大賓，在闇室則如臨上帝。年登耄耋，兢謹未嘗須臾放逸。〔註47〕惟陳北溪曰：

〔註44〕以上參張其昀《宋代四明之學風》一文，載《中國學術論集》第一冊。並參
　　　　《慈湖》、《絜齋》、《廣平》、《定川學案》。
〔註45〕《宋元學案》卷七十四《慈湖學案》。
〔註46〕《慈湖學案·附錄》引北溪《答陳師復書》。
〔註47〕參見《慈湖學案·附錄》引袁蒙齋《記樂平文元遺書閣》評慈湖語，可知慈

象山之學，門人楊袁唱之。不讀書、不窮理，專做打坐工夫，求形體之運動知覺者以爲妙訣。又假託聖人之言，牽就釋意，以文蓋之。慈湖纔見伊川語，便怒形於色。朋徒私相尊號爲祖師，以爲眞有得於千載不傳之正統。其或讀書，卻讀《語孟精義》，而不肯讀《集註》。讀《中庸集解》，而不肯讀《章句或問》。讀《河南遺書》，而不肯讀《近思錄》。讀《通書》，而不肯讀《太極圖》。而讀《通書》只讀白本，不肯讀文公解本。某極口爲之明白剖晰，邦人始有知邪正所由分者。異端曲學，贓證暴露。〔註48〕

《語孟精義》、《中庸集解》皆朱子早年所作，與陸門宗旨，尚勉可相通，至《語孟集註》、《中庸章句或問》，則皆朱子晚作，其義遂相背而益遠。北溪直斥慈湖爲異端曲學，辭意甚激，可見當時朱陸門戶相爭不相容之另一面。唯不滿於象山，則自朱子已然，固不待朱門之致訾於慈湖也。慈湖以不起意爲宗，本是師門之的傳，而守之甚篤，〔註49〕故象山高弟，首當推以爲代表。而四明多傳陸學，亦唯慈湖最爲醇粹。至如袁、舒、沈之倫，則皆兼涉他學，蓋一時大儒並起，從學門人，相互往還，亦互有影響。雖然，此亦無害彼等之爲宗陸也。

袁燮初遇象山於都城，象山即指本心，洞徹通貫，遂師事之。而研精覃思，有所未合，不敢自信。居一日，豁然大悟，因筆於書曰：「以心求道，萬別千差，通體吾道，道不在他。」慈湖亦稱其覺爲不可及。〔註50〕惟王梓材云：

湖躬行踐履，實能招朱門之致敬。

〔註48〕 參見《慈湖學案・附錄》引北溪《答陳師復書》。

〔註49〕 黃梨洲云：「象山說顏子克己之學，非如常人克去一切忿懥利害之私，蓋欲於意念所起處，將來克去。故慈湖以不起意爲宗，是師門之的傳也。而考亭謂除去不好底意見則可，若好底意見，須是存留。畢竟欲除意見，則所行之事，皆不得已去做，才做便忘。所以目視霄漢，悠悠過日，下梢只成得箇狂妄也。慈湖之告君曰：此心即道，惟起乎意則失之。起利心焉則差，起私心焉則差，起權心焉則差。作好焉、作惡焉，凡有所不安於心焉皆差。即此虛明不起意之心，以行勿損勿益，自然無所不照。然則不起意之旨，亦略可識矣。又何曾若考亭之言邪？」說見《慈湖學案・附錄》。梨洲似欲爲慈湖辯解，唯撇開了意來說一箇虛明之心，是終難逃北溪釋氏異端之譏。梨洲又謂慈湖工夫入細不能如象山，一切經傳，有所未得處，便硬說鬭倒，此又學象山而過者。其實象山慈湖，躬行篤實，齋明嚴恪，其人品皆可謂無疵，唯單舉發明本心與夫不起意以開示後學，則末梢之狂妄，必有更過於朱子所言者。然則朱陸門人之相爭，或可謂有涉門戶之私，至朱子之抨擊陸學，固不得謂其持論之過苛也。

〔註50〕 參《宋元學案》卷七十五《絜齋學案》。

真西山為先生（案指絜齋）行狀云：東萊呂成公接中原文獻之正傳，
公從之游，所得益富。永嘉陳公傅良，明舊章、達世變，公與從容
考訂，細大靡遺。是先生嘗師東萊、友止齋。而究其所歸宿者，則
象山也。〔註51〕

兼師東萊，固不妨其學之尊陸。《四庫全書》收錄據《永樂大典》輯本絜齋《家
塾書鈔》，《提要》稱其學出陸象山，是編大旨在于發明本心，反覆引申，頗
能暢其師說，而於帝王治迹，尤參酌古今，一一標舉其要領。《全書》又據《大
典》編定絜齋《毛詩經筵講義》四卷，《提要》復稱其議論和平，頗得風人本
旨，於振興恢復之事，尤再三致意。蓋絜齋少有志經濟之業，每謂為學當以
聖賢自期，仕宦當以將相自任。故其所講明者，由體而用，莫不兼綜，謂學
不足以開物成務，則於儒者之職分為有闕。〔註52〕又嘗謂當通知古今，學者
但慕高遠，不覽古今，最為害事。〔註53〕則其有得於東萊文獻經濟之學，亦
可無疑。故全謝山直謂其與建安之教相脗合，以較慈湖，更無流弊。〔註54〕

　　舒璘則自少得聞伊洛之說，〔註55〕雅有大志，求道汲汲如飢者之索食。遊
太學，結交皆良友。時張南軒宦中都，請益焉，有所開警。朱子與呂東萊講學
於婺，璘徒步往從之。以書告其家曰：「敝牀疏席，總是佳趣。櫛風沐雨，反為

〔註51〕　《宋元學案》卷七十五《絜齋學案》。
〔註52〕　參《宋元學案補遺》卷七十五《絜齋學案補遺》。
〔註53〕　參全謝山《鮚埼亭集》外編卷十四《淳熙四先生祠堂碑文》。
〔註54〕　全謝山《城南書院記》曰：「四先生之中，長庚曉日，最光顯於暮年者，文元
　　　　與正獻也。而文元之教，不如正獻之密。蓋槐堂論學之宗旨，以發明本心為
　　　　入門，而非其全力。正獻之言有曰：學貴自得，心明則本立。是其入門也。
　　　　又曰：深思而得之，就業而守之。是其全力也。槐堂弟子多守前說，以為究
　　　　竟。是以稍有所見，即以為道在是，而一往蹈空，流於狂禪。以文元之齋明
　　　　盛服，非禮不動，豈謂於操持之功有闕。而其教多以明心為言，蓋有見於當
　　　　時學者，陷溺於功利，沈錮於詞章，極重難返之勢，必以提醒為要。故其說
　　　　偏重而不自知其疏。豈意諸弟子輩不善用之，反謂其師嘗大悟幾十，小悟幾
　　　　十，泛濫洋溢，直如異端。而并文元之學而誣之，可為浩歎者也。使其如正
　　　　獻之教，寧有是乎？正獻之奉祠而歸，日從事於著書。或請少閒，則曰：吾
　　　　以之為笙鏞管磬，不知其勞。其答文靖諸子書，惓惓以多識前言往行，豈非
　　　　與建安之教相脗合乎？」案，謝山所謂正獻與建安之教相脗合，其說王深寧
　　　　已先發之。深寧之言曰：「其尺牘皆勉學之要言。蓋尊德性實根於學問，未嘗
　　　　失於一偏。是亦朱子之意也。」（《四明文獻集》卷一《跋袁絜齋答舒和仲書》）
　　　　大抵楊袁舒沈皆宗陸，而能兼采朱子之教者，則以絜齋為其最。
〔註55〕　舒璘婦翁為同里（奉化）童大定，大定楊龜山弟子，因得聞伊洛之遺說。參
　　　　見《宋元學案》卷七十六《廣平定川學案》。

美境。」又與其兄琥、弟琪同受業陸子之門。兄弟皆頓有省悟。璘曰：「吾非能
一蹴而至其域也。吾惟朝夕於斯，刻苦磨礪，改過遷善，日新有功，亦可以弗
畔云爾。」於是躬行愈力，德性益明。其學以篤實不欺爲主。楊簡稱其孝友忠
實，道心融明。袁燮則謂其平生發於言語，率由中出，未嘗見其一語之妄，所
謂有孚盈缶者。所著有《詩學發微》、《詩禮講解》、《廣平類稿》。〔註56〕蓋其經
術深於《詩》《禮》，至如《類稿》，則其文也。王深寧《廣平書院記》曰：

> 先生之學，講於張而成於陸，考德問業於朱呂。心融神會，精知力
> 踐，其躬行有尚絅之實，其誨人有時雨之澤。〔註57〕

全謝山《廣平先生類稿序》亦曰：

> 舒文靖公之學，得於其婦翁童公持之，故楊文靖公高弟也。文靖未
> 成進士，又受業於張公南軒。因徧求益於晦翁東萊，而卒業於存齋。
> 四先生之中，莫若文靖之淵源爲最博，其行亦最尊。〔註58〕

此皆以廣平之學爲兼師博采。唯謝山又謂甬上四先生之傳陸學，較其年齒，
楊袁當在舒沈之下。〔註59〕又謂廣平之在陸氏，猶朱子之有勉齋。〔註60〕是
廣平終以宗陸爲其歸宿。謝山又云：

> 廣平聞人有詆朱子者，輒戒以不可輕議。則必欲排朱以申陸者，非
> 眞有得於陸可知。〔註61〕

其實廣平之於朱子，固嘗親炙，有《答朱子書》曰：

> 去冬摳衣晉謁，始獲挹道德之容，降既見之心。執事與進循誘，色
> 溫而氣和，情親而禮厚，飲食教裁，不啻父兄之詔告夫子弟也。虛
> 心之教，迫切之誨，佩服不敢忘德，所恨不得朝夕侍側以承博約爲
> 不滿耳。〔註62〕

〔註56〕 參《廣平定川學案》。馮雲濠案云：「史傳，《詩禮講解》作於教授新安時。今
佚。《文靖集》二卷行世。」
〔註57〕 《四明文獻集》卷一《廣平書院記》。
〔註58〕 《鮚埼亭集》外編卷二十四。又王梓材《廣平定川學案補遺》云：「廣平八世
孫讓爲《廣平淵源錄》：蓋師南軒張氏、金溪二陸、晦庵朱氏、東萊呂氏。友
定川沈氏、絜齋袁氏、慈湖楊氏、攻媿樓氏、止齋陳氏。他如呂子約、徐子
宜，皆其所與遊云。」
〔註59〕 參見《廣平定川學案》。
〔註60〕 參見全謝山《四先生祠堂碑文》。
〔註61〕 同前註。
〔註62〕 參見《宋元學案補遺》卷七十六。

其言雖謂朱子之循誘教裁，不啻父兄之於子弟，然終稱朱子爲執事，則其終
未以師禮事之可知。又《廣平類稿》一條云：

> 《象山行狀》載有子伊川事。鄙意謂此等未易輕以告人。人情欺蔽，
> 道心不著，不知者，徒生矛盾。既知之，彼自能辨。此間尊晦翁學
> 甚篤，某不暇與議。〔註63〕

則廣平之於朱學，似亦不見其有所默許。其戒人之不可輕議朱子者，亦學者
所應有之一番敦厚心耳。特謂不可妄詆，非便即謂可盡泯彼此學術立場之疆
界也。朱陸之有異，亦未見廣平加以調和。謝山所謂必欲排朱以申陸非爲眞
有得於陸，僅可謂是謝山一人之意見，固未必爲廣平所首肯，抑更無當於象
山之所主。謝山既有此一見，宜乎其於廣平此條所述，乃亦無可如何，遂亦
不能不稱其不無可議也。

　　沈煥則私淑程子之學，少即潛心經籍，精神靜專，未嘗騖於末習。試入
太學，陸九齡同在齋舍，煥以師禮事之，〔註64〕故全謝山謂甬上四先生之
傳陸學，楊袁舒皆自文安（陸九淵），而沈自文達（陸九齡）。袁絜齋狀其行
曰：

> 嘗作詩箴其友曰：爲學未能識肩背，讀書萬卷空亡羊。每稱陶靖節
> 讀書不求甚解，會意欣然忘食，此眞讀書者。史籍傳記，采取至約。
> 後與東萊呂公伯仲極辯古今，始周覽博考之益。〔註65〕

謝山爲《四先生祠堂碑文》，亦稱其雖病中不廢觀書。是定川初宗九齡，及後
又兼受東萊之影響也。朱子嘗有書答之，云：

> 前日務爲學而不觀書，此固一偏之論。然近日又有一般學問，廢經
> 而治史，略王道而尊霸術，極論古今興亡之變，而不察此心存亡之
> 端。若只如此讀書，則又不若不讀之爲愈也。況又中年精力有限，
> 與其汎觀而博取，不若熟讀而精思，得尺吾尺，得寸吾寸，始爲不
> 枉用功力耳。〔註66〕

於此可見定川亦嘗問學於朱子，而朱子於其學陸學呂，皆所不許，遂勸其不
若省精力，勿務汎觀博取。然定川或未能受朱子之教，或亦竟苦來日之不永，

〔註63〕參見《廣平定川學案》。
〔註64〕同前註。又王梓材《補遺》曰：「《上虞縣志・名宦傳》於先生云：始與臨川
　　　　陸九齡爲友，又與朱呂講求問辨。似先生與文達蓋在師友之間。」
〔註65〕同註63。
〔註66〕參見《廣平定川學案補遺》。

〔註67〕究其所詣，乃終若與朱子之所期者爲相遠也。

黃梨洲云：

> 明州四先生，慈湖每提心之精神謂之聖一語。而絜齋之告君，亦曰古者大有爲之君所以根源治道者，一言以蔽之，此心之精神而已。可以觀四先生學術之同矣。文信國云：廣平之學，春風和平。定川之學，秋霜肅凝。瞻彼慈湖，雲間月澄。瞻彼絜齋，玉澤冰瑩。一時師友，聚於東浙。嗚呼盛哉！〔註68〕

楊袁之年輩，後於舒沈，而其傳反盛，或以舒沈名位居下之故。黃梨洲已稱《廣平集》久已不傳，至如《沈集》，全謝山乃謂絕不可見。〔註69〕謝山又謂舒沈之平實，過於楊袁，殆舒沈之學，旁師博采，又有甚於楊袁者。四先生之中，唯慈湖最爲純粹不雜，其教人專以明心爲言，而諸弟子又循而爲之張揚，謂其師嘗大悟幾十，小悟幾十，則宜乎陳北溪之斥其牽就釋意而爲異端之學也。〔註70〕袁舒沈雖兼涉他學，然論其學脈，則亦唯金溪之是歸也。

（二）同谷三先生

宋室南渡，四明學者，最推上述之淳熙四先生，皆昌明陸學者。逮宋之末葉，則有同谷三先生，而其學風丕變。三先生者，其二爲陳塤習庵、黃震東發，其一即王應麟深寧也。全謝山曰：

> 宋乾淳而後，學派分而爲三：朱學也，呂學也，陸學也。三學同時，皆不甚合。朱學以致知格物，陸學以明心，呂學則兼取其長，而以中原文獻之統潤色之。門庭徑路雖別，要其歸宿於聖人則一也。吾鄉前輩於三家之學，並有傳者，而陸學最先。楊袁舒沈，江右弟子，莫之或京。楊袁尤多昌明之功。顧其大弟子，自袁正肅公而外，陳侍郎習庵其最也。嗣是則王尚書深寧，獨得呂學之大宗。……深寧論學，蓋亦兼取諸家，然其綜羅文獻，實師法東萊……朱學則巴陵楊氏之傳，授之史公蒙卿，而黃提刑東發又別得之《遺書》中。當時，甬句學者，鼎撐角立，雨戴笠，宵續燈，互相過從，以資攻錯，

〔註67〕定川卒於紹熙二年（1189），年五十二。朱子答書「中年精力有限」云云，疑復書時距定川之卒不遠。

〔註68〕參見《廣平定川學案》。

〔註69〕同前註。

〔註70〕參註54。

書帶之草，異苔同岑，其亦盛哉！〔註71〕

全氏之意，以爲東發、習庵、深寧三人分紹朱、陸、呂之傳。習庵生寧宗慶元三年丁巳（1197），卒於理宗淳祐元年辛丑（1241），年四十五，與呂東萊同壽，而適後一甲子。〔註72〕東發則生於寧宗嘉定六年癸酉（1213），卒於元世祖至元十七年庚辰（1280），年六十八。深寧更晚東發十年生，而卒於元成宗元貞二年丙申（1296），年七十四。是三人中，習庵年輩最長，猶得與楊袁相接。〔註73〕然亦不及親炙於象山。〔註74〕東發生時，呂東萊已先三十三年卒，陸象山亦已先卒二十二年，即朱子亦已卒十三年矣。深寧更晚，已見上述。然則東發深寧，論其年輩，皆晚於習庵也。

習庵於嘉定十年登進士第，調黃州教授。歎曰：「俗學不足學。」乃師事慈湖。攻苦食淡，晝夜不怠。〔註75〕全謝山《句餘土音賦同谷陳侍郎講舍詩》云：「少受文元學，長荷文忠知。並承兩家傳，高座光其師。」原註云：「侍郎在慈湖先生門，與袁正肅公齊名。而省試第一，出西山先生門。」〔註76〕實則習庵之學與西山並不相近，其荷文忠之知，亦當在詞章之學，無關於道學之正傳。《和仲文集·刊象山語錄序》曰：

> 或謂塤曰：近世儒生闡說，其徒競出紀錄。後來者收拾摹傳，雖汗牛充棟，且未厭止也。子之所述，不甚解約乎？塤語之曰：先生之道，如青天白日，何庸語？先生之語，如震雷驚霆，何庸錄？而刊猶以爲贅也。而今而後，有誦斯錄，能於數千言之中見一言焉，又于其中見無言焉，則先生之道明矣。〔註77〕

以爲錄不如不錄，語不如不語，即不得已而贅爲之錄，亦當於眾語中求其一

〔註71〕 參見《鮚埼亭集》外編卷十六《同谷三先生書院記》。

〔註72〕 參《慈湖學案》。

〔註73〕 楊簡生於宋高宗紹興十年庚申（1140），卒於理宗寶慶元年乙酉（1225），年八十六。（案，此從《宋史·本傳》。《行狀》作生十一年，卒辛酉。）袁燮生於紹興十四年甲子（1144），約卒於寧宗嘉定十七年甲申（1224），年亦當在八十以上。（案，袁氏年齡無可考，姑據錢大昕《疑年錄》。參姜亮夫《歷代人物年里碑傳綜表》。）二人皆與陳塤相及。至於舒璘，卒於慶元五年己未（1199），塤三歲。沈煥卒於光宗紹熙二年辛亥（1191），則塤猶未生。

〔註74〕 陸象山生於高宗紹興九年己未（1139），與沈煥同年生，卒於光宗紹熙三年壬子（1192），年五十四。越五年而陳塤始生。

〔註75〕 同註72。

〔註76〕 參見《慈湖學案補遺》。

〔註77〕 同前註。

言之宗旨，並由此言而索其不可言傳之眞道。此竟可謂與禪宗不立文字之旨無大相異。故習庵學脈，可謂直接慈湖而上源象山，而爲四明學術之正宗也。

四明之學多宗陸，而爲其別傳者則爲黃東發王深寧。東發本師王文貫貫道，貫道學出於余端臣訥庵，訥庵則出於輔廣潛庵。潛庵始事東萊，繼登考亭之門，而稱高弟。東發又嘗從學於王遂實齋。實齋學出游九言默齋，默齋爲張南軒高弟。故溯東發之師承，實可謂兼得朱、呂、張三家之傳。唯學者多謂其爲朱學嫡傳，蓋以其爲學之本原，乃深得朱子之奧旨故也。

黃梨洲云：

> 學問之道，蓋難言哉！無師授者，則有多歧亡羊之歎。非自得者，則有買櫝還珠之誚。所以哲人代興，因事補救，視其已甚者而爲之一變。當宋季之時，吾東浙狂慧充斥，慈湖之流弊極矣。果齋、文潔不得不起而救之。然果齋之氣魄，不能及於文潔。而《日鈔》之作，折衷諸儒，即於考亭亦不肯苟同。其所自得者深也。今但言文潔之上接考亭，豈知言哉！〔註78〕

四明之學，祖陸氏而宗楊袁，其言朱子之學者，則自東發果齋（史蒙卿）始。四明史氏亦皆陸學，蓋至果齋而後改宗朱也。其淵源出於蓮蕩晁氏。惟其學之所詣，終不如東發。梨洲所謂二家之學，皆所以救慈湖之弊者，是矣。惟又以東發之上接考亭爲未足，乃謂其自得者深也。全謝山《澤山書院記》云：

> 朱徽公之學統，累傳至雙峯、北溪諸子，流入訓詁一派。迨至咸淳而後，北山、魯齋、仁山起於婺，先生起於明，所造博大精深，徽公瓣香爲之重振。婺學出於長樂黃氏，建安之心法所歸，其淵源固極盛。先生則獨得之遺籍，默識而冥搜，其功尤巨。試讀其《日鈔》諸經說，間或不盡主建安舊講，大抵求其心之所安而止。斯其所以爲功臣也。〔註79〕

此文所謂先生，即東發，其言直謂東發之於朱學，默識冥搜，獨得於遺籍，竟似不認其得之師授。其說當由梨洲之說轉來。蓋朱子之後，闡朱述朱，首推東發，其深有會於考亭之學者，實可謂爲自得，謝山可云獨具隻眼矣。東發有《日鈔》百卷，經史子集，靡不搜羅精究。其學博，即承朱子之教而來。惟其以一理學大儒，而獨無語錄之傳，又精研文史，皆與一般所謂理學家異

〔註78〕此黃百家引梨洲語。參見《宋元學案》卷八十六《東發學案》。
〔註79〕參見《鮚埼亭集》外編卷十六。

趣。蓋其雖專崇朱子,然於朱子成說,亦時有糾正,非娖娖姝姝墨守一先生之言者所可知也。朱子之學尊二程,然於二程論學,亦有糾正。斯正可見東發之爲善學於朱子者。〔註80〕然則梨洲所謂但言文潔之上接考亭非知言,其實梨洲亦似未爲眞知言也。

全謝山又云:

> 四明之傳,宗朱氏者,東發爲最。《日鈔》百卷,躬行自得之言也。淵源出於輔氏。晦翁生平不喜浙學,而端平以後,閩中江右諸弟子,支離乖戾固陋,無不有之。其能中振之者,北山師弟爲一支,東發爲一支,皆浙產也。其亦足以報先正惓惓浙學之意也夫。〔註81〕

以謂朱子不喜浙學,而後之中興其學者,則竟賴浙人。北山何基,其學受之黃榦勉齋,而傳之王柏魯齋、金履祥仁山,仁山再傳許謙白雲,有所謂金華之學,稱紫陽之嫡子。此一支今姑不論。北山而外,謝山所舉,則僅及東發,而獨遺深寧。蓋謝山謂深寧乃呂學之大宗,爲明招之嫡傳,即退一步言,亦僅可謂其兼師博取,不名一師,不得獨爲一支以接考亭之傳。此則謝山之偏見。請續辨之於次節。

二、王應麟與朱陸呂

清江貝瓊曰:

> 自厚齋尚書倡學者以考亭朱子之說,一時從之而變。故今粹然皆出於正,無陸氏偏駁之弊。然則四明之學,以朱而變陸者,同時凡三人矣。史果齋也,黃東發也,王伯厚也。三人學術既同歸矣,而其倡和之言,不可得聞,何也?厚齋著書之法,則在西山眞爲肖子矣。〔註82〕

清江元儒,是當時固謂果齋、東發、伯厚,其學同歸,皆所謂以朱而變陸者。黃梨洲《宋元學案》原稿,果齋東發分稱《四明朱門學案·一》《二》,深寧則附《眞西山學案》,即本諸清江之說。全謝山《宋元學案》,則於果齋東發分立學案外,亦別立《深寧學案》。其言曰:

> 四明之學多陸氏,深寧之父,亦師史獨善,以接陸學。而深寧紹其

〔註80〕此錢賓四(穆)師之說。參所著《黃東發學述》一文,載《中國學術思想史論叢》第六冊。
〔註81〕參見《東發學案》。
〔註82〕參見《宋元學案》卷八十五《深寧學案》。

家訓。又從王子文以接朱氏，從樓迂齋以接呂氏。又嘗與湯東澗游，
東澗亦兼治朱呂陸之學者也。和齊斟酌，不名一師。〔註83〕

乃謂深寧為學途徑，與湯漢東澗相近，胥兼治朱陸呂三家，而和齊斟酌，不
名一師。惟謝山又有《同谷三先生書院記》，則曰：

王尚書深寧，獨得呂學之大宗。或曰：深寧之學，得之王氏埜、徐
氏鳳。王、徐得之西山真氏，實自詹公元善之門。而又頗疑呂學未
免和光同塵之失，則子之推為呂氏世嫡也，何歟？曰：深寧論學，
蓋亦兼取諸家。然其綜羅文獻，實師法東萊。況深寧少師迂齋，則
固明招之傳也。〔註84〕

於此則轉以深寧為呂學之大宗，因標以樓氏之傳，而推原於呂氏。又有《宋
王尚書畫像記》一文，曰：

先生之學，私淑東萊，而兼綜建安江右永嘉之傳。

是謝山或謂其為明招之嫡傳，或謂其兼綜和齊，而決不認其學出朱子。

袁桷清容於元世祖至元二十四年丁亥從學於深寧，時深寧已六十五歲，
宋亡亦已十二載。清容時年二十二歲，自稱在門下十年，至深寧即世。〔註85〕
則其受業，蓋當深寧之晚歲。其序《困學紀聞》曰：

禮部尚書王先生出，知濂洛之學，淑於吾徒之功至溥。然簡便日趨，
偷薄固陋，瞠目拱手，面牆背芒，滔滔相承，恬不以為恥。於是為
《困學紀聞》二十卷，具訓以警。

其言明稱深寧學宗濂洛。而謝山護其私見，乃擯而不取，遂評之曰：「清容絕
不知學。」而於清容親炙十年之所知，竟一語而盡予抹煞。〔註86〕

朱子象山兩家論學意見不合，而有所謂朱陸異同，幾可謂宋以來學術第
一大爭端。黃梨洲曰：

〔註83〕參見《宋元學案》卷八十五《深寧學案》。
〔註84〕《鮚埼亭集》外編卷十六。
〔註85〕參見本章第一節註29。
〔註86〕以上所辨，悉據錢賓四師《王深寧學述》一文，載《中國學術思想史論叢》
第六冊。該文又云：「謝山《學案》，於史學有貢獻，而於理學為皮外。並深
受李穆堂影響，於朱子更持偏見。其於王伯厚《困學紀聞》，又繼閻百詩何義
門兩人之後，為之箋注，其重視此書可知。其序有曰：江西萬丈孺盧見之，
嗟賞以為在二家之上。萬孺盧亦如李穆堂，由陸氏而尊荊公，其偏見亦特深，
故謝山於深寧，決不承其學出朱子。然此實自元以下學術界之公論。」本節
以下所論，亦多據錢師此文論點而續作發揮。

象山之學，以尊德性爲宗，謂先立乎其大，而後天之所以與我者，
不爲小者所奪。夫苟本體不明，而徒致功于外索，是無源之水也。
同時紫陽之學，則以道問學爲主，謂格物窮理，乃吾人入聖之階梯。
夫苟信心自是，而惟從事于覃思，是師心之用也。〔註87〕

象山思想可謂樸實之至，倡簡易工夫，謂學者當先立乎其大者。所謂大者，
依象山意，即此心此理。朱子則認理氣爲二，性屬理，心屬氣。故可謂性即
理，而必不得以爲心即理。循至於指點學者入門，亦見歧趨。如說格物，象
山所謂格物，其實便是格此本心，以爲舍此皆末而已矣，不得言格物。〔註88〕
朱子所謂格物者，則在即物而窮其理。必使學者即凡天下之物，莫不因其已
知之理而益窮之，以求至乎其極。〔註89〕若此，則幾乎於己心以外之宇宙萬
物，亦應依其已知之理而窮格之。已知之理如何得知？此則莫過於前人之遺
籍，所謂讀書窮理。故朱子教人，不免要在書本上下大工夫，而爲象山所不
許也。

象山與朱子辯，質疑堯舜以前，何書可讀；又嘗云：「若某則不識一箇字，
亦須還我堂堂地做箇人。」〔註90〕孟子曰人皆可以爲堯舜，堯舜實亦無書可
讀，然終各成其聖。象山此一豪語，實可以振奮學者之心志。惟堯舜以前固
無書可讀，後世則必不得云如此，即象山亦決非不識一字。故象山之語，實
在是要教人無論如何應堂堂地做箇人。若專拈堯舜曾讀何書半句話立說，循
至於教人不讀書，則幾何而不至於狂肆也。朱子有《答項平父書》云：

子思以來教人之法，惟以尊德性、道問學兩事爲用力之要。今子靜
所說，專是尊德性事，而某平日所論，卻是問學上多了。所以爲彼
學者，多持守可觀，而看得義理全不仔細。又別說一種杜撰道理遮
蓋，不肯放下。而某自覺，雖于義理上不敢亂說，卻于緊要爲己爲
人上多不得力。今當反身用力，去短集長，庶幾不墮一邊爾。〔註91〕

其自居爲道問學一邊多了些，而推許象山所說專是尊德性一邊者，其實乃和
平說之。〔註92〕惟象山聞之，曰：

〔註87〕參見《宋元學案》卷五十八《象山學案》。
〔註88〕參見《象山全集》卷十九《武陵縣學記》。
〔註89〕參見朱子《大學章句‧格物致知補傳》。
〔註90〕參見《象山年譜》並《全集》卷三十五《語錄》。
〔註91〕參見《朱子文集》卷五十四《答項平父第二書》。
〔註92〕趙汸嘗據朱子《答項氏書》有去短集長之言，以爲鵝湖之會至此而有合，乃

朱元晦欲去兩短、合兩長，然吾以爲不可。既不知尊德性，焉有所謂道問學。〔註93〕

所謂尊德性道問學，語出《中庸》，曰：「君子尊德性而道問學，致廣大而盡精微。」《中庸》於此兩者，實未嘗分爲兩橛。非尊德性則無以致其廣大，非道問學亦無以盡其精微。朱子之說，可謂未悖於《中庸》本旨。其實孔門早有博文約禮之教，夫子自述，曰：「十室之邑，必有忠信如丘者焉，不如丘之好學也。」又曰：「吾嘗終日不食，終夜不寢，以思，無益，不如學也。」又曰：「學如不及，猶恐失之。」又曰：「學而時習之，不亦說乎。」其他不煩多舉，可見孔門之重學。忠信之美，是亦德性之可尊者，然十室之邑，將必見有其人，而孔子必謂其不如己者，乃在於好學。孔子又曰：「溫故而知新，可以爲師矣。」則書本知識，必不爲孔子所擯棄，亦居可知。朱子有詩云：「舊學商量加邃密，新知涵養轉深沉。」〔註94〕商量舊學，涵養新知，是亦可謂上承孔門溫故知新之遺旨。孔子又嘗言：「不學《詩》，無以言。不學禮，無以立。」又曰：「《詩》可以興，可以觀，可以群，可以怨。邇之事父，遠之

爲朱陸早異晚同之論。其說尚在程敏政《道一編》之前。其實元儒多好爲調和，袁清容嘗稱淳祐中鄱陽湯中合朱陸之說，至其猶子端明文清公漢益闡明之。可見宋室未亡前已有此論，尚應在趙汸之先，唯已無可詳考。惟朱子《答項平父書》共八首，皆見《文集》第五十四卷。大抵開始於淳熙八九年間，其最後一書，則已當朱子之晚歲。通此八書，合併玩索，即可知朱子當時之意見。《與項第二書》云云，實是朱子之謙辭，然其平素所持議論則說來益見明白。說詳錢賓四師《朱子新學案》第三冊《朱子與二陸交遊始末》、《朱子象山學術異同》、《朱陸異同散記》三節。

〔註93〕參見《象山全集》卷三十四《語錄》。
〔註94〕鵝湖之會，二陸各有詠詩。復齋詩云：「孩提知愛長知欽，古聖相傳只此心。大抵有基方築室，未聞無址忽成岑。留情傳註翻蓁塞，著意精微轉陸沉。珍重友朋勤切琢，須知至樂在於今。」象山以爲詩甚佳，但第二句微有未安。乃和詩云：「墟墓興哀宗廟欽，斯人千古不磨心，涓流積至滄溟水，拳石崇成泰華岑。易簡工夫終久大，支離事業竟浮沉。欲知自下升高處，眞偽先須辨自今。」復齋詩云「古聖相傳只此心」，似猶認己心之上傳諸古聖之心，故象山以爲未安，而轉云「斯人千古不磨心」，則己心可即是古聖之心，反求諸己而即可得，固不待古聖之傳也。鵝湖之後三年，朱子再會復齋，追和詩云：「德義風流夙所欽，別離三載更關心。偶扶藜杖出寒谷，又枉籃輿度遠岑。舊學商量加邃密，新知涵養（一作培養）轉深沉。只愁說到無言處，不信人間有古今。」商量舊學，則在知古聖心；涵養新知，則在明己心。古聖心之與己心，可謂一線相承，實較與復齋古聖相傳只此心之意相近，而益之以工夫。易言之，即加進了學。參《象山年譜》。

事君，多識於鳥獸草木之名。」又云：「殷因於夏禮，所損益可知也。周因於殷禮，所損益可知也。」言誦《詩》三百，言夏殷周之禮，是皆所謂道問學之事，足見孔門遺教，未嘗遺此而不問也。

其實若就孟子言之，象山亦可謂未違其本旨，或竟可說更接近孟子。朱子則似超越孟子，而上求達於孔子，又下期縮合於《學》《庸》。朱子嘗師事李延平。延平師事羅豫章，退而屏居，簞瓢屢空四十餘年。不著書，不作文，頹然若一田夫野老。終日危坐，而神采精明，略無隳墮之氣，亦無疾言遽色。彼於默坐澄心之學，終生持之甚固。朱子年廿四從之學，大折服。唯十餘年後，朱子之學術乃有大轉變，因曰：「只爲李先生不出仕，做得此工夫。若是仕宦，須出來理會事。」〔註95〕要出來理會事，則須博學於文，須各種知識。朱子將《論》《孟》《學》《庸》合爲《四書》，而示學者從入次第，則謂當先讀《大學》以定其規模。《大學》八條目自格致誠正修齊以下，必及於治平。其實修身齊家已須知識，治國平天下所須之知識則更多。象山言堯舜以前無書可讀，然不得便說其爲無知識。孟子謂人皆可以爲堯舜，亦不得據此而推認灑掃應對，徐行後長，便即盡了堯舜之事。不識一字，亦應堂堂地做人，象山之言是矣；然要齊家治國平天下，到底須理會事，自當具備各樣知識，不學則無術，則誠宜多識字，既有可讀之書，則亦不應擱置而不問。〔註96〕王陽明上宗象山孟子，發明其良知之教，亦專走易簡一路，但似不能即說治國平天下亦可不學而知不學而能。其實孟子固未嘗不讀書，象山陽明更非不讀書。故在指示學者爲學之途徑上，朱子無疑更見廣大而包容，易言之，亦更與孔子之教相近。

象山先朱子而卒，而兩家門人，乃各尊其師，互爲攻訐，陸門以朱爲支離，朱門則謂陸爲狂肆，若水火之不相容；觀上文所引陳北溪之攻慈湖，即可略窺其一斑矣。下逮有明程敏政篁墩，作《道一編》，首倡朱陸早異而晚同之說。王陽明遂因之而爲《朱子晚年定論》，專取朱子早年出入禪學，與象山相似之論，反指爲朱子晚歲追悔前說而改從象山之證。嘉靖中，陳建清瀾特著《學蔀通辨》，專辨篁墩陽明此說之非，指爲蔀障。至有清道光中，夏炘心

〔註95〕《朱子語類》卷一百一十三。
〔註96〕《朱文公集》卷四十三《答陳明仲》云：「上古未有文字之時，學者固無書可讀。而中人以上，固有不待讀書而自得者。但自聖賢有作，則道之載於經者詳矣，雖孔子之聖，不能離是以爲學也。」朱子此言可對象山堯舜以前曾讀何書之問也。

伯亦有《述朱質疑》一書，繼陳氏而續作考辨，而舉證益密。朱陸之相歧而不相合，乃成定讞。黃梨洲處有明季世，有懲於陽明末流之敝，有意於矯挽，又深惡門戶之爭，而亦頗主調和朱陸。故其《宋元學案》亦以為朱陸皆悔鵝湖之過激，而晚年遂志同而道合。其子百家與全謝山遂承其說，而以為朱陸之爭，其責在兩家門人，皆不足以真知朱陸者。〔註97〕朱陸之後，兩家門人之幾如冰炭，固有意氣門戶之私見存焉，然亦不能即抹煞朱陸學術之終有歧異也。惟兩家異同之所涉，既深且廣，未可一言而盡。今但拈其開示學者從入之途之一端，以見其孰輕孰重之間，確乎異其途轍也。

今觀深寧《紀聞》二十卷諸目，於經史子集天道歷數地理，莫不博涉綜覽，使象山見之，當以為支離之尤甚者。故深寧為學之近於朱而遠於陸，實不煩細辨而可知也。

與朱陸同時之別成一派者有呂東萊。東萊出身世家，史稱其得中原文獻之傳。少性頗褊急，後因病中讀《論語》，至「躬自厚而薄責於人」，有所省悟，遂終身無暴怒。躬行篤實，無媿為一粹然儒者。而呂氏一門傳統，大抵皆主調和。宋儒多排異端而斥俗學，東萊似未見有所擯棄。論學則尤重講史，與當時一般理學家之作風，迥然有異。是故朱子亦不甚喜之。朱子與象山學術上持異見，然朱子嘗言：「伯恭失之多，子靜失之寡。」〔註98〕又云：「撫學有首無尾，婺學有尾無首，禪學首尾皆無。」〔註99〕依朱子之意，兩害相權，則寧取其寡而遺其尾。故以交誼言，朱呂最親，而以學術言則相遠。王深寧嘗應博學鴻詞科，早歲於制舉文字，亦多用心，其發為著作而存於今者有《詞學指南》四卷。書中對東萊亦屢加稱引。故知其辭章之學，不能謂與東萊全不干涉。惟其晚年所成之《困學紀聞》一書，則顯然已有不同之意見。《紀聞》一條云：

> 邱宗卿謂場屋之文，如校人之魚，與濠上之得意異矣。慈湖謂文士
> 之文，止可謂之巧言。〔註100〕

慈湖之言，見於《遺書·家記》，以為後世文士琢切雕鏤，力用其巧，乃心外起意，益深益苦，去道愈遠。深寧此處引其言而不另加斷語，此是《紀聞》

〔註97〕參《宋元學案》卷五十八《象山學案》。
〔註98〕《朱子語類》卷一百二十二。
〔註99〕《朱子語類》卷一百二十四。
〔註100〕《困學紀聞》卷十七《評文》。

一書常例，然其於文士之文的意見，則亦顯見爲歸宗於正統理學家之說。至於釋老，深寧亦堅持一儒者立場而加以排斥。其言曰：

> 説齋謂老莊之學，盛於魏晉，以召五胡之亂。而道釋之徒，皆自胡人崇尚，遂盛於中國。（原注：釋氏至姚興而盛，道家至寇謙而盛。）誠齋謂伊川之民，被髮以祭，君子已憂其戎。漢之君志荒，而妖夢是踐，吾民始夷乎言祝乎首以爲好，此五胡耶律之先驅也。朱黼曰：三代以上，不過曰天而止。春秋以來，一變而爲諸侯之盟詛。再變爲燕秦之仙怪。三變而爲文景之黃老。四變而爲巫蠱。五變而爲災祥。六變而爲符讖。人心泛然無所底止，而後西方異說，乘其虛而誘惑之。〔註101〕

按，此段歷引三家之說，乃持夷夏之辨之民族立場而爲論，其引據故事，亦可謂爲持史學之立場而爲說。而其意態，則有似歐陽永叔《本論》之闢佛，以謂二氏皆乘中國之虛而入。惟永叔之辨止此，深寧則又云：

> 問地獄之事於眞文忠公，公曰：天道至仁，必無慘酷之刑。神理至公，必無賄賂之獄。〔註102〕

按，此辨佛氏地獄酷刑之說之不合儒義。又云：

> 道家云，眞人之心，若珠在淵。眾人之心，若瓢在水。眞文忠云：此心當如明鏡止水，不可如槁木死灰。〔註103〕

此心如明鏡止水，物來反照，不將不迎，則是其靜亦非如槁木死灰也。此皆承理學家辨人心之正論，要言不煩，鞭辟入裏。《紀聞》又一條云：

> 儒之教以萬事爲實，釋之教以萬法爲空。〔註104〕

翁元圻注謂此眞西山《送高上人序》，惟深寧於此更不稱引西山之名，而直記以爲斷語。其實宋儒所力求異於釋氏者，其要仍在一理字。朱子嘗云：「吾以心與理爲一，彼以心與理爲二。彼見得心空而無理，此見得心雖空而萬物咸備也。」〔註105〕心既具此眾理，則必須在此眾理上用工夫，故主格物窮理。《紀聞》此兩條所述，亦正從朱子理論而來。

　　呂東萊克己功深，性情溫厚，於朱陸之爭嚮主調和，故其論學，亦兼

〔註101〕《困學紀聞》卷二十《雜識》。按：朱黼係陳止齋弟子。
〔註102〕《困學紀聞》卷二十《雜識》。
〔註103〕同前註。
〔註104〕同前註。
〔註105〕《朱文公集》卷五十六《答鄭子上》。

取其長，〔註106〕不欲立敵爭是非角勝負。然此正朱子所不滿者，故謂其「只向博雜處用功，卻於要約處不曾子細研究」，〔註107〕又謂「伯恭於史，分外仔細，於經卻不甚理會。」〔註108〕因說其失之多，又說其有尾無首。其實東萊亦非不重經，葉水心從之游，東萊語之曰：「靜多於動，踐履多於發用，涵養多於講說，讀經多於讀史。工夫至此，然後可久可大。」〔註109〕則是東萊亦並非對本原處全不問，大抵總因不喜爭校，不標一幟，不欲樹敵，持盈保泰，脫不掉世家門第之風。其論學，或依朱，或從陸，又有些處近於陳君舉、陳同甫。朱子又云：「伯恭議論甚好，但每事要鶻圇說作一塊。又生怕人說異端俗學之非，護蘇氏尤力。以爲爭校是非，不如斂藏持養。」〔註110〕異端俗學爲道學之儒所深譴者，東萊亦不排拒。其實主張太多，有時反若一無主張，不持門戶之見是呂氏之長，亦是其短，故爲朱子所大不滿也。

竊謂深寧有取於東萊者，其一爲辭章之學，此則深寧早歲所嘗用功者，而於其晚年，則已自識不滿。其二則爲東萊之寬厚不持門戶，深寧於此則終生深致拳拳。若東萊終身持守「躬自厚而薄責於人」一語，《紀聞》特識其事。又一條記云：

> 呂成公謂爭校是非，不如斂藏持養。〔註111〕

此則朱子所抨擊東萊者，深寧反表深賞。蓋在朱呂當時，彼所爭尙屬學術之是非，至諸家門人後學所持以相攻訐者，則浸入於門戶之私；深寧之有取於東萊之寬容，蓋亦欲矯挽時敝也。《紀聞》又一條云：

> 祁寬問和靖尹先生曰：伊川謂歐陽永叔如何。先生曰：前輩不言人短。每見人論前輩，則曰：汝輩且取他長處。呂成公《與朱文公書》曰：孟子論孟施舍北宮黝曰：二子之勇，未知其孰賢，然而孟施舍守約也。所以委曲如此者，以其似曾子子夏而已。若使正言聖門先達，其敢輕剖判乎？文公答曰：和靖之言，當表而出之。〔註112〕

〔註106〕參《宋元學案》卷五一《東萊學案》。
〔註107〕《朱文公文集》卷三一《與張敬夫》。
〔註108〕《朱子語類》卷一百二十二。
〔註109〕《東萊呂太史別集》卷一二《與葉正則》。
〔註110〕《朱文公文集》卷三十九《答范伯崇》。
〔註111〕《困學紀聞》卷二十《雜識》。
〔註112〕《困學紀聞》卷十五《考史》。

不言前輩之短，東萊力倡之，朱子亦表同意，以爲其論可以養學者忠厚之心而革澆浮之俗。〔註113〕然則謂深寧兼取朱呂者，若就此點言之，亦未爲不可也。至論學術血脈，則深寧之當歸紫陽，殆無可疑。

《紀聞》引陳止齋言：

> 本朝名節，自范文正公；議論文章，自歐陽子；道學，自周子。三
> 君子皆萃於東南，殆有天意。〔註114〕

又一條云：

> 周元公（濂溪先生）生於道州，二程子生於明道（仁宗十年壬申改
> 元）元二間，天所以續斯道之緒也。〔註115〕

此將道學傳統，二程以前，推接濂溪，實承朱子意見。其謂道州明道生皆「道」，遂招清儒何義門之譏。義門云：「若是，則孔子不當生於闕里。」深寧復起，不知將若何申辯？唯其對道學之正統觀則於此確然可見。故袁清容謂其師知濂洛之學，洵非虛語。《紀聞》又嘗引錄《朱文公答項平父書》，即上文所引朱子自稱道問學稍多，當去短集長，庶幾不墮一邊之一段，深寧於此下復云：

> 即此觀之，文公未嘗不取陸氏之所長也。太極之書豈好辯哉？〔註116〕

於此更可見深寧之學術立場矣。前引《紀聞》記東萊所謂「爭校是非，不如斂藏持養」，全謝山注云：「深寧其有感於晦翁、同甫、黃中、子靜之事乎？」謂東萊有感於此諸事猶可，因以轉架深寧，則何以釋「太極之書豈好辯」之語？故竊謂深寧特深賞東萊之性情，非關學術途徑之辨也。深寧此意又見於其《跋袁絜齋答舒和仲書》，曰：

> 昔子朱子有言，子思教人之法，以尊德性、道問學兩事爲用力之要。
> 陸子靜所言，專是尊德性。絜齋先生之學，陸子之學也。觀其尺牘
> 皆勉學之要言。蓋尊德性實根本於學問，未嘗失於一偏，是亦朱子
> 之意也。所謂但慕高遠，不覽古今，務爲高論，不在書策者，箴末
> 俗之膏肓，至深至切；所謂古人多識前言往行，日課一經一史。斯
> 言也，學者當書紳銘几，晝誦夜思，尊所聞，行所知，可不勉歟？

此文載《四明文獻集》卷一，同卷尚有《慈湖書院記》、《廣平書院記》等，

〔註113〕參見《朱文公文集》卷三十五《答呂伯恭別紙》。
〔註114〕《困學紀聞》卷十五《考史》。
〔註115〕同前註。
〔註116〕《困學紀聞》卷五《禮記》。

皆有關其鄉先輩明州四先生之學。四先生之學皆宗陸，唯袁絜齋由陸返朱。
深寧稱其倡尊德性實根本於學問，不失一偏，是亦朱子之意，可謂深中其旨。
唯陸象山則必謂除卻尊德性，焉有道問學；故知執中之見，僅可謂是絜齋、
深寧之所主張，未必為象山所首肯也。深寧於其鄉先賢類多稱頌，而尤於絜
齋特著其論學深旨，曰「箴末俗之膏肓」，曰「學者當書紳銘几」，可謂再三
致意，全謝山之所謂兼采眾師，豈其然乎？謝山於《紀聞》一書，發明甚多，
尤於深寧志節之所寄，時有深會，可謂大有功於王氏者，唯必不欲歸其學於
考亭，則是於其明白述學之語，矇然若未之睹也。

　　《紀聞》又引李微之言曰：

　　　東萊之學甚正，而優柔細密之中，似有和光同塵之弊。象山之學雖
　　　偏，而猛厲粗略之外，卻無枉尺直尋之意。〔註117〕

此條已明指東萊有和光同塵之弊，其評衡陸呂兩家之得失，亦無異於朱子。
然則王氏之學，果如謝山所謂和齊斟酌、不名一師乎？謝山於此蓋亦不能自
解，故置而不辨，而仍堅認深寧綜羅文獻係明招之傳，然此又豈足以平章學
術傳承之真相乎？

　　朱子之學，大別有三：一曰性理之學。一曰經史考據之學。一曰章句注
釋之學。第三項又可納入第二項內。其性理之學，上接二程，至其經史之學，
則跨越二程而直溯北宋諸儒以上接漢唐。黃東發、王深寧皆朱學之流衍，其
於博文約禮、道術兼顧之大體，俱可謂得朱子之傳。然東發似稍偏於性道，
而深寧則似稍偏於經史。今讀深寧遺書，於朱子性理之學，發揮不多，而似
重在經史一途。蓋深寧之著《困學紀聞》，已在宋社既屋之後，其處境之艱，
亦猶顧亭林之在清初，故亦不期而皆倡明經史實學。亭林《日知錄》，乃直承
深寧《紀聞》一書而來，其書中屢引東發深寧語，而所引東發者為尤多，蓋
言性道則必尊傳統，言經史，則轉重個人之創獲故也。

　　深寧研經，嘗著《詩考》一書，《自序》云：

　　　漢言《詩》者四家，師異指殊。……今惟《毛傳》《鄭箋》孤行。……
　　　諸儒說《詩》，一以毛鄭為宗，未有參考三家者。獨朱文公《集傳》，
　　　闊意眇指，卓然千載之上。……文公語門人，《文選註》多《韓詩章
　　　句》，嘗欲寫出。應麟竊觀傳記所述三家緒言，尚多有之。網羅遺軼，
　　　傳以《說文》《爾雅》諸書，萃然一編，以扶微學，廣異義，亦文公

〔註117〕《困學紀聞》卷十五《考史》。

之意云爾。集傳者或有考於斯。〔註118〕

則已明言治《詩》之宗朱。其實深寧之治他經亦然，其自述語並有迹可尋者尙所在多有，爲免重複，當於下文隨處指出。

深寧之考史論史，尤嚴於義利之辨，此則顯承程朱緒論。《紀聞》云：

> 孟子曰：舜跖之分，利與善之間也。蕭望之曰：堯桀之分，在於義利而已。〔註119〕

則其意見不問而可知。又一條云：

> 朱文公謂蔡季通曰：身勞而心安者爲之，利少而義多者爲之。李誠之嘗語眞希元曰：篤信好學，守死善道，此吾輩八字箴。〔註120〕

季通從學於朱子，韓侂胄擅政，設僞學之禁，乃與朱子同譴。誠之則爲呂東萊弟子，慶元初歷知蘄州。金人犯淮南，誠之激勵將士，勉以忠義。城陷，子士允力戰死，誠之引劍自剄，其孥亦皆赴水死。〔註121〕《紀聞》此一條入《考史》類，特舉朱呂兩門人，其操行皆可謂守義不阿者。深寧遭亡國之痛，故於誠之死節，尤有表彰之意焉。季通、誠之皆出仕，然終爲一士；若上一條所舉堯舜，則貴爲天子，其所爲當有關一朝之大政。於此已可略窺深寧論人論政之意見矣。

深寧《紀聞》一書，又特重論風俗，張廉恥，重心術，嚴君子小人之分，其實皆源義利之辨而來，此皆可見其承朱子之學。此亦當於以下隨文指出。惟深寧似終偏在博文一途，故其學尤重在經史，則其於東萊象山，自可兼采。謝山必謂其「和齊斟酌，不名一師」，殆亦拘於私見而昧於學術源流之眞也。《紀聞》一書，於朱子或稱朱文公、或稱朱子、或稱子朱子，於呂東萊則或稱呂成公、或稱東萊、或稱呂氏、或稱先儒，其間軒輊，固可微辨。又《紀聞》書名，固由《論語》困而學之一語而來，唯朱子嘗爲《困學恐聞》一編。蓋因朱子重學，而自謙居於困學。有二詩云：

> 舊喜安心苦覓心，捐書絕學費追尋。困衡此日安無地，始覺從前枉寸陰。

> 困學工夫豈易成，斯名獨恐是虛稱。傍人莫笑標題誤，庸行庸言實

〔註118〕文見《四明文獻集》卷一《詩考語略序》。
〔註119〕《困學紀聞》卷二十《雜識》。
〔註120〕《困學紀聞》卷十五《考史》。
〔註121〕參見《宋史》卷四百四十九《李誠之傳》。

未能。〔註122〕

其為《困學恐聞序》云：

> 困也者，行有不得之謂也。知其困而學焉，以增益其所不能，此困
> 而學之之事也。……予嘗以困學名予燕居之室，而來吾室者，亦未
> 嘗不以此告之。目其雜記之編曰《困學恐聞》，蓋又取夫子路有聞，
> 未之能行，惟恐有聞之意。以為困而學者，其用力宜如是也。〔註123〕

深寧自識其書，則曰：

> 幼承義方，晚遇屯屯，炳燭之明，用志不分，困而學之，庶自別於
> 下民。開卷有得，述為紀聞。

蓋即承朱子書名而略變之也。其書述前輩學者，多稱道，少攻訐，即於考論
之駁正，亦僅申明己說而止，幾不見有任何譏詆浮薄之辭。若謂深寧之有得
於東萊者，毋寧更在其為人之敦厚，故不喜立門戶以伐異，其號曰厚齋，或
亦自寓己志焉。清儒章實齋善言學術，曰「學者不可無宗主，而必不可有門
戶」，〔註124〕深寧之學，殆不媿於斯言乎。

〔註122〕《朱文公文集》卷二《困學》二首。
〔註123〕《朱文公文集》卷七十五《困學恐聞序》。
〔註124〕參見《文史通義》內篇二《浙東學術》。

第二章　王應麟之經學

顧亭林嘗言：

> 理學之名，自宋人始有之。古之所謂理學，經學也。捨經學安所得
> 理學哉？〔註1〕

宋儒自程朱出，而別有所謂理學，以見異於漢唐儒之學。大抵漢唐儒之學，其要在經，亦可謂其時之儒學，即經學也。而宋儒之學，則於經學之外，別有新出，故經學僅可謂爲其學中之一部分。且漢唐儒於經，其具體成績爲章句注疏；而宋儒研經，則轉尚創新義、發新論，並不以向來之章句注疏爲限。故後人稱宋儒之學曰新儒學，而此新儒學中之經學，亦可謂是一種新經學，顯然與漢唐之所謂經學大異其趣。程伊川爲《明道行狀》，稱其兄出入於老釋者幾十年，反求諸六經而自得之。是則已跨越漢唐儒而直接六經。故自二程子出，學者群相推尊，以爲直得孔孟不傳之秘，遂於漢唐儒之說經，多加忽視。《宋史》特立《道學傳》，以示別於《儒林》，固爲後人所爭議，然要之，理學家言經與漢唐儒意態之有大不同，則殆無可爭辯。其重視漢唐經學家注疏，並欲兼采北宋諸儒，以融匯理學家之言，使貫通古今者，則自朱子始。朱子生平著述，若《論孟集註》、《學庸章句》、《詩集傳》、《易本義》，胥爲解經之作。清儒亦重言經，尤重古注疏，乃自謂其學得漢儒之傳，名之曰漢學，以樹異於宋儒，並譏之爲空疏。不知朱子之重視漢唐古注疏，於清儒殆無多讓。而朱子融通古今之氣魄見識，則尤非專持漢宋門戶者所知。唯朱子知不當鄙棄漢唐注疏以言經，故其於當時理學家之經學成就，多未深許。〔註2〕亭

〔註1〕參見《亭林文集》卷三《與施愚山書》。
〔註2〕朱子論經學，既重注疏，亦重專家與師說，並主古今兼采。《易》則兼取胡瑗、

林所云，殆亦欲矯晚明王學末流狂肆之弊，然其所謂經學即理學，捨經學安所得理學，實始驗於朱子一身，其前之理學家固不得云然也。亭林學術亦源於朱子，其言雖確，而秖說了朱學之一部分。〔註3〕

深寧學術偏走經史一路，然其言經論史，則顯承朱子求訓詁考據與經文義理一貫之旨，不得以其少講性道，便謂當擯於朱學流派之外。其為學途徑，特與後來之顧亭林相近。亭林亦經史功深，其《日知錄》一書，則淵源自深寧之《紀聞》，蓋二人同承朱學之緒餘，又復身世相類，異代同情，故意態有若是之相符也。

深寧於群經，幾無不涉，《紀聞》一書，前八卷自《易》、《書》、《詩》、《周禮》、《儀禮》、《禮記》、《大戴禮》、《樂》、《春秋》、《左氏》、《公羊》、《穀梁》、《論語》、《孝經》、《孟子》，以至於小學、經說，莫不有述，其精博亦一如朱子。今請依次撮要述之。

第一節　論《易》

深寧論《易》，頗重象數，遠取漢之鄭康成、唐之李鼎祚，近宗朱子，下啟清儒。而於王輔嗣之《易注》、程伊川之《易傳》所陳義理，亦兼採而不廢。今就《困學紀聞》及深寧所撰其他文字，引述其說，以證其學。

深寧論《易》之主旨，見於下條：

> 程子（伊川《答張閎中書》）言《易》，謂得其義，則象數在其中。
>
> 朱子（答鄭子上問）以為先見象數，方說得理。不然，事無實證，則虛理易差。愚嘗觀顏延之《庭誥》（案：《本傳》，庭誥者，施於閨

石介、歐陽修、王安石、邵雍、程頤、張載、呂大臨、楊時。《書》則兼取劉敞、王安石、蘇軾、程頤、楊時、晁說之、葉夢得、吳棫、薛季宣、呂祖謙。《詩》則兼取歐陽修、蘇軾、程頤、張載、王安石、呂大臨、楊時、呂祖謙。《周禮》則劉敞、王安石、楊時。《儀禮》則劉敞。《二戴禮記》則劉敞、程頤、張載、呂大臨。《春秋》則啖助、趙匡、陸淳、孫復、劉敞、程頤、胡安國。就其所舉宋代經學名家，屬理學家者僅程頤、張載、楊時、呂大臨，其他皆不與理學之列。是知朱子對當時理學家之經學，並不滿意。說參錢賓四師《朱子新學案》。

〔註3〕《朱子語類》卷十九一條云：「程先生解經，理在解語內。某集注《論語》，只是發明其辭，使人玩味經文，理皆在經文內。」理皆在經文內，即理皆為經文之理，此是朱子之所謂經學。亦可謂朱子乃使經學理學會通歸一。亭林之說，深中其旨。唯朱子已謂程子為不然，固無論於陸王矣。

庭之內，謂不遠也。）云：馬陸得其象數，取之於物；荀王學其正宗，得之於心。其說以荀王爲長。李泰發亦謂一行明數而不知其義，管輅明象而不通其理。蓋自輔嗣之學行，而象數之說隱。然義理象數，一以貫之，乃爲盡善。故李鼎祚獨宗康成之學，朱子發兼取程邵之說。〔註4〕

《易》之爲書，特爲宋儒所重，周濂溪《通書》、張橫渠《正蒙》，皆說《易》之書也。程伊川畢生無他著作，亦僅成《易傳》一書，則其特重《易》也可知。唯理學家講《易》，皆偏在義理上去探求，往往輕忽象數。其實自王弼注《易》，已歸宗於義理，宋儒則尤專在此上推尋。獨朱子說經有本義，有推說義，須先明本義，才可推說，亦非謂不可推說，唯當知有此先後本末之序，而不當但事推說，復據此而再推衍，則推而益遠，不可以言經。是故朱子畢生服膺程子，而於其《易傳》，則致不滿焉。乃自撰《易本義》，獨明《易》爲卜筮之書。其言曰：

> 《易傳》義理精，只是於本義不相合。《易》本是卜筮之書，卦辭爻辭無所不包，看人如何用。程先生只說得一理。〔註5〕

其意亦非否定《伊川易傳》之價值，蓋朱子唱言格物窮理之學，即承程子而來，唯天地之理無窮，固非經書之所述能爲之限，然就經義言，則當先求其本義，不可捨此而言理，否則只可說是明了此理，非便即是明了此經。故又云：

> 《伊川易傳》，又自是程氏之《易》也。〔註6〕

因明《易》爲卜筮之書，故不應遺象數而專言義理，遂特重視邵康節。嘗曰：

> 某看康節《易》了，都看別人底不得。〔註7〕

伊川言《易》，全忽象數，朱子乃轉重康節以補其偏，故於《本義》外，又別成《易學啓蒙》一書。今深寧《紀聞》此一條之所述，謂自王弼之學行而象數之說隱，義理象數，一以貫之，乃爲盡善，實可謂發揮了朱子易學之深意。故於宋人，則舉朱子發之兼采程邵。而尤堪注意者，則深寧於宋人之前，特標唐人李鼎祚。李氏爲《周易集解》一書，自敘云刊輔嗣之野文，補康成之逸象，蓋發明漢學者也。而深寧復旁掇諸書，裒爲《周易鄭注》，又嘗別爲《詩

〔註4〕《困學紀聞》卷一《易》。
〔註5〕《朱子語類》卷六十七。
〔註6〕同前註。
〔註7〕《朱子語類》卷一百。

考》一書，此皆爲清儒輯佚之學開先河。其研經之注重漢儒，實即承接朱子之意見而來。

朱子謂《易》爲卜筮之書，乃據呂東萊所訂《古文周易經傳》十二篇爲證。以爲自諸儒分經合傳之後，學者便文取義，往往未及玩心全經，而遽執傳之一端爲定說，於是一卦一爻，僅爲一事，而《易》之爲用反有所局，而無以通乎天下之故。〔註8〕故於《伊川易傳》，乃感不滿。朱子與呂東萊合編《近思錄》，本不欲收錄其書，唯東萊則極重視之，今《近思錄》亦載《易傳》之文，實非朱子原意，而祗依東萊之見爲之耳。〔註9〕東萊說《易》宗程氏，故朱子又嘗云：

> 伯恭多勸人看《易傳》，一禁禁定，更不得疑著。〔註10〕

東萊說《易》，只偏在義理一面，故朱子以爲未足。深寧兼主象數，即朱子意，非東萊意。唯深寧不喜立門戶以自限，故其論經，雖宗主於朱子，而亦兼採眾說，考據義理並重。能如此始可謂眞依了朱子教人爲學之途徑；豈唯暖暖姝姝固守朱子之一言一說，乃爲尊朱述朱哉？

《紀聞》又一條云：

> 馮當可謂王輔嗣蔽於虛無，而《易》與人事疏。伊川專於治亂，而《易》與天道遠。又謂近有伊川，然後《易》與世故通，而王氏之說爲可廢。然伊川往往捨畫求《易》，故時有不合。又不會通一卦之體，以觀其全，每求之爻辭離散之間，故其誤十猶五六。晁子止爲《易廣傳》。當可答書曰：判渾全之體，使後學無以致其思，非傳遠之道。〔註11〕

此引馮氏言，謂王弼、伊川，皆各一偏，又謂伊川誤十猶五六。晁公武嘗撰《昭德易詁訓傳》十八卷，陳直齋《書錄解題》稱其議論精博，不主一家，然亦略於象數。故又引當可言，謂其使學者無以致其思，斯亦猶朱子之以《伊川易傳》爲未盡善之意也。〔註12〕深寧又云：

〔註8〕參見《朱文公文集》卷八十二《書臨漳所刊四經後》。
〔註9〕《朱子語類》卷一百零五云：「因論《近思錄》，曰不當編《易傳》所載。問如何？曰：公須自見。意謂《易傳》已自成書。」其實朱子乃不欲載入其書，否則如《太極圖說》、《正蒙》亦已成書，又緣何載入？說參《朱子新學案》。
〔註10〕《朱子語類》卷六十七。
〔註11〕《困學紀聞》卷一《易》。
〔註12〕《朱子語類》卷六十七云：「伯恭多勸人看《易傳》，一禁禁定，更不得疑著。局定學者只得守此個義理，固是好，但緣此使學者不自長意智，何緣會有聰

初九，潛龍，辭也。有九則有六，變也。潛龍，象也。勿用，占也。
輔漢卿謂《易》須識辭變象占四字。〔註13〕

輔廣受業於朱子，其說亦由朱子而來。故魏鶴山《答丁大監黼書》謂「嘗親聞輔漢卿之說《易》，須是識得辭變象占四字。人謂《本義》專主占筮者，此未識先生之意」也。深寧從其說，故其論《易》，亦皆兼及而不遺。如言卦變，曰：

一卦變六十四，六十四卦變四千九十有六。六爻不變與六爻皆變者，其別各六十有四。一爻變與五爻變者，其別各三百八十有四。二爻變與四爻變者，其別各九百有六十。三爻變者，其別一千二百有八十。朱子發謂《需》利用恒者，《需》之《恒》也。《蒙》六五順以巽者，《蒙》之《觀》也。《乾‧九四》乾道乃革者，《乾》之《小畜》也。《小畜》之中，又有離兌，故曰革。是謂天下之至變。張真父謂《易》無所不變。《蒙》曰困蒙。《小畜》曰復自道，又曰牽復。《履》曰夬履。《離》曰履錯然。《歸妹》曰跛能履。《泰》曰帝乙歸妹。《臨》曰咸臨。《咸》曰執其隨。《艮》曰不拯其隨。《噬嗑》曰頤中有物。《睽》曰厥宗噬膚。《損》曰勿損益之，又曰或益之。《夬》曰壯于前趾，又曰壯于頄。《遯》曰執之用黃牛之革。《鼎》曰鼎耳革。《兌》曰孚于剝。《未濟》曰震用伐鬼方。皆有卦變之象。《小畜》以一陽爲復，《兌》以一陰爲剝，變之變者也。六十有四，相錯而不亂。〔註14〕

卦變之說，漢儒謂之之卦，以兩爻交易而得一卦，故名。朱子嘗爲《卦變圖》，載《啓蒙》書中，並爲圖說，謂《彖傳》或以卦變爲說，故作圖以明之。然亦謂此《易》中之一義，非畫卦作《易》之本旨。蓋爲《彖傳》中有往來上下等語，故以此釋之也。其說謂一陰一陽之卦各六，皆自《復》《姤》而來。二陰二陽之卦各十有五，皆自《臨》《遯》而來。三陰三陽之卦各二十，皆自《泰》《否》而來。四陰四陽之卦各十有五，皆自《大壯》《觀》而來。五陰五陽之卦各六，皆自《夬》《剝》而來。此其說與前之程子、蘇軾、王炎不同，而後來顧亭林爲學宗朱，於此則轉取《程傳》，謂六子之變，皆出於《乾》《坤》，無所謂自《復》《姤》《臨》《遯》而來者。〔註15〕朱學之流衍，得其眞傳者，

明？」朱子意謂《易》懸空說一道理，學者先明本義，正不妨推說義理。若先事推說，反將易理局限而蔽塞學者之聰明。

〔註13〕《困學紀聞》卷一《易》。
〔註14〕同前註。
〔註15〕參《原鈔本日知錄》卷一《卦變》條。

宋末如黃東發王深寧，明末如顧亭林，皆於朱子多所駁正，亦一猶朱子之於二程然，斯則可謂善學朱也。深寧此條不述朱子此說，惟列算卦變，則承《啓蒙》而來。故或可謂六十四卦既成，曰某卦自某卦來之說不可信。然《易》以變占，非變則無可占，不得直謂無卦變之一義。故深寧又特引朱子發、張眞父言各卦中卦名相錯之例而爲說。因又言筮法，曰：

> 筮法依七八九六之爻而記之。古用木畫地。《少牢》云：卦者在左坐，卦以木。《特牲》云：卒筮寫卦，筮者執以示主人。（原注：卦者主畫地識爻，六爻備，乃以方版寫之。）今則用錢，以三少爲重錢，九也。三多爲交錢，六也。兩多一少爲單錢，七也。兩少一多爲拆錢，八也。〔註16〕

蓋爻分陰陽，陰陽又各分老少，老變少不變，《易》以變占，故言卦變，則必及於筮法。深寧此處考古今筮法之不同。朱子謂《易》爲卜筮而作，甚至嘗以《易》與《火珠林》《靈棋課》相比類，故其研《易》，亦注意筮法。後人用錢代著，所謂重交單拆者，朱子雖謂其三多三少之說不經見，然亦以爲無背於奇偶老少之旨，因亦不主廢之。竊謂錢占其實無當於古法，蓋後人徒取簡捷耳。此姑不深論，而深寧之注意筮法一如朱子，則確然可知。

既重筮法，則繼此必涉《乾》《坤》用九用六之義。《紀聞》云：

> 劉夢得《辨〈易〉九六論》曰：董生言本畢中和，中和本其師，師之學本一行。朱文公曰：畢氏揲法，視疏義爲詳。柳子厚詆夢得膚末於學，誤矣。〔註17〕

朱子解用九，取歐陽永叔說，揲法則采畢氏，〔註18〕永叔說即緣畢氏揲法而來。當時爭議揲法者紛紜，朱子皆一一爲之辨，其孫朱鑑嘗輯《朱文公易說》

〔註16〕《困學紀聞》卷一《易》。
〔註17〕同前註。閻百詩云：「子厚謂董生膚末於學，非詆夢得。」
〔註18〕歐陽永叔釋《乾》《坤》用九用六之義，云：「乾爻七九，坤爻八六，九六變而七八無爲。易道占其變，故以其所占者名爻，不謂六爻皆九六也。及其筮也，七八常多而九六常少，有無九六者焉。此不可不釋也。六十四卦皆然，特于《乾》《坤》見之，則餘可知耳。」說見《居士集》卷十八《明用》。朱子亟稱之，曰：「凡說文字，須有情理方是。用九當如歐公說，方有情理。某解《易》所以不敢同伊川。」（《語類》卷六十八）又稱歐所發明，蓋先儒所未到，最爲有功。（《易學啓蒙》卷四）又云：「（歐）論七八多而九六少，又見當時占法三變皆挂如唐僧一行說也。」蓋朱子謂近世諸儒有前一變獨挂，後二變不挂之說。考之於經，乃爲六扐而後挂，且後兩變又止二營，與經所謂再扐而挂，四營而成易相乖，實誤。說見《啓蒙》卷三。

一書，有詳載。深寧於此亦從朱。

深寧言《易》既不廢象，故必注重漢儒。《紀聞》云：

> 《京氏易》積算法引夫子曰：八卦因伏羲，暨于神農，重乎八純。
> 聖理玄微，易道難究。迄乎西伯父子，研理窮通，上下囊括，推爻
> 考象，配卦世應，加乎星宿，局於六十四所，二十四氣，分天地之
> 數，定人倫之理，驗日月之行，尋五行之端，災祥進退，莫不因茲
> 而兆矣。故考天地日月星辰山川草木蟲魚鳥獸之情狀運氣，生死休
> 咎，不可執一隅。故曰易含萬象。〔註19〕又引孔子云：易有四易，
> 一世二世爲地易，三世四世爲人易，五世六世爲天易，游魂歸魂爲
> 鬼易。此占候之學，決非孔子言也。

京房傳焦氏之學，故言術數者稱焦京，而房之推衍災祥，更甚於延壽。其書
唯傳《易傳》三卷，後世錢卜之法，實出於此。〔註20〕深寧錄其說，而辨其
非孔子之言。又云：

> 京氏謂二至四爲互體，三至五爲約象。《儀禮疏》云：二至四，三至
> 五，兩體交互，各成一卦。先儒謂之互體。〔註21〕

此引京氏鄭氏說互體。深寧又別有《鄭氏易注》一書，自爲《序》云：

> 康成學費氏《易》，爲注九卷，多論互體。以互體求《易》，《左氏》
> 以來有之。凡卦爻，二至四、三至五，兩體交互，各成一卦，是謂
> 一卦含四卦，《繫辭》謂之中爻。所謂八卦相盪，六爻相雜，唯其時
> 物，雜物撰德是也。唯《乾》《坤》無互體，蓋純乎陽、純乎陰也。
> 餘六子之卦，皆有互體。……王弼尚名理，譏互體。然注《睽‧六
> 二》曰：始雖受困，終獲剛助。《睽》自初至五成《困》。此用互體
> 也。弼注《比‧六四》之類，或用康成之說。鍾會著論，力排互體，
> 而荀顗難之。江左鄭學，與王學並立。荀崧謂康成書根源□□。顏
> 延之爲祭酒，黜鄭置王。齊陸澄《詒王儉書》云：《易》自商瞿之後，
> 雖有異家之學，同以象數爲宗。數年後乃有王弼之說。王濟云：弼
> 所誤者多，何必能頓廢先儒？今若宏儒，鄭注不可廢。河北諸儒專

〔註19〕惠棟《易漢學》四引此條曰：「如京說，則今占法所謂納甲世應游歸六親六神
　　　　之說，皆始於西伯父子也。此條今《京氏易傳》無之。見《困學紀聞》。」王
　　　　氏多輯佚之功，此條殆亦輯佚之文乎？
〔註20〕參《四庫提要》卷一百九《子部‧術數類》二。
〔註21〕《困學紀聞》卷一《易》。

主鄭氏。隋興，學者慕弼之學，遂爲中原之師。此景迁晁氏所慨歎
也。《易》有聖人之道四焉，理義之學以其辭耳，變象占其可闕乎？
李鼎祚云：鄭多參天象，王全釋人事。易道豈偏滯於天人哉？今鄭
注不傳，其說閒見于鼎祚《集解》及《釋文》、《詩》《三禮》《春秋》
義疏、《後漢書》《文選注》，因綴而錄之。先儒象數之學於此猶有考
云。然康成箋《詩》多改字，注《易》亦然。……其說近乎鑿，學
者盍謹擇焉。厭常喜新，其不茇爲茲者幾希。〔註22〕

深寧《周易鄭康成注》一書成於咸淳九年癸酉五十一歲時，越三年而宋祚始
絕。《紀聞》一書則爲其晚年著作，京鄭互體一條即撮其最要者述之。故此條
下全謝山注云：「深寧於集《鄭氏易注》，發明互體最精。」緣深寧於《易》
不忽象數，因亦重視漢儒，而鄭注早廢，欲求其遺說，不得不博搜群籍，遂
開其輯佚之學。故於唐人《易》著，亦特重李鼎祚《集解》，《紀聞》亦有述，
已見前引。《序》言「理義之學以其辭，變象占不可闕」，則與《紀聞》之旨
無異。蓋深寧爲《鄭氏易注》時已當成學，故其意見乃與晚歲之所述爲一貫
也。今《紀聞》尚有一條云：

鄭康成《詩箋》多改字，其注《易》亦然。如包蒙，謂包當作彪，
文也。《泰》包荒，謂荒讀爲康，虛也。《大畜》豶豕之牙，謂牙讀
爲互。《大過》枯楊生荑，謂枯音姑，无姑，山榆。《晉》錫馬藩庶，
讀爲藩遮，謂藩遮禽也。《解》百果草木皆甲宅，皆讀如解。解謂圻，
呼皮曰甲，根曰宅。《困》劓刖當爲倪仉。《萃》一握爲笑，握讀爲
夫三爲屋之屋。《繫辭》道濟天下，道當作導。言天下之至賾，賾當
爲動。《說卦》爲乾卦，乾當爲幹。其說多鑿。鄭學今亡傳，《釋文》
及《正義》閒見之。〔註23〕

此其意已先見於《鄭氏易注・序》。唯此序深寧嘗改寫之，初稿見於慶元路儒
學刊本《玉海》附刻《易注》後，當成於癸酉書成時，文較短，未及此意。
上文所引則見於《深寧文鈔摭餘編》，就初稿增意而成，已謂康成改字解經，
其說近乎鑿，唯僅舉六例。《紀聞》此條則復添數例，故直評之曰多鑿。《序》
之改寫於何年不可考，唯當成於癸酉之後，《紀聞》成書之前，大抵應在入元
以後。故知深寧珍視康成《易注》之意雖無大改易，然於其改字說經，則晚

〔註22〕 《深寧文鈔摭餘編》卷一。
〔註23〕 《困學紀聞》卷一《易》。

歲愈增不滿也。

《紀聞》又一條云：

> 《説卦》，虞翻曰：乾坤五貴三賤，故定位。艮兌同氣相求，故通氣。震巽同聲相應，故相薄。坎戊離己月三十日一會於壬，故不相射。坤消從午至亥，故順；乾息從子至巳，故逆。蓋用納甲卦氣之説。

〔註24〕

歷述焦京費鄭虞翻，凡清儒言漢學者所及，深寧幾皆先及之矣。

又一條云：

> 《説卦》，《釋文》引《荀爽九家集解》，得八卦逸象三十有一。《隋》《唐志》十卷，唯《釋文·序錄》引九家名氏云，不知何人所集，稱荀爽者，以爲主故也。其序有荀爽、京房、馬融、鄭玄、宋衷、虞翻、陸績、姚信、翟子玄，爲《易義》。注內又有張氏、朱氏，並不詳何人。荀悦《漢紀》云：馬融著《易解》頗生異説。爽著《易傳》，據爻象承應陰陽變化之義。以十篇之文，解説經意，由是兗豫言《易》者，咸傳荀氏學。今其説見於李鼎祚《集解》，若乾升於坤曰雲行，坤降於乾曰雨施。乾起坎而終於離，坤起離而終於坎。離坎者，乾坤之家，而陰陽之府，故曰大明終始。皆諸儒所未發。〔註25〕

此又考荀爽《九家易》名氏，並有取其遺説。又一條云：

> 後漢魯恭引《易》曰：潛龍勿用，言十一月十二月，陽氣潛藏，未得用事。雖煦嘘萬物，養其根荄，而猶盛陰在上，地凍水冰，陽氣否隔，閉而成冬，故曰，履霜堅冰，陰始凝也；馴致其道，至堅冰也。言五月微陰始起，至十一月堅冰至也。又云：《易》十二月，君子以議獄緩死。又云：案《易》五月《姤》用事。經曰后以施令誥四方。言君以夏至之日，施命令，止四方行者，所以助微陰也。又引《易》曰，有孚盈缶，終來有它吉。言甘雨滿我之缶，誠來有我而吉巳。趙溫曰：於《易》一爲過，再爲涉，三而弗改，滅其頂凶。漢儒説《易》，可以參考。〔註26〕

此條但謂漢儒之説可以參考，則上一條所謂發諸儒所未發，辭氣之間，自有

〔註24〕《困學紀聞》卷一《易》。
〔註25〕同前註。
〔註26〕同前註。

輕重之不同。此條亦近乎輯佚。漢儒以下，深寧更及於王肅，云：

> 王肅注《易》十卷，今不傳。其注噬乾胏得金矢曰：四體離陰卦，
> 骨之象。骨有乾肉脯之象。金矢所以獲野禽，故食之反得金矢。君
> 子於味必思其毒，於利必備其難。見《太平御覽》。〔註27〕

康成《易注》尙可據經史注疏及李氏《集解》之所引而裒輯，王肅《易傳》
則僅得此條。翁元圻注此條，謂《初學記》已引王肅此注，惟離陰作純陰，
故食之作以食之。未知《御覽》是否即因其文。又一條云：

> 《釋文》引《子夏傳》云：地得水而柔，水得地而流，故曰比。《周
> 禮疏》謂坤爲土，坎爲水。水得土而流，土得水而柔，是水土和合，
> 故象先王建萬國、親諸侯。〔註28〕

翁注此條復引李氏《周易集解》與今本《子夏傳》，文字皆有小異。此雖非輯
佚，然比較異同，亦考據之一法也。又一條云：

> 《左傳疏》引《易》云：伏羲作十言之教，曰乾坤震巽坎離艮兌消
> 息。朱子發以爲鄭康成之語。愚謂正其本而萬物理，失之毫釐，差
> 以千里，見於《易緯‧通卦驗》，漢儒皆謂之《易》。則此所謂《易》
> 者，緯書也。〔註29〕

又一條云：

> 《說苑》：周公戒伯禽曰：《易》曰，有一道，大足以守天下，中足
> 以守國家，小足以守其身，謙之謂也。孔子曰：《易》曰，不損而益
> 之，故損。自損而終，故益。今《易》無此言。又泄冶曰：《易》曰，
> 夫君子居其室云云，君子之所以動天地，可不愼乎。天地動而萬物
> 變化。今《易》無末一句。然泄冶在夫子之前，而引《易大傳》之
> 言，殆非也。〔註30〕

又一條云：

> 《鹽鐵論‧文學》引《易》曰：小人處盛位，雖高必崩，不盈其
> 道，不恒其德，而能以善終身，未之有也。是以初登于天，後入
> 于地。《說文》引《易》曰：地可觀者，莫可觀於木。今《易》無

〔註27〕 《困學紀聞》卷一《易》。
〔註28〕 同前註。
〔註29〕 同前註。
〔註30〕 同前註。

之，疑《易傳》及《易緯》。〔註31〕

深寧列舉《左傳疏》、《說苑》、《鹽鐵論》、《說文》諸書所引《易》佚文，亦可謂是一種輯佚工夫。而多疑其爲緯書之言，至指泄冶在孔子前，不能引《大傳》言，此則爲考據辨僞工夫矣。要之，後來清儒輯佚之風大盛，其注意從經史注疏，以至於《文選》《釋文》及諸類書中搜求之法，則自深寧啓之也。

漢儒以下，言《易》莫盛於王弼。隋唐之後，王注幾孤行。程子《易傳》不論象，不論卦變，其實皆由王弼說而來。〔註32〕深寧兼重象數，唯於王弼伊川，亦加注重，嘗云：

> 程子謂學《易》先看王弼，余謂輔嗣之注，學者不可忽也。〔註33〕

而特所不喜者何晏。《紀聞》云：

> 張緒云：何平叔不解《易》中七事。伏曼容云：何晏疑《易》中九
> 事。愚謂晏以老莊談《易》，係小子觀朵頤，所不解者，豈止七事哉？
> 〔註34〕

此譏晏係小子觀朵頤，通《紀聞》全書，此等尖刻之語殆不多見。深寧又自爲注云：

> 以義理解《易》，自王弼始，何晏非弼比也。清談亡晉，衍也，非弼
> 也。范寧以王弼何晏並言，過矣。

故知深寧雖重象數，然並不反對以義理言《易》，觀此兩條所述即可知。范寧訾王何之罪，深於桀紂，深寧必辨清談亡晉者乃王衍，而非王弼，蓋雖不廢言義理一途，然必不主以《老》《莊》談《易》也。深寧於王弼之以義理言《易》雖不反對，然亦有所辨正，其言曰：

> 王輔嗣以寂然至无爲復。又云：冬至，陰之復；夏至，陽之復。蘇
> 子美辨其非。愚謂先儒云至靜之中，有動之端，所以見天地之心，
> 與寂然至无之說異矣。冬至陰之復，蓋如周子利貞誠之復，就歸處
> 言之。荊公曰：陽以進爲復，初九是也。陰以退爲復，六二六三六
> 四是也。〔註35〕

蘇子美嘗爲《復辨》一篇，駁輔嗣《復·彖傳》注，其文尚出於程子之前。

〔註31〕《困學紀聞》卷一《易》。
〔註32〕參《困學紀聞》卷一方樸山注。
〔註33〕同註31。
〔註34〕同註31。
〔註35〕同註31。

謂《復》以一陽始生而得名，不得謂寂然至无，又譏弼《復·大象》注之不辨多夏陰陽。深寧此處則以復爲至靜之中而有動之端，因見天地之心，故亦贊同子美之說。唯於所謂多至陰之復，則轉據濂溪《太極圖說》與王荆公說，謂就歸處言之，陽以進爲復，陰以退爲復，則爲弼說作新解。朱子直斥弼說無是胡說，〔註36〕深寧則辭意委婉，而於弼說中亦逐句分辨其是非，實不失大儒論學之公平心也。此條所辨，已關《易》之義理，固不得因見其詳徵博引，便祗謂是一本考據書也。

《紀聞》又云：

> 《乾·文言》曰：寬以居之。朱子謂心廣而道積。程子《易·小畜傳》曰：止則聚矣。呂成公謂心散則道不積。充拓收斂，當兩進其功。〔註37〕

此條所述，祗明義理，而無關於解字訓詁。東萊謂心散則道不積，乃發揮伊川之意。而伊川此言，乃講《小畜》而非解《乾·文言》，即朱子所言，亦祗說人之爲心，非解經文。深寧並而述之，其實是以《易》言心，僅可說是推說義，非本義。亦可謂此種說經意態，近於伊川《易傳》，而與朱子《本義》相遠。此雖無當於《易》之本旨，然不得謂亦無當於論心之修養。故深寧所謂充拓收斂，當兩進其功，或可謂經無此意，然必不得謂亦無此理。其實《伊川易傳》雖多所推說，猶可謂由經以窮理，〔註38〕深寧此處，竟可謂是藉經以言理。《紀聞》一書，深爲後來清儒所重視，一以其博學於文，一以其多言經史考據，而群推其考證之博賅，於其言義理之一面，則多忽略。此條雜取三家之辭，合之以言心，以附於《易》，亦可見深寧不欲懸空以言理之意態。

《紀聞》又一條云：

> 知止而後有定，故觀身於《艮》。惻隱之心，仁之端也，故觀心於《復》。
>
> 〔註39〕

此亦以《大學》《孟子》之言附合於《易》，以言身心。

又一條云：

> 《丹書》敬義之訓，夫子於《坤·六二·文言》發之。孟子以集義

〔註36〕 參見《朱子語類》卷七十一。
〔註37〕 《困學紀聞》卷一《易》。
〔註38〕 程伊川嘗言：「由經窮理。」見《遺書》卷十五。
〔註39〕 同註37。

爲本。程子以居敬爲先。張宣公（《答李敬修書》）謂工夫並進，相
須而相成也。〔註40〕

此條但錄南軒語，不自爲言，殆即有取其說。《易・坤・文言》「敬以直內義
以方外」一語，特爲理學家所喜言，深寧於此處即合孟子程張之說以申宋儒
敬義夾持之旨也。

又一條云：

艮者，限也。限立而內外不越。天命限之，內也不可出。人欲限之，
外也不可入。郭沖晦云。〔註41〕

此條引郭雍說。雍父兼山，係程子門人。此所謂天命人欲，即猶言天理人欲
也。〔註42〕宋儒以理欲言性之善惡，深寧述之，亦藉《易》以言理之一例。

又一條云：

復以自知，必自知然後見天地之心。有不善，未嘗不知，自知之明
也。〔註43〕

此條亦言《復》，殆亦本程朱之意而爲言。〔註44〕若此之類，皆發明義理而無
關乎考據訓詁。

《紀聞》一書，清儒之重經史考據之學者，莫不重視之，故爲之校訂者，
有閻若璩、何焯、全祖望、程瑤田、方棫如、錢大昕諸氏；而萬希槐爲之集
證，翁元圻爲之注解，其對清儒爲學之影響即此可見。竊意頗疑清儒之特重
深寧此書，其背後或別具一種特殊之時代心理，民族意識，此點容後補述。
然要之，深寧此書顯而易見之成就，終在其於考據學之貢獻。請試就其言《易》
者略申之。

深寧之考據，其一曰考古語舊說之所自出。此則緣其博文之學，非泛覽
群籍，殆不能爲。如《紀聞》云：

〔註40〕　《困學紀聞》卷一《易》。
〔註41〕　同前註。
〔註42〕　《朱子語類》卷七十三：「伯豐問兼山所得於程門者，云：《艮》內外皆止。
　　　　是內止天理，外止人欲。又如門限然，在外者不得入，在內者不得出。」是
　　　　此乃兼山之言而雍述之矣。參《紀聞》翁注。《語類》伯豐所述與子和之言文
　　　　字稍異，然亦足證雍所謂天命，即無異於言天理也。
〔註43〕　同註40。
〔註44〕　程伊川曰：「顏子有不善，未嘗不知，知之至也。知之至，故未嘗復行。他人
　　　　復行，知之不至也。」朱子云：「今人只知知之未嘗復行爲難，不知有不善未
　　　　嘗不知是難處。」深寧此條殆緣此意。參見翁注。

《越絕》引《易》進退存亡之言曰：進有退之義，存有亡之幾，得
有喪之理。陸宣公云：喪者得之理，得者喪之端。其語本此。〔註45〕

《越絕書》所引，亦《易》佚文，亦猶上所舉《鹽鐵論》《說文》諸書所引者
然。此考陸贄語出此。

又云：

上坎爲雲，下坎爲雨，虞翻之說也。郭子和從之。女子貞不字，謂
許嫁，笄而字，耿氏之說也。朱文公從之。〔註46〕

此考郭說從虞翻，朱說源耿氏。

又云：

上天下澤《履》，此《易》之言禮。雷出地奮《豫》，此《易》之言
樂。呂成公之說本於《漢書》：上天下澤，春雷奮作，先王觀象，爰
制禮樂。〔註47〕

此考呂東萊說出《漢書》。

又云：

病從口入，禍從口出，傅玄《口銘》也。《頤》慎言語，節飲食，《正
義》用其語。〔註48〕

此考《正義》用傅玄語。此意朱子先發之，深寧更爲深考之也。〔註49〕

又云：

利貞者，性情也。王輔嗣注：不性其情，何能久行其正。程子《顏
子好學論》性其情之語本此。〔註50〕

此考程子語出輔嗣。唯通觀《紀聞》一書，其所考者多爲格言，則是考據之
中亦寓義理也。今再舉一例：

程子謂學《易》先看王弼。余謂輔嗣之注，學者不可忽也。於《乾‧
九三》曰：乾三以處下卦之上，故免亢龍之悔。坤三以處下卦之上，
故免龍戰之災。《上九》（當作《用九》）曰：夫以剛健而居人之首，

〔註45〕《困學紀聞》卷一《易》。
〔註46〕同前註。
〔註47〕同前註。
〔註48〕同前註。
〔註49〕《朱子語類》云：「或曰：諺有禍從口出，病從口入。甚好。曰：此語前輩曾
用以解《頤》之象。」參見翁註。
〔註50〕同註45。

則物之所不與也。以柔順而爲不正，則佞邪之道也。故《乾》吉在
无首，坤利在永貞。於《文言》曰：進物之速者，義不若利。存物
之終者，利不及義。又曰：文王明夷，則主可知矣。仲尼旅人，則
國可知矣。又曰：不性其情，何能久行其正。於《坤》曰：方而又
剛，柔而又圓，求安難矣。《初六》曰：陰之爲道，本於卑弱，而後
積著者也，故取履霜以明其始。陽之爲物，非基於始以至於著者也，
故以出處明之，則以初爲潛。於《小畜·上九》曰：大畜者，畜之
極也。畜而不已，畜極則通。是以其畜之盛，在於四五，至於上九，
道乃大行。小畜積極，而後乃能畜。是以四五可以進，而上九說征
之輻。於《大有·六五》曰：不私於物，物亦公焉。不疑於物，物
亦誠焉。於《豫·初六》曰：樂過則淫，志窮則凶，豫何可鳴。於
《觀·上九》曰：觀我生，自觀其道者也。觀其生，爲民所觀者也。
於《賁·六五》曰：賁于束帛，邱園乃落。賁于邱園，帛乃戔戔。
用莫過儉，泰而能約，故必吝焉，乃得終吉也。於《復》曰：凡動
息則靜，靜非對動者也。語息則默，默非對語者也。於《頤·初九》
曰：安身莫若不兢，修己莫若自保。守道則福至，求祿則辱來。於
《家人·初九》曰：凡教在初，而法在始。家瀆而後嚴之，志變而
後治之，則悔矣。《九三》曰：行與其慢，寧過乎恭。家與其瀆，寧
過乎嚴。《上九》曰：凡物以猛爲本者，則患在寡恩；以愛爲本者，
則患在寡威。故家人之道，尚威嚴也。於《睽·上九》曰：見豕負
塗，甚可穢也。見鬼盈車，吁可怪也。先張之弧，將攻害也。後說
之弧，睽怪通也。往不失時，睽疑亡也。貴於遇雨，和陰陽也。陰
陽既和，群疑亡也。於《蹇·初六》曰：處難之始，居止之初，獨
見前識，覩險而止，以待其時，知矣哉。於《萃》之《象》曰：聚
而无防，則眾生心。於《漸·上九》曰：進取高潔，不累於位，无
物可以屈其心而亂其志。戔戔清遠，儀可貴也。於《中孚·上九》
曰：飛音者，音飛而實不從之謂也。於《小過·六五》曰：《小畜》
尚往而亨，則不雨也。《小過》陽不上交，亦不雨也。〔註51〕

此條列舉王弼語，皆程子所本。何義門云：「《程傳》中所取輔嗣之義甚多，
厚齋則但就其格言錄之。」輔嗣伊川已就義理言《易》，深寧則考其說之所同

〔註51〕《困學紀聞》卷一《易》。

而爲格言者。又嘗云：

> 《頤‧初九》王輔嗣注云：安身莫若不競，修己莫若自保。守道則
> 福至，求祿則辱來。至哉斯言，可書諸紳。〔註52〕

可見深寧於輔嗣《易注》中言義理之語，多表贊賞。是則其考據非純考據，頗異於後來清儒之所謂考據也。

其次，則曰文字之訓詁。

《紀聞》云：

> 朋盍簪。簪，疾也。至侯果始有冠簪之訓。晁景迂云：古者冠禮，
> 未有簪名。〔註53〕

訓簪爲疾，乃王弼說，朱子《本義》從之。《程傳》則從侯果說，深寧則據晁以道所考而判其是非。

又云：

> 《旅‧初六》，斯其所取災。王輔嗣注云：爲斯賤之役。唐郭京謂斯
> 合作撕。愚按，《後漢書‧左雄傳》：職斯祿薄。注云：斯，賤也。
> 不必改撕字。〔註54〕

清儒言經，嘗謂不通諸經，不能通一經，又謂以經釋經，〔註55〕其實深寧已先爲之，詳見下文。此條所舉，可謂以史釋經，則其範圍更溢出清儒所言之外矣。

又一條云：

> 介于石，古文作砎。晉孔坦書曰：砎石之易悟。

朱子《本義》云其介如石，則從侯果假如堅石不可移變之說，唯《語類》則又嘗謂介于石言兩石相磨擊而出火之意，則是從古文作砎也。是朱子嘗爲二說。〔註56〕深寧獨據古文，而以《晉書‧孔坦傳》文證之。古文作砎係《釋文》所引。《釋文》一書，多存古訓，爲清儒言訓詁者所喜援據，而深寧亦已先及之。此條亦是以史證經。

又一條云：

〔註52〕《困學紀聞》卷一《易》。
〔註53〕同前註。
〔註54〕同前註。
〔註55〕黃梨洲爲《萬充宗墓誌銘》云：「（充宗）湛思諸經，以爲非通諸經，不能通一經。非悟傳註之失，則不能通經。非以經釋經，則亦無由悟傳註之失。」見《南雷文約》卷一。此後清儒釋經多循此途徑。
〔註56〕參見翁注。

何以守位曰人，《釋文》云。桓玄，明僧紹作仁。今本乃從桓玄，誤

矣。《本義》作人。云：呂氏從古。蓋所謂非眾囷與守邦。〔註57〕

此亦據《釋文》以判定異文，而遂亦定其訓釋也。

又一條云：

莧陸夬夬。項氏《玩辭》曰：莧音丸，山羊也。陸，其所行之路也，
猶鴻漸於陸之陸。兌爲羊，在上卦，有山羊之象。愚按，《說文》：
莧，山羊細角也，從兔足，苜聲。讀若丸。寬字從此。徐鍇按《本
草注》，莧羊似麤羊，角有文，俗作羱。〔註58〕

莧陸，程朱俱釋爲馬齒莧，蓋循王弼草之柔脆者之訓而來。深寧則據《說文》
證項安世山羊之訓。此條若抹去名氏，以置於乾嘉學者書中，恐亦不易分辨
其爲宋人之言也。

深寧言經，又特喜用歸納之法。如謂《易》中多舉數爲義，云：

易者，數之原也。《屯》十年乃字。《需》三人。《訟》三百戶，三褫。
《師》三錫。《比》三驅。《同人》三歲。《蠱》先甲後甲三日。《臨》
八月。《復》七日，十年。《頤》十年。《坎》簋貳，三歲。《晉》三接。
《明夷》三日不食。《睽》二女，一車。《解》三狐。《損》貳簋，三
人，一人，十朋。《益》十朋。《夬》五剛。《萃》一握。《困》三歲。
《革》三就。《震》七日。《漸》三歲。《豐》三歲。《旅》一矢。《巽》
先庚後庚三日，三品。《既濟》七日，三年。《未濟》三年。其數例總
釋于《乾鑿度》。如月幾望，巳日乃孚，皆陰陽氣數之變。〔註59〕

此條悉述《乾鑿度》之文，皆以數爲言。深寧自爲統計者亦甚多。茲列舉如後：

六爻有得有失。唯《謙》三吉三利，《家人》一爻悔亡，五爻皆吉。

此統六十四卦言，唯《謙》與《家人》卦多吉。

諸卦之爻皆及卦名：《坤》、《小畜》、《泰》、《大畜》、《既濟》，六爻
皆無之。

此指唯五卦之爻不及卦名。

乾乾、夬夬，皆九三重剛也。謙謙，初六居卦之下也。坎坎，六三
居重險之中也。蹇蹇，六二陰居陰也。

〔註57〕《困學紀聞》卷一《易》。
〔註58〕同前註。
〔註59〕同前註。

此言五卦重及。

> 卦具四德者七：《乾》《坤》《屯》《隨》《臨》《无妄》《革》也。唯《乾》
> 不言利。

此指七卦有四德。

深寧注意統觀全經，故其解《易》，亦多綜觀全經同一用語而類比歸納得一結論。試續舉數例以明之。

> 《易》言密雲不雨者二：《小畜》終於既雨者，陽之極爲陰也。《小
> 過》終於已亢者，陰之極爲陽也。（原注：畜極則通，過極則亢。）

原注乃王弼注語。此就《小畜》《小過》兩言密雲不雨以釋其義。

> 薛氏曰：《易》以初爻爲七日者，舉前卦而云也。《復》之七日來復，
> 《震》、《既濟》之七日得，皆舉初爻。

此就《易》中三言七日之卦證薛氏說。

> 《蒙》之剛中，二也。占而求之曰初筮。《比》之剛中，五也。占而
> 從之曰原筮。

翁注引游酢《易說》云：「《蒙》之初筮者，致一以有求；《比》之原筮者，再思以有擇。」深寧此條，乃就《易》中兩言筮字言之。

> 童蒙應於二之剛則吉，養之早也。童觀遠於五之剛則吝，見之小也。

此《蒙》《觀》二卦兩言童字，而或吉或凶，深寧比而釋之。

> 信君子者治之原，《隨》之九五曰孚于嘉，吉。信小人者亂之機，《兌》
> 之九五曰孚于剝，有厲。

此兩言孚于，亦猶上一條。

> 鳴謙則吉，鳴豫則凶。鳴者，心聲之發也。

此兩言鳴字。

> 柔而剛，則能遷善。剛而柔，則能順理。《復》之六三，柔而不中，
> 勉爲初之剛而屢失，故頻復。《巽》之九三，剛而不中，勉爲初之柔
> 而屢失，故頻巽。

此類比《易》之兩言頻而釋其所以然之故。

> 繫于苞桑，三柔在下而戒之也。繫于金柅，一柔方進而止之也。

此亦就兩言繫于而並言之。

> 冥於豫而勉其有渝，開遷善之門也。冥於升而勉其不息，固進善之
> 機。

此條兩言冥。

　　謹乃儉德，惟懷永圖，故甘節，吉。盜言孔甘，亂是用餤，故甘臨，
　　无攸利。

此條兩言甘。

　　《同人》之初曰出門，《隨》之初曰出門；謹於出門之初，則不苟同，
　　不詭隨。

此條兩言出門。

　　《復》曰朋來，所以致泰。《泰》曰朋亡，所以保泰。

此條兩言朋。

　　君子進而眾賢聚，故《復》朋來，无咎。眾賢盛而君子安，故《解》
　　朋至斯孚。君子之志行而小人之心服，故《豫》勿疑朋盍簪。〔註60〕

此條則三言朋，可與上一條對觀。

　　以上諸條，皆可證明深寧之通讀全經，細玩其辭，歸納類比而就其遣辭
用語以釋經義。此種訓詁之方法，其實亦祇發揮了義理。若鳴頻甘朋諸字，
在經文中既非通假，所用亦並是常訓，故就訓詁學之觀點言，幾可謂不待訓
解而可明。清儒戴東原嘗謂「經之至者，道也。所以明道者，其詞也。所以
成詞者，字也。由字以通其詞，由詞以通其道，必有漸」〔註61〕又曰「故訓
明則古經明，古經明則賢人聖人之理義明」，遂標舉漢儒故訓之大幟，譏詆宋
儒為空疏。〔註62〕重視漢儒經說，自朱子以下，至於深寧，莫不然；其事本
不自清人始，唯深寧之考據訓詁兼重義理，固與東原之所論有別矣。

　　雖然，深寧考據之學，無疑對清儒有極大之影響。清儒首立漢學之名，
自江鄭堂始。鄭堂為《漢學師承記》，又別為《宋學淵源記》，由是而有所謂
漢宋之爭。唯鄭堂之言漢學，亦附黃梨洲、顧亭林於書末，以謂清儒之究六
經奧旨，與兩漢同風，二君實啟之，特以彼二人皆深入宋儒之室為不滿耳。
其實黃顧時又安有漢宋之壁壘若鄭堂之所想者存在。梨洲學出劉蕺山，欲矯
王學末流之弊，因倡多讀經史；亭林則顯承朱子之傳，固亦深受深寧之影響，
其《日知錄》特與《紀聞》相近，蓋二人俱深得朱子之真傳，而又同值易代
之際，身世相仿佛，故有若是之神似也。鄭堂未敢屏黃顧二人於漢學門外，

〔註60〕以上諸條俱見《紀聞》卷一《易》。
〔註61〕參見《戴東原集》卷九《與是仲明論學書》。
〔註62〕參見《戴東原集》卷十一《題惠定宇先生授經圖》。

故言有清學術，多自二人啓之，而未知清儒亦多受深寧之影響。即退一步言之，亭林之學亦有得於深寧。深寧之學上承朱子，清儒除全謝山外，亦不聞有異議。〔註63〕而朱子深寧皆宋儒，鄭堂謂學有漢宋，考據義理兩途分立，其說實未免於門戶之見也。

清儒考據之學，當推戴東原爲巨擘。東原弟子有段懋堂及王念孫父子，並爲後人所推重。其實東原有《原善》、《緒言》、《孟子字義疏證》三書，亦講義理。段懋堂亦尊崇朱子，至晚歲始改從師說。王念孫父安國，亦講朱子學，唯念孫引之父子獨在文字訓詁學上有卓越之成就，然亦不發詆排宋儒之語。〔註64〕今觀王氏父子書，其考證方法亦多與《紀聞》相類，略舉數例如下：

> 西南得朋，東北喪朋有二。一曰以《否》《泰》之內卦言得喪也。……
> 一曰以坤兌巽離爲得朋，艮震乾坎爲喪朋也。……〔註65〕

此類比《易》兩言西南東北，而據之以辨荀爽虞翻之說。

> 《乾·初九》，潛龍勿用。……《師·上六》，大君有命，開國承家，小人勿用。……《既濟·九三》，高宗伐鬼方，三年克之，小人勿用。……《大有·九三》曰，公用亨于天子，小人弗克。文義與此正相近也。……《頤·六三》，十年勿用，无攸利。……《坎·六三》，來之坎坎，險且枕，入于坎窞，勿用。……或謂小人勿用爲勿用小人（《師·正義》），十年勿用爲見棄（《王注》），入于坎窞勿用爲不出行（《正義》），皆與《乾·初九》之勿用義例參差，蓋未嘗比物醜類以求之也。〔註66〕

此列舉《乾》《師》《頤》《坎》《既濟》五卦之言勿用，綜合以批駁荀爽、惠定宇，以至於注疏之失。其所謂「比物醜類以求之」，實即深寧《紀聞》所用歸納之法也。此外，若舉「有孚惠心」、「有孚惠我德」之兩言有孚惠；「喪羊于易」、「喪牛于易」之兩言喪于易；「王假有家」、「王假有廟」、「王假之」之三言王假；「大過」、「過涉」、「小過」、「過其祖」、「弗過防之」、「弗過遇之」、「弗遇過之」、「過以相與也」、「臣不可過也」之九言過；「得尙于中行」、「行有尙」、「往有尙」之三言尙；「履虎尾」、「虎視眈眈」、「大人虎變」、「風從虎」

〔註63〕《四庫提要》亦稱深寧得朱子之傳，可爲乾嘉諸儒意見之代表。
〔註64〕說參錢賓四師《中國學術思想史論叢》第八冊《讀經韻樓集》一文。
〔註65〕見《經義述聞》卷一。
〔註66〕同前註。

之四言虎；「後得主」、「主人有言」、「遇主于巷」、「遇其配主」、「遇有夷主」之五言主；凡此之類，皆其例也。〔註67〕通覽王氏父子《經義述聞》一書，若此之例不勝枚舉。《經義述聞》尚有一條云：

> 九四朋盍簪。王注曰：盍，合也；簪，疾也。《釋文》：簪，徐側林反。鄭云：速也。王肅，又祖感反。京作撍。蜀才本依京，義從鄭。引之謹案，作撍者正字，作簪者借字也。……王應麟曰：朋盍簪。簪，疾也。至侯果始有冠簪之訓。晁景迂云：古者禮冠未有簪名。〔註68〕

深寧之說已見上文。王氏此條考《易》簪字義，直錄《紀聞》原文，是知其於此書亦知注意。竊謂其所謂就全經比物醜類，歸納以定一字一語之訓，其法亦源於深寧也。其實王氏父子之考訂群書，亦多據宋人所編類書，如《太平御覽》、《冊府元龜》等。〔註69〕注重類書亦由深寧啓其途，故亦嘗自編《玉海》一書也。

《紀聞》又云：

> 《繫辭·正義》云，韓氏親受業於王弼，承王弼之旨，故引弼云以證成其義。愚考王弼終於魏正始十年。韓康伯，東晉簡文帝引爲談客。二人不同時，相去甚遠，謂之親受業，誤矣。〔註70〕

又一條云：

> 經說多依託，《易》爲甚。《子夏傳》，張弧作也。《關子明傳》，阮逸作也。《麻衣正易》，戴師愈作也。〔註71〕

若此者，則近乎考證辨僞，似純爲一種博文之學。故何義門謂其爲口《易》，其言曰：

> 劉屏山云：愚夫昧《易》，才士口《易》，賢人玩《易》，聖人忘《易》。凡無得於心而摭其辭，皆口《易》也，非獨能言而不能行之謂。此卷其諸口《易》乎。〔註72〕

義門自稱弱冠聞曹侍郎秋岳教之讀《紀聞》一書，至二十六歲乃於書肆中得之，沾溉之益，良非一二可竟。南北奔走，未嘗不偕。越廿載，復爲閻百詩

〔註67〕俱見《經義述聞》卷一。
〔註68〕同前註。
〔註69〕說參柳詒徵《中國文化史》第十章。
〔註70〕《困學紀聞》卷一《易》。
〔註71〕同前註。
〔註72〕參見翁注引。

校此書，付之開雕，因又加重閱。〔註73〕其尊崇此書，可謂備至。唯於《紀聞》《易》之一卷，則以爲不過才士之口《易》，似猶有憾焉。及後全謝山又爲是書作《三箋》，乃駁何說，云：

> 何氏之言，足以警世之讀《易》者。然深寧此卷，當分別觀之。其中有反復於陰陽消長治亂之故者，是有得於上下千古，而感慨身世以出之者也，安得謂之口《易》乎？其中有無當於大義者，則置之可耳。何氏篤信其師傳之《易》，以彼其師，果能行耶，果有得於心耶？前輩未可輕議也。〔註74〕

竊謂謝山之言是矣。唯《紀聞》一書，反復治亂之故，有得於上下千古而感慨於身世以出之者，全書皆有，固不獨說《易》一卷爲然。謝山於此，最有深會，故其《三箋》發明特多，義門非其比也。深寧此書成於晚歲入元之後，故書中多寓身世之感，故國之思，清初諸儒亦遭亡國之痛，其不期而同重視之，寧祇以其書爲多近所謂經史考據之實學耶？顧亭林爲學途轍最與深寧相近，其《日知錄》一書亦多寄民族之義，然則深寧之書豈得謂爲「才士之口《易》」乎？深寧與亭林學術之關係，別詳後文。茲再引《紀聞》兩條，以爲斯篇之終，以見深寧未嘗遺國家興亡以言經術也。

> 《易緯・坤鑿度注》云，虞世南曰：不讀《易》，不可爲宰相。注者未詳其人，亦天下名言也。

> 魏相以《易》相漢，能上陰陽之奏，而不能防戚宦之萌，不知繫于金柅之戒也。匡衡以《詩》相漢，能陳《關雎》之義，而不能止奄寺之惡，不知昏棟靡共之戒也。經術雖明，奚益焉！〔註75〕

第二節　論《書》

深寧言經，撮要言之，其特色有四：貫通全經經文，復參諸家注疏以爲說，一也。類比群經異同，互爲參校，二也。經文經說有不見於傳本，而猶別存於他書者，亦特加重視，故又開輯佚之學，三也。其所參證，又擴而至於史部集部，而尤喜援史事以證經，四也。其論諸經皆然，上節之所述，已

〔註73〕參見翁注引。
〔註74〕同前註。
〔註75〕兩條俱見《困學紀聞》卷一《易》。

可略窺一斑。近人新會梁任公著《清代學術概論》，推顧亭林爲漢學開山。緣亭林論學途徑，所謂理學即經學，舍經學無所謂理學，而通經爲明道之資，與乾嘉考證學者之論可相通。又其考證方法，如蒐集種種材料分析時代先後而辨其流變，復博求佐證，以資共信，亦爲此後清儒考證工夫之不二法門。其實考證之學，自明儒已開其風，顧不自亭林爲之始。清人之推本亭林，乃以本朝自爲限斷，未嘗以爲其事由彼所特造，更無來歷也。〔註76〕由明儒上溯，此學亦可謂昉自宋季黃東發及深寧諸儒。唯亭林之特爲清人所稱賞者，乃爲其博文之學，而於其行己之教，則忽而不道，此全謝山已嘗致其慨矣。〔註77〕然則亦無怪乎深寧之爲清儒所見重者，亦僅止於其博洽多聞也。故余述深寧之學，特多揭其有關身世之慨以至修己之教者，以見其學與清儒考證之學終有不同也。其有關時世治道者，別見後文史學篇。今請繼言其論《尚書》者。

《紀聞》云：

> 詹元善曰：惟皇上帝，降衷于下民，若有恒性，克綏厥猷惟后。此即天命之謂性，率性之謂道，修道之謂教也。人能知此，則知觀《書》之要，而無穿鑿之患矣。〔註78〕

此條原注謂「呂成公已有此說」。詹元善少從朱子游，眞西山出其門下。西山有《大學衍義》，即有取於《東萊書說》。深寧此條所述，實不能認爲屬於考據。又云：

> 湯之誥曰：惟皇上帝，降衷于下民。武之誓曰：惟人萬物之靈。劉子所謂天地之中，子思所謂天命之謂性，孟子所謂性善，淵源遠矣。
> 〔註79〕

此條與上一條義近。惟深寧似未知古文《尚書》之僞，亦未疑及《中庸》之晚出，故此條所述，若謂其爲考據，亦僅可說是一種義理上之考據，且爲錯

〔註76〕說參錢賓四師《中國近三百年學術史》第四章。

〔註77〕《鮚埼亭集》卷十二《亭林先生神道表》云：「歷年漸遠，讀先生之書者雖多，而能言其大節者已少。且有不知而妄爲立傳者，以先生爲長洲人，可哂也。……及讀王高士不菴之言曰：寧人身負沈痛，思大揭其親之志於天下，奔走流離，老而無子。其幽隱莫發，數十年靡訴之衷，曾不得快然一吐。而使後起少年，推以多聞博學，其辱已甚。安得不掉首故鄉，甘於客死。噫，可痛也。斯言也，其足以表先生之墓矣夫。」

〔註78〕《困學紀聞》卷二《書》。

〔註79〕同前註。

誤之考據。然就義理言之，則此數語義相貫通，其說亦可謂不誤也。

《紀聞》又云：

> 禹之告舜曰：安汝止。盡天理而無人欲，得至善而止也。尹之告大
> 甲曰：欽厥止。去人欲而復天理，求至善而止也。〔註80〕

又云：

> 式和民則，順帝之則，有物有則，動作禮義、威儀之則，皆天理之
> 自然，有一定之成法。聖賢傳心之學，唯一則字。〔註81〕

此兩條皆本眞西山《大學衍義》之說而來。宋儒特重理欲之辨，舉僞古文《大禹謨》「人心惟危，道心惟微，惟精惟一，允執厥中」之語，以爲古聖傳心之要。深寧謂去人欲而復天理，而止於盡天理而無人欲，則純乎其爲理學家言。唯以聖賢傳心在一則字，則是將人心回歸到天理上說。則字似爲一較客觀外在之字眼，故深寧此說，實見其與朱子西山爲一路。又云：

> 舜、皋陶曰欽、曰中。蘇公曰敬、曰中。此心法之要也。《呂刑》言
> 敬者七，言中者十。所謂惟克天德，在此二字。〔註82〕

謂心法之要，在敬中二字，即彼所謂聖賢心傳之則，而出於天理之自然者。宋季傳朱學者以東發深寧爲大宗，東發猶多言性理，深寧則轉少討論，故其於朱子性理之學之闡發，不足以方黃氏。然觀上引數條，可知其於性理之學，非無所得，未可因其少言，便直謂其於此無所造詣也。大抵深寧不喜懸空立論，故彼所言，皆一一依傍經文而爲說。顧亭林所謂古之理學即經學，於深寧之書，可得其驗。不離經而言理，易言之，即落實以言理，故處處就人事上立論。如云：

> 《大禹謨》言念哉者二，《益稷》言念哉者一，皆禹告舜之辭。心者
> 治之本，心斯須不存，治忽分焉。恭惟千載心，秋月照寒水，於此
> 見之。〔註83〕

恭維千載心，秋月照寒水，係朱子感興詩。〔註84〕謂心者治之本，則誠見其

〔註80〕 《困學紀聞》卷二《書》。
〔註81〕 同前註。
〔註82〕 同前註。
〔註83〕 同前註。
〔註84〕 《朱文公集》卷四《齋居感興》二十首之十云：「放勳始欽明，南面亦恭己。大哉精一傳，萬世立人紀。猗歟歎日蹐，穆穆歌敬止。戒獒光武烈，待旦起周禮。恭惟千載心，秋月照寒水。魯叟何常師，刪述存聖軌。」

爲道學家論學之意見。故又云：

> 聖王畏天畏民，人有畏心，然後敬心生。謂天不足畏，民不足畏，
> 爲桀紂秦隋。

> 《無逸》多言不敢，《孝經》亦多言不敢。堯舜之兢業，曾子之戰兢，
> 皆所以存此心也。

> 《無逸》，《大傳》作毋逸。毋者，禁止之辭，其義尤切。〔註85〕

《無逸》《大傳》作毋逸，惠棟《九經古義》考二字爲古今字，非有兩義，其
說是也。然後代此兩字義已有差，則深寧謂禁止之辭，於義尤切，亦非無當。
深寧論治，乃歸本於在上位者之一心，而此心之要則在敬在中，而敬心緣於
畏心，人君當先有所畏，畏天畏民，乃多不敢，故毋逸。苟無所畏，則爲桀
紂秦隋之君。此其論治之要。故又云：

> 恭在貌，敬在心。《書正義》之說也。中心爲忠，如心爲恕。《詩》、
> 《春秋正義》之說也。〔註86〕

曰恭敬，曰忠恕，皆說心，亦皆論治。又云：

> 《詩》：或聖或否，或哲或謀，或肅或乂。《莊子》：天有六極五常。
> 帝王順之則治，逆之則凶。九洛之事，治成德備。皆爲《洪範》之
> 學。〔註87〕

《洪範》一篇，自西漢至北宋，始終爲儒者所重視，故朱子教人讀《書經》，謂
只須識其大意，不必求句句而解，唯於《洪範》，則以爲須著意解也。〔註88〕
深寧引《詩·小雅·小旻》之句，以爲即合《洪範》五事，其實亦本於朱子之
說。〔註89〕唯朱子、深寧皆未辨《洪範》著成在《小旻》後，當是《尚書》襲
《詩經》之說。深寧因其多言治道，故特著之。又云：

> 曾子固奏疏曰：《洪範》所以和同天人之際，使之無間，而要其所以

〔註85〕以上三條皆見《困學紀聞》卷二《書》。
〔註86〕《困學紀聞》卷二《書》。
〔註87〕同前註。
〔註88〕《朱子語類》卷七十八：「大抵《尚書》有不必解者，有須著意解者。不必解
　　　者，如《仲虺之誥》、《太甲》諸篇，只是熟讀，義理自分明，何俟於解。如
　　　《洪範》則須著意解。如典謨諸篇辭稍雅奧，亦須略解。若如《盤庚》諸篇，
　　　已難解，而《康誥》之屬則已不可解矣。昔日伯恭相見，語之以此，渠云亦
　　　無可闕處。因語之云，若如此，則是讀之未熟。後三年相見，云：誠如所說。」
〔註89〕參朱子《詩集傳》。

為始者，思也。《大學》所以誠意正心脩身治其國家天下，而要其所
以為始者，致其知也。正其本者，在得之於心而已。得之於心者，
其術非他，學焉而已矣。古之人自可欲之善而充之，至於不可知之
神，自十五之學而積之，至於從心不踰矩，豈他道哉，由是而已矣。
二程子以前，告君未有及此者。〔註90〕

舉《大學》為說，已見於韓昌黎《原道》、李習之《復性書》，皆唐人也，不
始於宋；唯立朝議論，則自曾子固始及之。〔註91〕此引子固言，《洪範》始於
思，《大學》始致知，要之其本在得之於心。而得之於心則由於學。故知深寧
之言治雖一本於心，然亦必不欲舍學以言心也。推其意，則舍學，亦將無思
無知。言學則及於問，因又云：

好問則裕，謂聞見廣而德有餘也。《中庸》曰：舜好問。博學之，必
審問之。學以聚之，必問以辨之。敏而好學，必不恥下問。老子亦
云，知而好問者聖，勇而好問者勝。〔註92〕

儒家學問並重，故《中庸》言博學審問。老子則不重學，故曰絕學可以無憂，
甚至欲使民復結繩而用之。其言未免過偏。深寧此處引老子言，蓋有取其亦
言好問。乃清儒閻百詩為《紀聞》注，集陶宏景、皇甫謐語為柱聯曰「一事
不知，以為深恥。遭人而問，少有寧日」，嵌其名字，以謂可見其志。其實深
寧學德並舉，言聞見廣，同時必及德有餘，豈徒以一事不知為恥乎？此或可
謂是百詩之自述其志，深寧復起，恐未必悅納。《紀聞》又一條云：

《周官》：外史掌三皇五帝之書。《春秋傳》所謂《三墳》《五典》是
也。前賢謂皋夔稷契，有何書可讀，理實未然。黃帝顓頊之道在《丹
書》，武王所以端絻東面而受于師尚父也。少皞氏之紀官，夫子所以
見郯子而學焉也。孰謂無書可讀哉？〔註93〕

《丹書》之說，出《大戴記・武王踐阼》篇，此篇深寧特重之，嘗為作《集
解》。此所舉前賢，乃指趙清獻，〔註94〕是知陸象山堯舜以前有何書可讀之語，

〔註90〕《困學紀聞》卷二《書》。
〔註91〕此真西山《大學衍義・序》之說，參翁注。
〔註92〕《困學紀聞》卷二《書》。按，老子言見《文子・自然》篇。
〔註93〕同前註。
〔註94〕翁注引《邵氏聞見後錄》曰：「王荊公初參政事，下視廟堂如無人。一日爭新
法，怒視諸公曰：君輩坐不讀書耳。趙清獻同參政事，獨折之曰：君言失矣。
如皋夔稷契之時，有何書可讀。荊公默然。」

亦非首創。居今論之，清獻象山言皆不誤，深寧之所考，轉不可恃。故深寧此處所述，使清獻象山當日聞之，或足以杜其口，究其實，則未若朱子所對之於理爲允也。〔註95〕然於此亦可見全謝山所謂深寧學兼朱陸呂而不名一師者，豈盡然乎？

既言學，則又言及志，故又云：

> 學，立志而後成，遜志而後得。立志剛也，遜志柔也。〔註96〕

立志遜志皆在學。此說立志屬剛，遜志屬柔。然又特釋遜志，曰：

> 有言遜于汝志，《艮》之不拯其隨也。惟學遜志，《謙》之卑以自牧
> 也。遜一也，而善惡異。君體剛而用柔，臣體柔而用剛。君不遜志，
> 則爲唐德宗之彊明。臣而遜言，則爲梁邱據之苟同。〔註97〕

謂君遜則善，臣遜則惡。遜志屬柔，君體屬剛，應用柔，臣體本已柔，不得更用柔也。此皆言治道，故此條所謂惟學遜志，深寧之意實指爲政者而言也。立志遜志之所學者何，推言之即學先王治平之大道，故又主法先王，曰：

> 學古入官，然後能議事以制。伯夷以禮折民，漢儒以《春秋》決獄。
> 子產曰：學而後入政，未聞以政學者也。荀卿始爲法後王之說。李
> 斯師之，謂諸生不師今而學古。太史公亦惑於流俗之見，《六國表》
> 云：傳曰，法後王，何也？以其近己而俗變相類，議卑而易行也。
> 文帝謂卑之無甚高論。宣帝謂俗儒好是古非今。秦既亡，而李斯之
> 言猶行也。孟子曰：爲政不因先王之道，可謂智乎？〔註98〕

學《尚書》學《春秋》，皆所以法先王。深寧論治之與浙東史學家意見有不同，觀此一條亦可知矣。法先王其實即是法先王之心。故云：

> 舜之克艱，文之無逸，心也。後之勤政者，事爲而已。〔註99〕

此謂舜克艱、文無逸，皆就心上說，與後之勤政者之爲事爲者有辨。此亦猶孟子以「由仁義行」與「行仁義」之辨王霸，皆就心術言。蓋以後之勤政者之作爲，非根源於心，而徒爲一種手段，以求達其功利之目的。然事由心生，有其心亦將有其事，故其意亦非主無所事爲。但又曰：

> 烹魚煩則碎，治民煩則亂，故以叢脞爲戒。器久不用則蠹，政不常

〔註95〕　朱子說參見第一章第二節註96。
〔註96〕　《困學紀聞》卷二《書》。
〔註97〕　同前註。
〔註98〕　同前註。
〔註99〕　同前註。

修則壞，故以屢省爲戒。多事非也，不事事亦非也。〔註100〕

煩政則擾民，不事爲則政壞，二者皆爲政之極端而不得其中，故曰多事與不事事皆非。政事亦人事也，故求爲政之不走極端，則須先求爲人之容忍，因又曰：

> 彊恕而行，忍也。原憲之克伐怨欲不行焉也。一視同仁，容也。顏子之克己復禮，天下歸仁也。（原注：忍言事，容言德，習忍則至於容。）〔註101〕

此條「忍言事，容言德」，有淺深之不同，又以原憲爲彊恕，乃特爲何義門所譏。〔註102〕其實深寧此意乃據《東萊書說》而來，〔註103〕其意仍在論政也。主忍主容，故復主戒殺，曰：

> 厥或告曰：群飲汝勿佚，盡執拘以歸于周，予其殺無隱。張氏以爲此告者之詞云爾。勸汝執而盡殺之也，汝當思之曰：是商之諸臣，化紂而淫湎者，而可遽殺乎。亦姑惟教之而已。若不教而使陷于罪，是亦我殺之也。周公戒康叔，皆止殺之詞，奈何以爲勸哉。愚謂此說得忠厚之意。〔註104〕

又云：

> 《湯誓》：予孥戮汝，罔有攸赦。孔安國以爲古之用刑，父子兄弟，罪不相及。今云者，權以脅之，使勿犯。《酒誥》：予其殺。安國以爲擇罪重者而殺之。呂居仁謂安國能明聖人未盡之意，實有大功於聖人者。〔註105〕

深寧固未考《孔傳》之僞，且所論亦無關訓詁，是僅可謂是藉經而言理也。曰容忍、曰戒殺、曰忠厚，皆就爲政者之心言。然亦非謂全禁殺戮，《紀聞》

〔註100〕《困學紀聞》卷二《書》。

〔註101〕同前註。

〔註102〕何義門云：「以原憲爲強恕，讀伊洛書太減裂。厚齋固博雅，其不免於侯子之隔壁聽輿。」又云：「牽合不成理。有忍有容，申上無忿疾于頑之意，非謂學之次第也。」見翁注引。

〔註103〕呂東萊《書說・君陳》篇曰：「易動而輕發者，常敗事，故必有忍，然後能濟。忍固可以有濟，然猶有堅制力蓄之意焉。至於有容，則宏裕寬綽，恢恢乎有餘地矣。德之所以大也。忍言事，容言德，淺深固有間，進乎此者亦有序也。」又元王天與《尚書纂傳》引林氏曰：「彊恕而行者，忍也。人與己猶二也。一視同仁者，容也。己與物渾渾乎爲一矣。」見翁註引。此皆深寧說之所自出。

〔註104〕同註100。

〔註105〕同註100。

又一條云：

> 程子謂共兜之徒，及舜登庸之始，側陋之人，顧居其上。此凶亂之
> 人，所不能堪。故其惡顯，而舜誅之。韓非曰：堯欲傳天下於舜，
> 鯀諫，共工又諫曰：孰以天下而傳之於匹夫乎。堯不聽。此可以證
> 程子之說。（原注：韓非謂堯誅共鯀，非也。）〔註106〕

此條據程子說舜嘗誅四凶，故知深寧意非主完全禁殺，而主戒濫殺，故云多
事不事事皆非也。推而言之，則及於用人，曰：

> 推誠以待士，則欒氏之勇，亦子之勇。用賢以及民，則田單之善，
> 亦王之善。故曰有容德乃大。〔註107〕

深寧特喜援史以證經，《紀聞》一書，幾隨處可見。此亦一例。帝王之德，有
容乃大，能推誠用賢，則臣之德，即君之德也。又云：

> 皐陶曰：彰厥有常，吉哉。周公曰：庶常吉士。召公曰：吉士吉人。
> 帝王用人之法，一言以蔽之曰吉。舜所學曰元曰愷，吉德之實也。
> 所去曰凶，吉德之反也。議論相傳，氣脈相續，在春秋時謂之善人，
> 在西漢時謂之長者。惟吉則仁，所謂元者善之長，爲天地立心者也。

歸納《尚書》所言吉字，謂吉人吉士即後來之善人長者，帝王之用賢，即用
吉士。此種經說殆無當於訓詁考據之正規，惟深寧以《書》爲先王政事之典，
故多不離政事治道以爲說，綜上所引，已可窺其深旨。其他藉經以言治道，
又以史事參證而闡發經義者，尚所在多有。若論上層政治，則重人君之心之
德，重知人用人，嚴君子小人之辨；論下層社會，則重正人心移風俗，張廉
恥而固四維，皆深寧融貫經史以言治道之大見解，此則別詳於後文史學篇，
今不贅述。要之，後來清儒獨賞其博洽多聞，決非能得深寧之全也。

　　宋世注《尚書》者多家，〔註108〕朱子於此一經，獨無訓傳，每以爲錯簡
脫文處多不可強通，故勸學者且觀其大意，而將《集傳》之撰寫付其門人蔡
沈。《朱子語類》云：

> 問《尚書》如何看。曰，須要考歷代之變。曰，世變難看。唐虞三

〔註106〕《困學紀聞》卷二《書》。
〔註107〕同前註。
〔註108〕據《文獻通考》所載，有蘇明允《洪範論圖》一卷、《東坡書傳》十三卷、林
　　　　少穎《書集解》五十八卷、王氏《新經尚書》十三卷、王氏《洪範傳》一卷、
　　　　《東萊書說》一卷、吳棫《書禆傳》十三卷、鄭樵《書辨訛》七卷、程大昌
　　　　《禹貢論圖》共四卷、趙汝談《南塘書說》三卷。

代事，浩大濶遠，何處測度，不若求聖人之心。如堯則考其所以治
民，舜則考其所以事君。且如《湯誓》曰，予畏上帝，不敢不正。
熟讀豈不見湯之心。〔註109〕

朱子之意，實以史學理學教人讀《尚書》，而訓詁考據轉非所急，〔註110〕深寧
之治《書》，可謂不違朱子之教。唯朱子亦注意諸家解說，並一一評騭其得失。
《紀聞》云：

朱文公曰，蘇氏傷於簡，林氏傷於繁，王氏傷於鑿，呂氏傷於巧。
然其間儘有好處。〔註111〕

朱子雖指出諸家之缺點，然亦不抹煞其長處，如論王荊公《新經》解《尚書》，
曰：

荊公不解《洛誥》，但云其間煞有不可強通處，今姑擇其可曉者釋之。
今人多說荊公穿鑿，他卻有如此處。若後來人解《書》，又卻須要解
盡。〔註112〕

既謂其傷於鑿，而仍就其書中揭揚其不鑿，大賢論學之公心有如此。惜夫後
人之研治《尚書》者，多未能踵其所指示之途徑，而仍用力求句句而解，字
字而釋，則其穿鑿也誠較荊公爲更甚。使後人之鑽研經史，能循朱子之指點，
如宋季之黃東發王深寧，明季之顧亭林陸桴亭，則庶乎不至昧失大義。深寧
亭林獨以博學多聞見稱，則宜乎朱子之旨亦昧而不彰也。深寧又云：

紂惟若疇圻父薄違，農父若保，宏父定辟。荊公以違保辟絕句。朱
文公以爲夐出諸儒之表。《洛誥》，復子明辟。荊公謂周公得卜，復
命於成王也。漢儒居攝還政之說，於是一洗矣。山谷云：荊公六藝
學，妙處端不朽。信夫。〔註113〕

此一條之意亦承朱子而來。

惟深寧亦有辨朱子之說者，曰：

康王釋喪服而被袞冕，且受黃朱圭幣之獻。諸儒以爲禮之變。蘇氏以
爲失禮。朱文公謂天子諸侯之禮，與士庶人不同，故孟子有吾未之學
之語。如《伊訓》，元祀十二月朔，奉嗣王祇見厥祖，固不可用凶服

〔註109〕《朱子語類》卷七十八。
〔註110〕說參錢賓四師《朱子新學案》。
〔註111〕《困學紀聞》卷二《書》。
〔註112〕同註109。
〔註113〕同註111。

矣。漢唐即位行冊禮，君臣亦皆吉服，追述先帝之命，以告嗣君。蓋
易世傳授，國之大事，當嚴其禮也。蔡氏《書傳》取蘇氏而不用文公
之說。愚觀孝宗初上太上帝后尊號，有欲俟欽宗服除奉冊者。林黃中
議，唐憲宗上順宗冊，在德宗服中，謂行禮無害，第備樂而不作可也。
劉詔美議曰，唐自武德以來，皆用易月之制，既葬之後，謂之無服，
群臣上尊號，亦多在即位之年，與本朝事體大相遠也。觀詔美之言，
則文公語錄所云漢唐冊禮，乃一時答問，未爲定說也。〔註114〕

此條即駁朱子語之失實，故《四庫提要》謂其學雖淵源於朱子，而書中辨正
朱子語誤，皆考證是非，不相阿附。朱子自言學宗程子，而辨正程子之失亦
極多。今觀深寧此條所辨，實事求是，而辭氣之間，一出於平和，既無株守
門戶之狹，亦無專肆攻訐之妄，殆眞有得於朱子論學之傳者。

　　深寧言經，必貫通於史，而尤不忘當代政治之應用，是則猶漢儒通經致
用之旨也。於經說，既注意近人之說，同時亦不偏忽前人之說，故於北宋儒
者之上，必及於漢唐儒。此種見解亦淵源於朱子，其意已略見於前文《論〈易〉》
一節。今更復申言之，益可明其論經之旨。

　　《紀聞》云：

春秋時，郤缺之言九功九歌，穆姜之言元亨利貞，子服惠伯之言黃
裳元吉，叔向之言《昊天有成命》，單穆公之言《旱麓》，叔孫穆子
之言《鹿鳴》之三，成鱄之言《皇矣》之雅，閔馬父之言商《那》
之頌，左史倚相之言《懿戒》，觀射父之言重黎，白公子張之言《說
命》。其有功於經學，在漢儒訓詁之先。自遲任史佚以來，統緒相承，
氣脈未嘗絕也。〔註115〕

此列學《左氏》《國語》說經之辭，謂其有功於經學，在漢儒訓故之先，則漢
儒訓故之爲有功於經學，亦不問而可知矣。又云：

鄭康成云：祖乙居耿，後奢侈踰禮，土地迫近，山川嘗圮焉。至陽
甲立，盤庚爲之臣，乃謀徙居湯舊都。上篇是盤庚爲臣時事，中篇
下篇是盤庚爲君時事。《正義》以爲謬妄。《書裨傳》云：鄭大儒，
必有所據而言。〔註116〕

_____

〔註114〕《困學紀聞》卷二《書》。
〔註115〕同前註。
〔註116〕同前註。

康成之說實大有可商，清儒辨之者眾。深寧引吳棫《書裨傳》之言，謂康成大儒必有據，則衹其尊古注之意見耳。後來清儒有漢宋門戶之說，壁壘分明，觀深寧此條，豈其然耶。又一條云：

> 鄭康成《書注》，閒見於義疏，如作服十二章、州十二師，孔注皆所不及。

《尚書》自孔穎達據僞《孔傳》撰《正義》，而鄭注遂亡，深寧嘗輯康成《易注》，舊說又云嘗輯康成遺說，成《尚書鄭注》十卷。然其書當爲清儒所依託，〔註117〕大抵因見《紀聞》中輯鄭注凡十餘條之多，〔註118〕遂託名爲其所作。然即《紀聞》之所輯，亦足證其於鄭氏經說之重視也。鄭注而外，深寧亦重輯佚經文。如

> 《魯語》展禽曰：上甲微能帥契者也，商人報焉。《孔叢子》引《書》：維高宗上甲微。蓋逸《書》也。

> 《大傳》引《盤庚》：若德明哉，湯任父言卑應言。皆古文所無。

> 《賈誼書‧君道》篇引《書》曰：大道亶亶，其去身不遠，人皆有之，舜獨以之。此逸《書》也。

> 《史記》：湯征諸侯，葛伯不祀，湯始伐之。湯曰：予有言，人視水見形，視民知治不。伊尹曰：明哉言，能聽道，乃進君國子民爲善者，皆在王官。勉哉，勉哉。湯曰：汝不能敬命，予大罰殛之，無有攸赦。作《湯征》。豈孔壁逸篇，太史公亦見之乎。後有補《湯征》者，蓋未之考。

> 《呂氏春秋》引《夏書》曰：天子之德廣運，乃聖乃神，乃武乃文。

> 《商書》曰：五世之廟，可以觀怪。萬夫之長，可以生謀。又曰：仲虺有言曰，諸侯之德，能自爲取師者王，能自爲取友者存。其所擇而莫如己者亡。又曰：刑三百，罪莫重於不孝。《周書》曰：若臨深淵，若履薄冰。其舛異如此。

> 《書大傳》虞傳有《九共》篇，引《書》曰：予辯下士，使民平平，使民無傲。殷傳有《帝告》篇，引《書》曰：施章乃服，明上下。

〔註117〕 說參呂美雀《王應麟著述考》。

〔註118〕 計有三十微庸三十在位、齊桓塞九河自廣、十二章十二師、自古改正朔、祖乙居耿、我之弗辟、三監、三亳、周召爲師保、命君陳分東郊、伯禽征徐作《粊誓》、星好風雨等十二條。

豈伏生亦見古文逸篇邪。《大傳》之序有《嘉禾》《揜誥》，今本闕焉。
《隋志》有逸篇二卷，出齊梁之間，似孔壁中書殘缺者。唐有三卷，
徐邈注。鄭漁仲謂《書》逸篇，仲尼之時已無矣。恐未然。〔註119〕

上列各條中，唯首條《孔叢子》係偽書，所引《尚書》乃襲展禽語，閻百詩已辨之。其餘各條，大抵皆為《尚書》佚文。此後清儒江聲輯《尚書》逸文，孫星衍復為之補輯，其實皆非創舉，深寧殆已導其先路，然繼事加精，後來居上，二氏之所輯固視深寧遠為詳備也。

深寧既重視佚文，同時又注意異文，曰：

吳才老《書稗傳・考異》云：伏氏口傳，與經傳所引，有文異而有
益於經，有文異而無益於經，有文異而音同，有文異而義同。才老
所述者，今不復著。以閏月定四時成歲。古文作正，開元誤作定。（原
注：晁景迂云。）舜讓于德，弗嗣。班固《典引》作不台。（原注：
《史記・自序》：唐堯遜位，虞舜不台。）在治忽。今文作采政忽。
《史記》作來始滑。《漢書》作七始詠。忽，又或作智。（原注：鄭
康成曰，笏也。）《大傳・大誥》曰：民儀有十夫。（原注：王莽作
《大誥》曰，民獻儀九萬夫。蓋本於此。）又《康誥》曰：惟乃丕
顯考文王，克明俊德。今無俊字。《伊訓》：惟元祀，十有二月，乙
丑。《漢・歷志》作惟太甲元年，十有二月，乙丑朔。（原注：是朔
旦冬至之歲。）高宗亮陰。《禮記》作諒闇。《漢・五行志》作涼陰，
《大傳》作梁闇。予若觀火。《周禮注》謂今燕俗，名湯熱為觀。《微
子》：我其發出狂。《史記・宋世家》狂作往。注引鄭康成曰：我其
起作出往也。《君奭》：天難諶。《王莽傳》作天應棐諶。欽明文思安
安。《考靈耀》作晏晏。（原注：鄭氏注，寬容覆載謂之晏。）《無逸》：
肆高宗之享國五十九年。《石經》曰：肆高宗之饗國百年。漢杜欽亦
曰高宗享百年之壽。《費誓》，《說文》作《粊誓》。《史記》作肸。《大
傳》作鮮。度作刑以詰四方，《周禮注》云：度作詳刑。哀矜折獄，
《漢・于定國傳》作哀鰥哲獄。折民惟刑，《漢・刑法志》作悊民。
天齊于民，俾我一日。楊賜封事作假我一日。劉愷引上刑挾輕，下
刑挾重。《說文》，顧畏于民喦，多言也。〔註120〕

─────────────

〔註119〕俱見《困學紀聞》卷二《書》。

〔註120〕同前註。

異文之外，又及奇字，云：

> 《周禮注》引《書》曰：分命和仲，度西曰柳穀。虞翻云：鄭玄所
> 注《尚書》，古篆卯字，反以爲昧。古大篆卯字，讀當爲柳。古柳卯
> 同字，而以爲昧。裴松之謂翻言爲然。

> 宅嵎夷。《釋文》云：《尚書‧考靈耀》及《史記》作禺銕。今按，《史
> 記‧堯本紀》：居郁夷。《正義》：郁音隅。《夏本紀》：嵎夷既略。《索
> 隱》云：今文《尚書》及《帝命驗》，並作禺鐵。（原注：古夷字。）
> 薛氏曰：今登州之地。

> 古文《尚書》及《說文》，璪火粉米黼黻。艾軒曰：粉米黼黻，當各
> 爲一物。璪當爲玉璪之璪。璪，圜物也。意其爲璪之狀，而以火旁
> 飾之，火因物而後見耳。《考工記》謂火以圜得，非指璪火爲一物乎。
> 鄭司農謂爲圜形似火，此爲近之。希冕謂粉米黼黻，皆從黹，同謂
> 之希冕。陸德明希與黹同，蓋有由來也。〔註121〕

後來清儒考證學派重異文校勘，考文辨音，觀上所引諸條，則幾乎皆由深寧
先發其例也。深寧說經之法，又特喜類比歸納而別其異同，或就一經之眾篇
類比之，或就諸經而類比之。如就《商書》類比其四言始，曰：

> 《仲虺之誥》言仁之始也，《湯誥》言性之始也，《太甲》言誠之始
> 也，《說命》言學之始也。皆見於《商書》。自古在昔，先民有作，
> 溫恭朝夕，執事有恪。先聖王之傳恭也，亦見於《商頌》。孔子之傳
> 有自來矣。〔註122〕

深寧所舉《商書》四篇，《仲虺之誥》、《湯誥》、《太甲》、《說命》，皆僞古文。
其言性言誠，正可見其成篇當在《易傳》《中庸》之後，唯深寧未知其僞，乃
謂孔子之傳有自來，又牽《商頌》以爲說，可謂附會。然亦可見其論經之意
態。又一條云：

> 《甘誓》：予則孥戮汝。《孔傳》謂辱及汝子。《王莽傳》作奴。顏注
> 謂戮之以爲奴也。《秦誓》曰：囚奴正士。豈及子之謂乎？

此援《漢書》引《甘誓》異文，據顏注以正僞《孔》之失，而又引《秦誓》
以爲證。然深寧此條之所考，亦欲申其爲政戒殺之旨，可參上文所述。又一
條云：

〔註121〕《困學紀聞》卷二《書》。
〔註122〕同前註。

四岳，孔注云：即上羲和四子，分掌四岳之諸侯。按，《周語》，太
子晉曰：共之從孫四岳，佐禹胙國，命爲侯伯，賜姓曰姜氏，曰有
呂。《左傳》：許，太岳之允也。杜氏注：謂大岳神農之後，堯四岳
也。當從《周語》之說。

此條引《左氏》《國語》正僞《孔》之失。又一條云：

《史記索隱》云：春言東作，夏言南爲。皆是耕作營爲勸農之事。
孔安國強讀爲訛字，雖訓化，解釋迂迴。（原注：今《史記》作南譌。）

此條則據《史記》注引《尙書》異文以正僞《孔》說。又云：

有若散宜生。孔氏《傳》云：散氏，宜生名。愚按，《漢書・古今人
表》：女皇堯妃，散宜氏女，當以散宜爲氏。

此亦據《漢書》以正僞《孔》之非。又一條云：

說築傅巖之野。吳氏《禪傳》、蔡氏《集傳》，以築爲居。愚按：《孟
子》曰，傅說舉於版築之間，當從古注。

此則據《孟子》以正吳蔡之說。又一條云：

《周書・小開武》篇：周公曰，在我文考，順道九紀。一辰以紀日，
二宿以紀月，三日以紀德，四月以紀刑，五春以紀生，六夏以紀長，
七秋以紀殺，八冬以紀藏，九歲以紀終。九紀與《洪範》相表裏。《文
選》任彥升曰：不改參辰，而九星仰止。注引《周書》，王曰：余不
知九星之光。周公曰：星辰日月四時歲，是謂九星。九星即九紀也。

此據《文選注》以解《逸周書・小開武》篇之九紀。又一條云：

唐叔得禾，成王命唐叔以饋周公於東土，作《饋禾》。《史記》以歸
爲饋，二字通用。見《論語》。〔註123〕

《論語》詠而歸，歸孔子豚。陸氏《釋文》謂鄭本作饋，魯讀饋爲歸。《說文・
食部》，饋亦作歸。唯今本《書序》饋字亦俱作歸。深寧此條乃以《史記》所
引《書序》異文，而引《論語》爲證。以上所舉諸條，或以經證經，或引注
證經，可備見深寧治經之法。清儒萬充宗謂非通諸經，不能通一經；非悟傳
註之失，則不能通經；非以經解經，則亦無由悟傳註之失。其治經之方法，
亦與深寧爲近。唯充宗僅以經學名家，而深寧則於經之外，並旁及子史集三
部之群籍，又兼及歷代典制，此則唯顧亭林爲能與之相近也。

　　《紀聞》又云：

〔註123〕以上俱見《困學紀聞》卷二《書》。

五行，《大禹謨》以相克爲次，《洪範》以生數爲次。五德，鄒衍以相勝爲義，劉向以相生爲義。

三監，孔氏謂管蔡商。《漢書‧地理志》，殷畿內爲三國，邶鄘衛是也。邶封武庚，鄘、管叔尹之，衛、蔡叔尹之，以監殷民。唯鄭康成以三監爲管蔡霍。蘇氏從孔説。林氏、蔡氏從鄭説。三亳，孔氏謂亳人之歸文王者三所，爲之立監。康成云：湯舊都之民，服文王者分爲三邑，其長居險，故言阪尹。蓋東成皋、南轘轅、西降谷也。皇甫謐以蒙爲北亳，穀熟爲南亳，偃師爲西亳。林氏從鄭説，呂氏從皇甫説。（原注：《詩譜》以三叔爲三監。）星始則見於辰，終則伏於戌，自辰至戌，正於午，中於未。《堯典》舉四時之正，以午爲中。《月令》舉十二時之中，以未爲中。〔註124〕

此數條，皆類列經説而較其異同。如同述五行，《大禹謨》與《洪範》次序有不同。同稱五德，而鄒衍、劉向亦爲義有別。考三監三亳之諸家異説，而特辨近儒諸説源流之所出。至指《堯典》、《月令》中星之不同，實皆以經證經也。其後考證學派於材料之應用，必分判其時代之先後，以考其流變異同，實亦緣宋人方法而來，唯其法益密耳。此所引諸條，似偏近清儒所稱博聞之學。其實深寧之博聞，尤見於其考後人成語之淵源，如云：

《周書‧大聚》篇：若冬日之陽，夏日之陰，不召而民自來。亦見《文子》。張文潛《祭司馬公文》：冬暘夏冰，赴者爭先。蓋本於此。

爾惟德罔小，萬邦惟慶。爾惟不德罔大，墜厥宗。漢昭烈曰：勿以惡小而爲之，勿以善小而不爲。蓋得此意。〔註125〕

若此之類，徒見其博洽多聞，無關宏旨，實非《紀聞》一書精神之所在。諸經難解，《尙書》尤甚。朱子以爲《尙書》不僅難解，即句讀亦不易，他如制度、天文、曆法、地理、名物之類，亦復説之不易。深寧治《尙書》，亦兼研天文曆法地理，此皆朱子格物之學也。厥後清儒亦知治《書》必旁通許多專門之業，此意亦已先發於朱子，〔註126〕而首踐於深寧。《紀聞》書中天道、曆數、地理皆分類成卷，而其中地理之學，尤於後人有大影響。說詳後文史學

〔註124〕《困學紀聞》卷二《書》。
〔註125〕同前註。
〔註126〕參《朱子新學案》。

篇。深寧又嘗言：

> 因岱柴而封禪，因時巡而逸遊，因《洛書》而崇飾符瑞，因建極而
> 雜糅正邪，因享多儀而立享上之說。塞忠諫，謂之浮言。錮君子，
> 謂之朋比。慘礉少恩曰威克厥愛。違眾妄動曰惟克果斷。其甚焉者，
> 丕之奪漢，託之舜禹。衍之篡齊，託之湯武。邵陵海西之廢，託之
> 伊尹。新都之攝、臨湖之變，託之周公。侮聖言以文姦慝，豈經之
> 過哉！〔註127〕

深寧自謂幼承義方，晚遇囏屯，故《紀聞》一書，屢寄其身世之慨，寓故國
之思，而眷眷於綜貫群籍以達於經世之旨，除清儒全謝山於此偶有揭發外，
幾不爲人所注意，徒見其博聞多識，而推服其所考之切實可據。侮聖言以文
姦慝，非經之過，然則深寧精神之見遺，亦豈《紀聞》之罪也哉！

第三節　論《詩》

深寧論《詩》大旨，在以《詩》教合於人事，蓋遠宗孔子興觀群怨之訓。
於古代經說則偏重毛鄭；亦不廢齊魯韓三家，曾輯錄三家《詩》說，且加考
辨。於宋儒則取朱子《集傳》，而不爲《集傳》所囿。孔子刪《詩》及後人編
《詩》次第等問題，深寧皆有所論列。本節將分別言之。

《困學紀聞》云：

> 子擎好《晨風》《黍離》，而慈父感悟。周磐誦《汝墳》卒章，而爲
> 親從仕。王裒讀《蓼莪》而三復流涕。裴安祖講《鹿鳴》而兄弟同
> 食。可謂興於《詩》矣。李柟和伯亦自言，吾於《詩·甫田》悟進
> 學，《衡門》識處世。此可爲學《詩》之法。〔註128〕

慈父感悟，爲親從仕，三復流涕，兄弟同食，父慈子孝，兄友弟恭，胥根源於
人之情性，故謂興於《詩》。《甫田》之詩云：「或耘或耔，黍稷薿薿」，爲學如
禾稼，故曰可以悟進學。《衡門》詩云：「衡門之下，可以棲遲。泌之洋洋，可
以樂飢。豈其食魚，必河之魴。豈其娶妻，必齊之姜。」知足不辱，知止不殆，
故言可以識處世。〔註129〕悟進學，識處世，莫非興於《詩》也。此深寧論學《詩》

〔註127〕《困學紀聞》卷二《書》。
〔註128〕《困學紀聞》卷三《詩》。
〔註129〕參翁注。

之最大綱領。夫《詩》本乎人之性情，故可以興，故孔門之教，曰興於《詩》，立於禮。又曰《詩》可以興觀群怨，事父事君。其實即是《詩》之教，亦是《詩》之用。深寧即承此旨而為說。因言孔子之說《詩》，曰：

> 孔子於《烝民》加四字，而意自明。於《緡蠻》曰：於止，知其所止，可以人而不如鳥乎。此說《詩》之法。韓子於《菁菁者莪》，屑屑訓釋，蓋少作也。晚歲引《詩》，言老成人重於典刑。簡而當矣。〔註130〕

謂孔子於《烝民》加四字，於《緡蠻》只兩言，而意已盡。又舉韓昌黎說《詩》早歲晚歲之差異，乃由屑屑之訓釋而進於簡當，易言之，蓋進而有得於夫子說《詩》之法也。及後清儒說《詩》，字字而解，句句而求，繁徵博引，務期詳實，自深寧視之，殆不免與退之早年屑屑之訓釋等列。若以深寧之博洽多聞，著書之考證切實，而直謂與此後之清儒之訓釋考據無異，竊恐亦未為真知言也。深寧又論孟子之說《詩》，其言曰：

> 誦《詩》三百，不能專對，不足以一獻，皆誦言而忘味者也。自賜、商之後，言《詩》莫若孟子。其述孔子之言，以為知道者二，《鴟鴞》、《烝民》是也。如《靈臺》、《皇矣》、《北山》、《雲漢》、《小弁》、《凱風》，深得詩人之心。以意逆志，一言而盡說《詩》之要，學《詩》必自孟子始。〔註131〕

讀《詩》在求得詩人之心，知此心即知此道，實即在學者之以意逆志，故謂學《詩》當先法孟子也。又云：

> 《大學》止於至善，引《詩》者五。齊家引《詩》者三。朱子謂詠嘆淫液，其味深長，最宜潛玩。《中庸》末章，凡八引《詩》。朱子謂衣錦尚絅，至不顯惟德，始學成德之序也。不大聲以色，至無聲無臭，贊不顯之德也。反復示人，至深切矣。《孝經》引《詩》十，引《書》一。張子韶云，多與《詩》《書》意不相類，直取聖人之意用之。是六經與聖人合，非聖人合六經也。或引或否，卷舒自然，非先考《詩》《書》，而後立意也。六經即聖人之心，隨其所用，皆切事理。此用經之法。〔註132〕

此述《學》《庸》《孝經》引《詩》之法。《學》《庸》《孝經》皆晚出書，然其

〔註130〕《困學紀聞》卷三《詩》。
〔註131〕同前註。
〔註132〕同前註。

爲先秦舊說之有得於孔門《詩》教之傳者，則無可疑。深寧謂此諸篇所引，非先考於經而後立意。因聖人之心無不當於事理，而六經與聖人合，苟得聖人之心，則或引或否，皆可也。六經皆合聖人之心，易言之，亦皆合於理。惟天地之理有所不盡，非可云此六籍已涵蓋一切理，捨此而外，無復可尋可說者。深寧此說可謂極開豁，似較顧亭林理學即經學，舍經學無所謂理學之說更得情實。陸象山嘗言學苟知本，六經皆我注腳。此言亦有其理。斯猶深寧所謂六經與聖人合，非聖人合六經之意也。惟陸王倡心即理，以爲吾心即天理，不知聖人之心固無不中理，然必不得即謂凡人之心亦皆合於理也。故其言似亦不若深寧之必舉聖人以爲言者之較爲無弊。深寧又言：

> 荀子曰：善爲《詩》者不說；程子之優游玩味，吟哦上下也。董子
> 曰：《詩》無達詁；孟子之不以文害辭，不以辭害意。〔註133〕

荀子言善爲《詩》者不說，以其心同也。程子教人讀《詩》須優游玩味，吟哦上下，此則是一種文學家之讀《詩》法。所以吟哦玩味，以求己心之有以涵濡默會，上合乎詩人之心也。朱子亦承程子意，以爲讀《詩》惟是諷誦之功。〔註134〕深寧乃秉此主張，故又引董子之言，其意亦非謂可以無詁，特戒人毋以文害辭，勿以辭害意耳。《詩》所以言志，故讀《詩》之要，在求得詩人之心之志，故又謂學《詩》必自孟子始也。又云：

> 《法言》曰：守儒轅（原作表，依文意改）固申公二子，無愧於言
> 《詩》矣。王式以三百五篇諫，亦其次也。彼說《詩》解頤者，能
> 無愧乎！〔註135〕

按：《漢書・儒林傳》，齊人轅固治《詩》，孝景時爲博士。竇太后好《老子》

〔註133〕《困學紀聞》卷三《詩》。
〔註134〕《朱子語類》卷一百零四云：「問《野有死麕》。曰：讀書之法，須識得大義，得他滋味。沒要緊處，縱理會得也無益。大凡讀書，多在諷誦中見義理。況《詩》又全在諷誦之功。所謂《清廟》之瑟，一唱而三嘆，一人唱之，三人和之，方有意思。又如今詩曲，若只讀過，也無意思，須是歌起來方見好處。因說讀書須是有自得處。到自得處，說與人也不得。」又云：「因說讀《詩》，惟是諷誦之功。上蔡亦云：《詩》須是謳吟諷誦以得之。某舊時讀《詩》，也只先去看許多注腳，少間便被惑亂。後來卻只將《詩》來諷誦，至四五十過，已漸漸得《詩》之意。卻去看注解，便覺減了五分以上工夫。更從而諷誦四五十過，則胸中判然矣。因說如今讀書，多是不曾理會得一處通透了，少間卻多牽引前面疑難來說，此最學者大病。」此引上蔡言，亦出程子所傳。唯朱子謂諷誦漸有得，卻去看注解，則是並未廢注解而不問也。
〔註135〕同註133。

書，召問固。固曰：「此家人言耳。」太后怒曰：「安得司空城旦書乎？」又魯人申公事浮邱伯受《詩》。武帝迎申公問治亂之事，對曰：「為治不在多言，顧力行何如耳。」是時上方好文辭，見申公對，默然。又《王式傳》，式為昌邑王師。昭帝崩，昌邑王嗣立，以行淫亂廢治事。使者責問曰：「師何以無諫書？」式對曰：「臣以三百五篇朝夕授王，至於忠臣孝子之篇，未嘗不為王反復誦之也；至於危亡失道之君，未嘗不流涕為王深陳之也。臣以三百五篇諫，是以亡諫書。」轅固傳《齊詩》，申公傳《魯詩》，而王式則治《韓詩》，深寧著此三人之事，以見匡衡說《詩》解人頤之為可恥，則知其於漢儒通經致用，孔門《詩》教之旨，未嘗忘懷。學《詩》當以意逆志，求得詩人之心，然後奮躍踴興，求為有益於一己修身以至世道治平之用，斯其論《詩》之最深要旨。至於其他《詩》說之辨正，文字之訓釋，雖非無功於《詩》學，要非深寧用力最切之所在也。雖然，彼之所研所造，亦皆有原本、有根柢，非徒懸空立為空疏迂闊之論，如清儒之譏宋儒者然，是亦不可以無述，請繼此而續陳之。

深寧云：

> 晁景迂《詩序論》云：序《騶虞》，王道成也，風其為雅歟。序《魚麗》，可以告神明，雅其為頌歟。《解頤新語》云：文王之風，終於《騶虞》，序以為王道成，則近於雅矣。文武之雅，終於《魚麗》，序以為可告神明，則近於頌矣。（原注：濬水李氏曰：小雅雖言政，猶有風之體，大雅之正，幾於頌矣。）〔註136〕

此引晁景迂、范處義、李復三家說，謂風可兼雅之體，雅可兼頌之體。按，孔穎達《正義》言：「風雅頌者，皆是施政之名。」又云：「風雅之詩，緣政而作。政既不同，詩亦異體。」蓋古者《詩》掌於王官，而為當時治平天下之具。朱子謂「頌者，宗廟之樂歌；正小雅，燕饗之樂；正大雅，會朝之樂」，是頌用之於宗廟，雅用之於朝廷。至《二南》，則「鄉人用之為鄉樂，后夫人用之，謂之房中之樂，王之燕居用之，謂之燕樂，名異實同」，則風雅頌之分，即分於其詩之用。〔註137〕是即可於深寧此條所述而得其證。

又論國風之次，曰：

> 馬永卿問劉元城曰：《王‧黍離》在《邶》《鄘》《衛》之後，且天子

〔註136〕《困學紀聞》卷三《詩》。

〔註137〕說參《中國學術思想史論叢》第一冊《讀詩經》一文。

可在諸侯後乎。曰：非諸侯也。周既滅商，分畿內爲三國，邶鄘衛是也。序《詩》者以其地本商之畿內，故在《王·黍離》上。

止齋曰：國風作而《二南》之正變。邶鄘曹鄶，特微國也，而國風以之終始。蓋邶鄘自別於衛。而諸侯浸無統紀，及其厭亂思治，追懷先王先公之世，有如曹鄶然。君子以是爲《二南》之可復，世無周公，誰能正之，是故以《鄶》終。〔註138〕

國風之編次先後，舊無明說，後人以意解之，便見多歧。深寧僅此兩條及之，然亦已不免遭何義門譏爲曲說矣。孔穎達《正義》以爲邶鄘衛土地既廣，《詩》又早作，故列於變風之首，深寧則引馬永卿《嬾真子》語，以爲三國承殷之故都，是亦可補孔說之未備。至引陳止齋一條，釋《詩·匪風》《下泉》所以居變風之終之義，則朱子爲《詩集傳》已先采其說。朱子引程子言，以爲《易·剝卦·上九》一爻尚存，如碩大之果不見食，將有復生之理，亂極則思治。復引陳氏言，謂聖人於變風之極，則係以思治之《詩》，以示循環之理，以言亂之可治，變之可正也。〔註139〕今觀《匪風》詩云：「誰將西歸，懷之好音。」《下泉》詩曰：「愾我寤歎，念彼周京。」又曰：「四國有王，郇伯勞之。」則此諸說似亦未必全然無據。閻百詩注此條云：

呂東萊於《詩》一說，朱子於《詩》又一說，各解思無邪之旨，前輩謂之未了公案。王魯齋出，則謂《詩》非聖人之原本。余頗然其說。新安方回曰：「蓋嘗以上二說，就內翰尚書王公應麟一商略之。」今王氏《詩》說如此，是亦未敢舍而從魯齋也。

潛邱服膺深寧之學，故依違之間，其難若此。然深寧亦僅述國風之終始，至《王》《鄭》以迄《陳》，亦皆不及，是亦可知其無意於一一爲之解說也。

又論三頌，曰：

《商》《周》之頌，皆以告神明。太史公曰：成王作頌，推己懲艾，悲彼家難。至《魯頌》始爲溢美之言，所謂善頌善禱者，非《商》《周》之體也。後世作頌，傚《魯》而近諛，又下矣。

魯自居爲周後，乃傚西周王室作爲頌美之辭，故《詩》於魯有頌而無風。深寧指其溢美，蓋爲誇侈之辭而德不足者，而又謂後世近諛之頌爲尤下，則誠爲有見也。

〔註138〕《困學紀聞》卷三《詩》。
〔註139〕參《詩集傳》卷七。

或謂文之繁簡，視世之文質。然商質而周文，《商頌》繁而《周頌》
簡。文不可以一體觀也。

商質周文，然《商頌》繁而《周頌》簡，其實深寧此一指陳，即可援據而辨
《商頌》之晚於《周頌》。惜夫深寧乃謂文不可一體觀，終亦未深究之耳。

《法言》曰：正考甫常晞尹吉甫矣。公子奚斯常晞正考甫矣。司馬
公注揚子，謂正考甫作《商頌》，奚斯作《閟宮》之詩，故云然。愚
按，《史記·宋世家》：襄公之時，修仁行義，欲與盟主。其大夫正
考甫美之，故追道契湯高宗，殷所以興，作《商頌》。注云：《韓詩
章句》美襄公。《樂記》：溫良而能斷者，宜歌《商》。鄭康成注謂《商》，
宋詩。蓋用《韓詩》說也。考之《左傳》，正考甫佐戴武宣。《世本》，
正考甫生孔父嘉，為宋司馬，華督殺之，而絕其世。皆在襄公之前，
安得作頌於襄公之時乎？《後漢書·曹褒傳》：奚斯頌魯，考甫詠殷。
注引《韓詩》，新廟奕奕，奚斯所作。薛君《傳》云，是詩公子奚斯
所作。正考甫，孔子之先也。作《商頌》十二篇。《詩正義》云，奚
斯作新廟，而漢世文人，班固、王延壽謂《魯頌》奚斯作，謬矣。
然揚子之言，皆本《韓詩》，時《毛詩》未行也。〔註140〕

今按，此辨《商頌》非正考甫作，謂奚斯作《閟宮》亦為謬讀《詩》文，其
所考證甚諦。後來清儒馬瑞辰為《毛詩傳箋通釋》，亦即據《左傳》證正考甫
之不及宋襄之世，其實即是深寧之說也。今觀《商頌》詩，殆為美宋襄詩。《韓
詩》之說，殆得其半而失其半。深寧止辨其非正考甫作，而亦未復細審，否
則據《韓詩》之說與上一條其所指陳，當可斷《商頌》之為晚出也。

又論賦比興之體，曰：

鶴林吳氏論《詩》曰：興之體足以感發人之善心。毛氏自《關雎》
而下，總百六十篇，首繫之興。風七十、小雅四十、大雅四、頌二，
注曰：興也。而比賦不稱焉。蓋謂賦直而興微，比顯而興隱也。朱
氏又於其間增補十九篇，而摘其不合於興者四十八條。且曰：《關
雎》，興詩也，而兼於比。《綠衣》，比詩也，而兼於興。《頍弁》一
詩，而比興賦兼之，則析義愈精矣。李仲蒙曰：敘物以言情謂之賦，
情盡物也。索物以託情謂之比，情附物也。觸物以起情謂之興，物
動情也。（原注：《文心雕龍》曰：毛公述傳，獨標興體，以比顯而

〔註140〕上引三條俱見《困學紀聞》卷三《詩》。

興隱。鶴林之言本於此。）〔註141〕

讀《詩》當先明賦比興，賦者鋪陳義，最易明。至比興之別，則嚮多爭議。《文心雕龍》所謂比顯而興隱者是也。而深寧此處錄李仲蒙說，一以人之情性釋之，至爲精確。李氏語，胡致堂已先深寧引之，推爲最善，復申之云：「物有剛柔緩急、榮悴得失之不齊，則詩人之情性，亦各有所寓。非先辨乎物，則不足以考情性。情性可考，然後可以明禮義而觀乎《詩》矣。」〔註142〕其說尤明晰。深寧有取於仲蒙之說，殆即緣其求詩人之志而興於《詩》之主張也。故又云：

> 艾軒云：讀風詩不解《芣苢》，讀雅詩不解《鶴鳴》，此爲無得於《詩》
> 者。傅至樂讀《詩》至《鴛鴦》之二章，因悟比興之體。〔註143〕

傅至樂名自得，字安道。讀《鴛鴦》悟比興事見朱子所撰行狀。朱子謂其間爲子弟論說，多得詩人本意。〔註144〕深寧論《詩》之重情性、重比興，即見其能本文學之立場讀《詩》，此旨實亦自朱子倡發之也。

又論孔子刪《詩》，其言曰：

> 逸《詩》篇名，若《貍首》，（原註：《射義》。）《驪駒》，（原註：《大戴禮》、《漢書註》。）《祈招》，（原註：《左傳》，見昭公十二年。）《彎之柔矣》，（原註：《左傳》、《周書》。）皆有其辭。唯《采薺》，（原註：《周禮》。）《河水》，《新宮》，《茅鴟》，（原註：《左傳》。）《鳩飛》，（原註：《國語》。）無辭。或謂《河水》，《沔水》也。《新宮》，《斯干》也。《鳩飛》，《小宛》也。周子醇《樂府拾遺》曰：孔子刪《詩》，有全篇刪者，《驪駒》是也。有刪兩句者，月離于畢，俾滂沱矣；月離于箕，風揚沙矣是也。有刪一句者，素以爲絢兮是也。愚考之《周禮疏》引《春秋緯》云：月離于箕、風揚沙，非《詩》也。素以爲絢兮，朱文公謂《碩人》詩四章，而章皆七句，不應此章獨多一句。蓋不可知其何詩。然則非刪一句也。若全篇之刪，亦不止《驪駒》。（原註：《論語》《唐棣之華》之類。）〔註145〕

又云：

〔註141〕《困學紀聞》卷三《詩》。
〔註142〕參見翁注引文。
〔註143〕同註141。
〔註144〕參見翁注引。
〔註145〕同註141。

朱子發曰：《詩》全篇削去者二千六百九十四篇，如《貍首》《曾孫》之類是也。篇中刪章者，如唐棣之華，偏其反而，豈不爾思，室是遠而之類。章中刪句者，如巧笑倩兮，美目盼兮，素以爲絢兮是也。句中刪字者，如誰能秉國成，不自爲政，卒勞百姓是也。〔註146〕

所引周子醇、朱子發說皆相近。周說未知所從出，朱子發之說則明襲歐陽永叔。其說謂孔子刪《詩》，不衹全篇，有篇刪章、章刪句、句刪字者，清儒朱竹垞已辨其非。〔註147〕閻百詩亦謂此必無之事。全謝山則云：「深寧開卷，不取月離于畢，素以爲絢爲孔子所刪之說，則朱子發之論，亦非其所取。此條必尙有辯正之說，而今失之。」〔註148〕今按，謝山之說是矣。蓋上一條明駁周子醇，焉得同一卷中，又別錄朱子發語而取其說乎？《紀聞》蓋身後之書，或如謝山說，當尙有下文，或爲深寧未成之稿，今皆無從確定矣。孔子刪《詩》，舊說只說其刪全篇者，若周朱之說，畢竟爲別出。然孔穎達已言經傳所引諸《詩》，見在者多，亡失者少，不容孔子十去其九；況季札觀魯樂，其《詩》之編次，已與今本略同。則所謂孔子刪《詩》云者，固不足信。前人辨之詳矣。唯綜此兩條觀之，深寧殆只辨正周朱之說，至於刪《詩》舊說，則亦未嘗再爲之辨也。

深寧於諸經經文經說，多有輯佚工夫。其成帙傳於世者除《鄭氏易注》外，於《詩》亦特輯有《詩考》一卷，專集三家遺說。其書今見於《玉海》附刻諸種中。嘗自爲《詩考語略·序》，云：

漢言《詩》者四家，師異指殊。賈逵撰《齊魯韓與毛氏異同》，梁崔靈恩采三家本爲《集註》。今唯《毛傳》《鄭箋》孤行。韓僅存《外傳》，而《齊》《魯詩》亡久矣。諸儒說《詩》，一以毛鄭爲宗，未有參考三家者。獨朱文公《集傳》，閎意眇指，卓然千載之上。言《關雎》則取康衡。《柏舟》之詩，則取劉向。笙詩有聲無詩，則取《儀禮》。上天甚神，則取《戰國策》。何以恤我，則取《左氏傳》。抑戒自儆，《昊天有成命》，道成王之德，則取《國語》。陟降庭止，則取《漢書註》。《賓之初筵》，飲酒悔過，則取《韓詩序》。不可休思，是用不就，彼岨者岐，皆從《韓詩》。禹敷下土方，又證諸《楚辭》。一洗末師專己

〔註146〕《困學紀聞》卷三《詩》。
〔註147〕說詳拙著《歐陽修之經史學》上編第二章。（台灣大學《文史叢刊》之五十四）
〔註148〕閻、全語皆見翁注引。

守殘之陋。學者諷詠涵濡而自得之，躍如也。文公語門人，《文選註》
多《韓詩章句》，嘗欲寫出。應麟竊觀傳記所述三家緒言，尚多有之。
網羅遺軼，傳以《說文》《爾雅》諸書，萃爲一編，以扶微學，廣異
義，亦文公之意云爾。集傳者或有考於斯。〔註149〕

曰「一洗末師專己守殘之陋」，曰「諷詠涵濡而自得之，躍如也」，足見深寧
之爲深得朱子治《詩》之要旨。而其《詩考》一書，則亦已明言承朱子意而
爲之。深寧又爲《後序》一首，云：

《詩》四家異同，唯《韓詩》略見於《釋文》，而《魯》《齊》無所
考。劉向《列女傳》謂蔡人妻作《芣苢》，周南大夫妻作《汝墳》，
申人女作《行露》，衛宣夫人作《邶・柏舟》，定姜送婦作《燕燕》，
黎莊公夫人及其傅母作《式微》，莊姜傅母作《碩人》，息夫人作《大
車》。《新序》謂伋之傅母作《二子乘舟》，壽閔其兄作憂思之詩，《黍
離》是也。楚元王受《詩》於浮丘伯，向乃元王之孫，所述蓋《魯
詩》也。鄭康成注《禮記》，以于嗟乎《騶虞》爲歎仁人，以《燕燕》
爲定姜之詩，以生甫及甲爲仲山甫、申伯，以《商》爲宋詩。維鵜
在梁，以不濡其翼爲才。上天之載讀曰栽。至於湯齊讀爲躋。注《周
禮》云：旬讀與惟禹敶之之敶同。康成從張共祖受《韓詩》，注《禮》
之時，未得《毛傳》，所述蓋《韓詩》也。賈誼謂騶，文王之囿，虞，
虞官也。歐陽子從之。韋昭注《國語》，謂《采菽》，王賜諸侯命服
之樂。《黍苗》，道召伯述職勞來諸侯。與朱子《集傳》合。太史公
以薄伐玁狁，至於太原，出輿彭彭，城彼朔方，爲周襄王之詩。班
固謂靡室靡家之詩，懿王時作。城彼朔方之詩，宣王時作。《白虎通》
以《相鼠》爲妻諫夫之詩，趙岐以《小弁》爲伯奇之詩。漢儒言《詩》，
其說不一如此。《關雎》，正風之始也。《魯》《齊》《韓》以爲康王政
衰之詩。揚子云，傷始亂，《鹿鳴》，正雅之始也。太史公云，仁義
陵遲，《鹿鳴》刺焉。聖人刪《詩》，豈以刺詩冠風雅之首哉！揚子
又云，正考甫常睎尹吉甫矣，公子奚斯常睎正考甫矣。正考甫得《商
頌》，而以爲作《商頌》。奚斯作新廟，而以爲作《魯頌》。此皆先儒
所不取。許叔重《說文》謂其稱《詩》毛氏，皆古文也，而字多與

〔註149〕此序見《玉海》附刻《詩考》卷首，又載《四明文獻集》卷一。康衡即匡衡，
　　　　宋人避太祖諱，以康代匡。

今《詩》異。豈《詩》之文亦如《書》之有古今歟？併綴而錄之。
〔註150〕

《詩考》一書，未能確指成於何年。說詳後文。今《紀聞》書中有多條意與《詩考‧後序》重出或相關者，試錄而推說之。

> 南豐謂《列女傳》稱《詩‧芣苢》《柏舟》《大車》之類，與今序《詩》者之說尤乖異。《式微》一篇，又謂二人之作。

> 《新序》云：衛宣公子壽，閔其兄伋之見害，作憂思之詩，《黍離》是也。《魯詩》出於浮邱伯，以授楚元王交。劉向乃交之孫，其說蓋本《魯詩》。然《黍離》《王風》之首，恐不可以為衛詩也。《韓詩》云：《黍離》，伯封作。陳思王植《令禽惡鳥論》曰：昔尹吉甫信後妻之讒而殺孝子伯奇。其弟伯封求而不得，作《黍離》之詩。其《韓詩》之說歟？伯封事唯見於此。

首條所引《列女傳》似較後序為簡，蓋沿南豐文也。綜此兩條觀之，實未以向說為然也。後一條且據《韓詩》以糾《魯詩》之說，與《後序》之述而不斷，其態度顯然不同。

> 鄭康成先通《韓詩》，故註二《禮》與箋《詩》異。如先君之思，以畜寡人，為定姜之詩。生甫及申，為仲山甫申伯。又不濡其翼，維禹陳之。上天之載，匪革其猶。汭隩之即，至於湯齊是也。注《禮記》與注《易》異。如東鄰西鄰是也。

此條竟可謂與《後序》所述無異。惟未及以《商頌》為宋詩一說，此則因其已辨於正考甫不及美宋襄公之一條，文已見前引，不復錄。辨鄭氏注《詩》與《禮》、注《易》與《禮》有所不同，此是深寧辨異同之學，乃其考證學之一大門徑也。

> 劉孝孫為《毛詩正論》，演毛之簡，破鄭之怪。李邦直亦謂毛之說簡而深。此河間獻王所以高其學也。鄭之釋繁塞而多失，鄭學長於《禮》，以《禮》訓《詩》，是案迹而議性情也。《綠衣》以為褖，不諫亦入以為入宗廟，《庭燎》以為不設雞人之官。此類不可悉舉。

已辨康成先受《韓詩》，故注《禮》時多用其說，未及《毛詩》。此又考鄭氏箋《毛傳》，則又轉以《禮》訓《詩》。諸經性質不同，不當一例而治，故謂

〔註150〕此《後序》附於《詩考》卷末。

《詩》注是案迹而議性情，其釋繁塞而多失。此皆《後序》之所未及論也。

　　《禮記》：孔子閒居。《詩》曰：維嶽降神，生甫及申。鄭康成注：
　　言周道將興，五嶽爲之生賢輔佐。仲山甫及伯申，爲周之幹臣。（原
　　注：《正義》云，按《鄭志》注《禮》在先，未得《毛傳》。）愚謂
　　仲山甫，猶《儀禮》所謂伯某甫也。《周語》云：樊仲山甫。蓋甫與
　　父同。若以仲山甫爲甫，則尹吉甫、蹶父、皇父、程伯休父，亦可
　　以言甫矣。近世說《詩》者，乃取此而舍箋傳，愛奇之過也。

此條亦辨鄭氏注《禮》在先、注《詩》在後，而說不同。謂鄭氏注《禮》用
韓氏說生甫及申爲仲山甫申伯爲不當，而說《詩》者舍箋傳而取其說，乃愛
奇之過。此意亦《後序》所未言。

　　騶虞、騶吾、騶牙，一物也。聲相近而字異。《解頤新語》既以虞爲
　　虞人，又謂文王以騶牙名圃。蓋惑於異說也。《魯詩傳》曰：梁騶，
　　天子之田。見《後漢注》，與《賈誼書》同。不必以騶牙爲證。

　　《射義》：天子以騶虞爲節，樂官備也。鄭康成云：于嗟乎《騶虞》，
　　歎仁人也。《周禮疏》引《韓》《魯》說騶虞，天子掌鳥獸官，其說
　　與《射義》合。《文選注》引《琴操》曰：《騶虞》，邵國之女所作也，
　　古者役不踰時，不失嘉會。《墨子》曰：成王因先王之樂，命曰騶吾。
　　豈即《詩》騶虞歟？〔註151〕

騶虞，《韓》《魯》說爲天子掌獸官。《毛詩》以爲義獸。朱子亦以文王之化，
始於《關雎》，至於《麟趾》，而澤被萬物，形於《鵲巢》，及於《騶虞》，故
亦以獸名訓之。深寧則取《韓》《魯詩》說，而詳爲之考。此條所舉證徧及經
史子集四部，又探究古音，可謂旁徵博引以爲佐證，其視清儒考據訓釋之務
實，未知其相去果何如。《後序》僅錄賈誼之一說，此則證成其說，而又復辨
《解頤新語》又一說之非，是則所論亦有溢出《後序》之外者。今請再詳言
之。《紀聞》云：

　　《史記·匈奴傳》：周襄王與戎狄伐鄭，戎狄逐襄王。於是戎狄或居
　　於陸渾，東至於衛。侵盜暴虐中國，中國疾之。故詩人歌之曰：戎
　　狄是膺。薄伐玁狁，至於太原。出車彭彭，城彼朔方。《漢·匈奴傳》
　　則曰：宣王興師命將，以征伐之。詩人美大其功曰：薄伐玁狁，至

〔註151〕此兩條全謝山以爲是一條誤分爲二。殆是也。

於太原。出車彭彭，城彼朔方。以《六月》爲宣王詩，是也。以《魯頌》、《六月》、《出車》爲襄王詩，以《出車》爲宣王詩，而《史》《漢》又不同。皆未詳。

《史》《漢》說《詩》有不同。史公謂《魯頌·閟宮》、小雅《六月》、《出車》皆爲襄王詩。班氏則謂《六月》《出車》皆宣王詩。深寧則止認《六月》爲宣王詩者爲是，餘皆但陳其異同，而謂未詳所以，蓋闕其所疑，而不爲強說。此亦深寧論學之態度也。此條所述較《後序》爲備。唯序言班氏以靡室靡家爲懿王詩，則此所未及。

《白虎通·諫諍》篇：妻得諫夫者，夫婦榮恥共之。《詩》云，相鼠有體，人而無禮。人而無禮，胡不遄死。此妻諫夫之詩也。亦《齊》《魯》《韓》之說與？

此意與《後序》同，而辭意加詳。

太史公云：周道缺而《關雎》作。艾軒謂三家說《詩》，各有師承。今《齊》《韓》之說，字與義多不同。毛公爲趙人，未必不出於《韓詩》。太史公所引，乃一家之說。古文《尚書》，與子長並出。今所引非古文。如祖飢惟刑之諡，當有來處，非口傳之失也。（原注：晁景迂曰，《齊》《魯》《韓》三家，以《關雎》、《葛覃》、《卷耳》、《鵲巢》、《采蘩》、《采蘋》、《騶虞》、《鹿鳴》、《四牡》、《皇皇者華》之類，皆爲康王詩。《王風》爲魯詩。）薛士龍曰：《關雎》作刺之說，是賦其詩者。

今按，毛公《詩》出荀子。荀子趙人，毛公魯人，而韓嬰乃燕人。毛公未必出於《韓詩》也。〔註152〕唯深寧此處直錄艾軒之言，而不復辨之。又一條云：

近世說《詩》者，以《關雎》爲畢公作，謂得之張超，或謂得之蔡邕。未詳所出。

畢公爲康王大臣，殆亦三家說也。深寧嘗謂三家《詩》說《關雎》與古文不同，此又指出太史公所引非古文。唯《關雎》《鹿鳴》究爲美爲刺，深寧於《後序》已致其疑，然謂《關雎》正風之始，《鹿鳴》正雅之始，聖人不應以刺詩

〔註152〕全謝山注此條已辨艾軒之謬。毛公出荀子，深寧《紀聞》亦有說，曰：「申毛之《詩》，皆出於荀卿子。而《韓詩外傳》，多述荀書。今考其言，采采卷耳，鳲鳩在桑，不敢暴虎，不敢馮河，得風雅之旨。而引逸《詩》尤多，其孔筆所刪歟？」文見卷三。觀此可證深寧亦主孔子刪《詩》之說也。

冠風雅之首，則是已不滿於三家《詩》之說也。《紀聞》所引薛士龍說，謂《關雎》作刺之說是賦其詩者，乃一合理之解釋。《關雎》《鹿鳴》，當西周之盛，可用之以美文王之盛德；及王政之衰，賦詩者固亦可賦之以爲箴規諷刺也。此亦可補《後序》之所未及。

> 《小弁》，趙岐謂伯奇之詩。伯奇，仁人也，而父虐之。故作《小弁》
> 之詩曰：何辜于天。親親而悲怨之辭也。又謂《鴟鴞》之篇刺邠君。
> 蓋漢儒言《詩》多異說。《論衡》亦云：伯奇放流，首髮早白。《詩》
> 云，惟憂用老。

《小弁序》云太子之傅作，是時太子宜臼見棄，故有是詩。而趙岐則以爲吉甫子伯奇之作。此條亦與《後序》說同，而又增王充說。

> 《說文敘》云：其稱《詩》毛氏者，皆古文也。以今《詩》考之，
> 其文多異。得此醜鼉爲蟾蜍，碩大且儦爲重頤，皆《韓詩》之說也。
> 〔註153〕

《後序》僅言字多與今《詩》異，此則舉出其同於《韓詩》者，皆可見其說之較詳。至《後序》言《商》《魯頌》之作者，則《紀聞》更有考證，已見前引。綜上各條，可知深寧《治》詩不主墨守毛鄭，故特爲《詩考》輯錄三家遺說。然於三家說之可疑者，亦復致辨，此其所謂欲洗末師專己守殘之旨也。而《紀聞》之所述，又每與《詩考序》說重出，觀上所舉，《紀聞》之說較《序》爲晚出，殆無可疑。然如《詩考後序》所述各條，緣何《紀聞》竟一一及之，則殊不可解。《詩考》一書，據清陸心源《皕宋樓藏書志》所錄元泰定刊本翁序，署「宋理宗景定五年甲子良月」，則當深寧之四十二歲，可謂其輯佚之最早著作，尚在其《周易鄭注》之先。袁清容謂深寧年五十而諸經皆有說，晚歲悉焚棄。清容親炙十載，自稱遊其門最久，又當深寧之晚歲，其言當不謬。然《詩考》一書，非其本人《詩》說，《濬儀遺民自誌》乃深寧先期自爲墓誌，亦及此書，則應不在焚棄之列。且《紀聞》尚多摘錄諸古籍中所載之疑爲三家遺說者，則《詩考》所輯之爲可確定爲遺說者，豈轉棄若敝屣耶？大抵深寧晚年精力之所萃，唯在《紀聞》，其自信足以傳世無疑者亦特此一書。且當其晚歲，學殖益深，所考益備，乃擷取《詩考》中特爲精要之論，著於《紀聞》，縱《詩考》不能傳，而其說之要者已可免於湮沒。今所見《詩考》一書乃附於《玉海》之後，其書之刻亦已在元後至元

〔註153〕上引諸條俱見《困學紀聞》卷三《詩》。

三年。《玉海》本非深寧所矜重，其書蓋由後人搜求遺編合成全帙，《詩考》殆亦如此也。《玉海》本出泰定刊本之後，而通爲一卷，與泰定本之爲六卷者不同。泰定刊本今存日本《靜嘉堂文庫》。《皕宋樓藏書志》引清張金吾《藏書志》記泰定刊本，書名《韓魯齊三家詩考》，並謂是本與《玉海》本異同處甚多，此六卷本猶是王氏舊第。陸心源《儀顧堂題跋》卷一復志有泰定單刊本一種，亦六卷，無深寧《自序》及《後序》，而有延祐甲寅胡一桂序，蓋胡氏所刊者。至《宋史》傳志作五卷，《四明志》作四卷，知其書卷帙分合有不同，而上引張金吾說泰定本與《玉海》本，其文字當亦頗有相異也。元後至元三年丁丑上距延祐元年甲寅，先後亦不過廿四年，而其書流傳之紛亂已如此，足見深寧身後，其遺書之傳抄或不祇一手也。今考深寧《鄭氏易注》成於咸淳九年癸酉，時年五十一歲。《詩考》性質與之相類，唯《易注》但於序言所據者爲李氏《集解》、《釋文》、《詩》《禮》《春秋義疏》、《後漢書》《文選注》諸書，正文中不復註明出處；《詩考》則無論輯經說、集異文，無不於每條下一一詳其所自，斯則二書體例之微異也。若依陸氏《藏書志》所記，定《詩考》成於深寧四十二歲，則先成者體例轉較密，亦頗可異也。至六卷本是否深寧原本，殆亦不能遽斷矣。

　　《紀聞》又一條云：

　　曹子建表：忍垢苟全，則犯詩人胡顏之譏。《詩》無此句。李善引《毛詩》曰：何顏而不速死也。今《相鼠》注無之。〔註154〕

此條就《文選》曹子建表胡顏之譏及李善注何顏而不速死之語，而疑爲《詩》與《毛傳》之佚文。此可見深寧不僅於三家《詩》求其遺說，即於《毛詩》亦然。唯此條所述，殆是誤會《文選注》語意，翁元圻已辨之矣。〔註155〕此說雖誤，而仍錄引，蓋藉之以窺深寧論經之意見耳。

　　又一條云：

　　《定之方中》傳引仲梁子曰，初立楚宮也。《鄭志》：張逸問仲梁子

〔註154〕《困學紀聞》卷三《詩》。
〔註155〕翁注云：「《文選》二十曹子建《上責躬應詔詩表》曰：竊感《相鼠》之篇，無禮遄死之義。形影相弔，五情愧赧。以罪棄生，則違古賢夕改之勸。忍垢苟全，則犯詩人胡顏之譏。李善註云，即有胡不遄死之義。明非別有胡顏之句也。又云：《毛詩》謂何顏而不速死也。蓋釋《毛詩》胡不遄死之意，非謂《毛傳》有此文也。善註引《毛詩》經傳甚多，引經則有《詩》曰，有《毛詩》曰。引傳則有毛萇曰，毛萇《詩傳》曰。今此獨作《詩》謂。謂者繹其意也。言詩人之意，無禮而不速死，則有靦面目耳。」

何時人。答曰，仲梁子，先師云魯人。〔註156〕當六國時，在毛公前。
《韓非子》，八儒有仲良氏之儒。陶淵明《群輔錄》云：仲梁氏傳樂
爲道，以和陰陽，爲移風易俗之儒。〔註157〕

考仲梁氏說《詩》尙在毛公之前，其尊古經說之意可見。唯深寧不持門戶，
故不專主毛鄭，亦不偏取齊魯韓三家。又云：

> 歐陽公《時世論》曰：《昊天有成命》：二后受之，成王不敢康。所
> 謂二后者，文武也。則成王者，成王也。當是康王以後之詩。《執競》：
> 不顯成康。所謂成康者，成王康王也。當是昭王已後之詩。《噫嘻》
> 曰噫嘻成王者，亦成王也。范蜀公《正書》曰：《昊天有成命》，言
> 文武受天命以有天下，而成王不敢以逸豫爲也。此揚雄所謂康王之
> 時，頌聲作於下。自彼成康，奄有四方，祀武王而述成康，見子孫
> 之善繼也。班孟堅曰：成康沒而頌聲寢。言自成康之後，不復有見
> 於頌。朱子《集傳》，與歐范之說合。〔註158〕

毛鄭謂成王不敢康乃成此王功而不敢自安逸；不顯成康是不顯乎其成大功而
安之；噫嘻成王，成是王事也。宋儒亦從其說，惟歐陽永叔《詩本義》始闢
之。朱子初亦從毛鄭之解，後定《集傳》，始改從永叔。而其早先之說今仍載
於呂東萊《讀詩記》中。深寧此條所引，亦主歐朱而闢毛鄭之意爾。說《詩》
之不專主毛鄭，宋儒自歐陽永叔啓其端。而此後理學家論經能兼取北宋諸儒，
以上通乎漢唐儒之說者，則唯朱子。深寧治經，可謂一沿朱子之途轍。《紀聞》
又云：

> 大師維垣。鄭《箋》以爲三公。王介甫以爲大眾，朱子《集傳》從
> 王說。〔註159〕

此亦據朱子而有取於王荆公說。是知深寧之說《詩》，蓋主博取古今人說，而
不欲拘守家法以自限。惜夫後來清儒之治《詩》，多未能循此意旨而復作推展。
其專申毛鄭者可無論矣，即轉重三家者，若陳喬樅《三家詩遺說考》之類，
其實乃繼深寧《詩考》而來，其所蒐輯之完備固已後來居上，而專述三家，
則於深寧之旨，亦復未能全得也。

〔註156〕《四庫提要》卷三十三《五經總義類》謂：今本《鄭志》，先師之下，多一云
　　　　字，方知先師非指仲梁子。今據之補云字。
〔註157〕《困學紀聞》卷三《詩》。
〔註158〕同前註。
〔註159〕同前註。

《紀聞》又云：

> 歐陽公《詩》論：古今諸儒，謂來牟爲麥者，更無他書，所見直用二《頌》毛鄭之說。來牟爲麥，始出於毛鄭，而二家所據，乃臆度僞《大誓》不可知之言。愚按，劉向封事，引飴我釐麰。釐麰，麥也，始自天降。《文選注》引《韓詩》貽我嘉麰。薛君曰：麰，大麥也。毛鄭之說，未可以爲非。

此則轉申毛鄭而駁永叔《詩本義》之疑。尊鄭闢鄭，務求其是，斯固深寧之宗旨也。又云：

> 鼉鳴如鼓，《新經》之說也。《解頤新語》取之，鑿矣。

深寧論《詩》，於近世諸儒皆知重視。然決不主出彼墨守，而入此膏肓。故於歐王諸儒《詩》說，亦愼爲考辨而爲之取舍。此則不獨論《詩》如此，深寧之於他經，亦莫不持此態度也。

深寧又言：

> 格物之學，莫近於《詩》。關關之雎，摰有別也。呦呦之鹿，食相呼也。德如鳲鳩，言均一也。德如羔羊，取純潔也。仁如騶虞，不嗜殺也。鴛鴦在梁，得所止也。桑扈啄粟，失其性也。倉庚，陽之候也。鳴鵙，陰之兆也。蒹葭露霜，變也。桃蟲拚飛，化也。鶴鳴于九皋，聲聞于野，誠不可掩也。鳶飛戾天，魚躍于淵，道無不在也。南有喬木，正女之操也。隰有荷華，君子之德也。匪鱣匪鮪，避危難也。匪兕匪虎，慨勞役也。蓼莪常棣，知孝友也。繁蘋行葦，見忠信也。葛屨褊而羔裘怠也。蟋蟀儉而蜉蝣奢也。爰有樹檀，其下維穀，美必有惡也。周原膴膴，堇荼如飴，惡可爲美也。黍以爲稷，心眩於視也。蠅以爲雞，心惑於聽也。綠竹猗猗，文章著也。皎皎白駒，賢人隱也。贈以芍藥，貽我握椒，芳馨之辱也。焉得諼草，言采其虻，憂思之深也。柞棫斯拔，侯薪侯蒸，盛衰之象也。鳳凰于飛，雉離于羅，治亂之符也。相鼠碩鼠，疾惡也。采葛采苓，傷讒也。引而伸之，觸類而長之，有多識之益也。〔註160〕

此條何義門亟稱之，謂是絕佳之賦。義門於《紀聞》，動輒以詞科之學，輕相詬厲，此又稱之，可謂隨意上下，使深寧對之，誠不知如何以處也。此條所謂格物之學，其爲朱子義，非象山義，毋庸置辨。孔子說《詩》，謂《詩》可

〔註160〕《困學紀聞》卷三《詩》。

以興觀群怨，事父事君，多識草木鳥獸之名。朱子亦謂讀《詩》當興起人善
意，善可爲法，惡可爲戒，便長人一格。〔註161〕深寧此條亦即此意。故云引
而申之，觸類而長之，有多識之益，其言有本末之序固甚明。多識固有益，
而徒務爲博聞強記，則決非深寧所指之格物之學也。此意又別發於《詩地理
考・自序》，其言曰：

> 《詩》可以觀廣谷大川異制，民生其間者異俗，剛柔輕重遲速異齊。
> 聲音之道，與政通矣。延陵季子以是觀之。太史公講業齊魯之都，
> 其作《世家》，於齊曰，洋洋乎固大國之風也。於魯曰，洙泗之間，
> 齗齗如也。蓋深識夫子一變之意。班孟堅志地理，敍變風十三國而
> 不及二南，豈知《詩》之本原者哉！夫詩由人心生也。風土之音曰
> 風，朝廷之音曰雅，郊廟之音曰頌。其生於心一也。人之心與天地
> 山川流通，發於聲，見於辭，莫不繫水土之風而屬三光五嶽之氣。
> 因詩以求其地之所在，稽風俗之薄厚，見政化之盛衰，感發善心而
> 得性情之正，匪徒辨疆域云爾。世變日降，今非古矣。人之性情，
> 古猶今也，今其不古乎。山川能說，爲君子九能之一，毛公取而載
> 於傳，有意其推本之也。是用據傳箋義疏，參諸《禹貢》《職方》《春
> 秋》《爾雅》《說文》《地志》《水經》，罔羅遺文古事，傳以諸儒之說，
> 列《鄭氏譜》十首，爲《詩地理考》。讀《詩》者觀乎此，亦升高自
> 下之助云。〔註162〕

《詩地理考》六卷，今亦見《玉海》附刻十三種中。其實考證地理亦是一種
格物之學。深寧又別有《通鑑地理通釋》一書，皆於研經治史之外所開之又
一種學問。胡三省身之嘗游深寧之門，其注《通鑑》亦注意古今地理之沿革，
詳見下文史學篇論風俗節。下逮清初諸儒多重深寧之學，亦特於山川地理形
勢加意鑽研。若顧亭林《天下郡國利病書》、顧景范《讀史方輿紀要》、閻百
詩《四書釋地》之類，皆極有成績。形勢二字出《老子》書，曰「道生之，
德畜之，物形之，勢成之」。山河大地，一草一木，各有形勢，皆道之所生，
而爲其德之所畜，乃各有其形，因其勢以成其爲物。人居其中，一物也，亦
於山川之勢中成其爲一物，其不能外於此山川形勢之影響，亦可知。故山川
之形勢，可名之爲一種自然之形勢。而人居其中，乃有剛柔輕重遲速之異，

〔註161〕參見《朱子語類》卷八十。
〔註162〕見《玉海》附刻《詩地理考》卷首。

此《小戴禮·王制》所謂廣谷大川異制,民生其間者異俗也。風俗分言,風指言語音聲,俗指衣服習行之類;合言之則相通。深寧謂人之心與天地山川流通,發於聲,見於辭,莫不繫水土之風而屬三光五嶽之氣。曰風曰氣,或合言之曰風氣,皆指此。待此風俗風氣之既成,則其自身亦已成為一勢,後有生民,則不得不依此勢而各成其形。則是就人而言,其地之風俗風氣亦一形勢也;此則可稱之為人文之形勢。而此人文之形勢,乃正由其自然之形勢而生。故深寧謂「詩由人心生」,又曰「因詩以求其地之所在,稽風俗、見政化,感發善心而得性情之正」,此其作《詩地理考》之深旨要義。聲音之道與政通,故深寧之研史,亦特於人心風俗著眼,其旨趣殆非徒辨疆域、考地望者所可與知也。

總而言之,深寧以為學《詩》須以人之情性為本,故當吟哦涵泳而求詩人之心,以期感發善心以為修身治人之用。此則與朱子教人以文學理學治《詩》無異。而同時又注重歷來之經說,並於諸家之說,主兼收博采,而以株守為戒,則是亦不偏廢考據。清儒姚姬傳、戴東原曰為學之途有三,曰義理、曰辭章、曰考據,深寧可謂兼之。

第四節　論《禮》《樂》

深寧之研治群經,旨在求義理考據辭章三者之兼備,尤注意於經術與政治社會世道人心之關係,所謂通經致用是也。此種態度與方法,表現於其研治《書》《禮》二經者,似更為明顯。前節已論《尚書》,本節請述深寧之論《禮》《樂》。

深寧云:

> 西山先生曰:禮中有樂,樂中有禮。朱文公謂嚴而泰,和而節。禮勝則離,以其太嚴,須用有樂。樂勝則流,以其太和,須用有禮。
> 〔註163〕

翁元圻注謂此條皆真西山答問禮樂語。西山引朱子語,自為注語,謂嚴而泰即禮中有樂,和而節即樂中有禮。西山乃朱學嫡傳,故言禮樂乃一承其意也。《樂記》曰:「樂者為同,禮者為異。同則相親,異則相敬。……大樂與天地同和,大禮與天地同節。……禮者殊事,合敬者也;樂者異文,合愛者也。」

〔註163〕《困學紀聞》卷五《樂》。

又曰：「樂者，天地之和也。禮者，天地之序也。和故百物皆化，序故群物皆別。……天高地下，萬物散殊，而禮制行矣。流而不息，合同而化，故樂興焉。」禮主於異，重分別，偏於嚴敬，故謂禮勝則離。樂主於同，重和合，偏於親愛，故謂樂勝則流。兩者相須爲用，似若相反，而正可相成。禮太嚴，須和之以樂之泰；樂太和，須制之以禮之節。故曰禮中有樂，樂中有禮。斯前人論禮不離樂、樂不離禮之精義所在。朱子之釋古義，可謂透闢。而深寧直錄西山之所述，更不自著一字，則其意見可知矣。

又云：

八則：禮俗以馭其民。呂微仲謂庶民可參之以俗，士以上專用禮。此說非也。《大傳》：百志成，故禮俗刑。呂成公謂禮俗不可分爲兩事。制而用之謂之禮，習而安之謂之俗。若禮自禮，俗自俗，不可謂之禮俗。〔註164〕

言禮必及於樂，亦必及於俗。深寧引《書大傳》說《天官·太宰》，亦其以經證經之一例。禮俗以馭民，制而用之者指在上位者而言，習而安之者則指在下層之社會民眾。故言禮俗又必及於政治之教化。深寧云：

《文子》曰：聽其音則知其風，觀其樂即知其俗，見其俗則知其化。與《樂記》意同。〔註165〕

考辨異同亦是深寧論學之一大特色。聽其音，觀其樂，即可知其風俗，以見其政化。唯深寧又云：

致堂胡氏曰：禮樂之書，其不知者，指《周官》《戴記》爲《禮經》，指《樂記》爲《樂經》。其知者曰，《禮》《樂》無全書。此考之未深者。孔子曰：吾自衛反魯，然後樂正，雅頌各得其所。是《詩》與樂相須，不可謂樂無書。《樂記》則子夏所述也。至於禮，夫子欲爲一書而不果成，夏杞殷宋之嘆是也。〔註166〕

謂《詩》與樂相須，是知深寧蓋主樂本無經，與《詩經》爲一也。而《禮經》則謂夫子欲爲而不果成。《詩》樂既相須，《禮》樂又非二，故深寧又謂《詩》《禮》相爲表裏，曰：

《詩》《禮》相爲表裏。《賓之初筵》、《行葦》可以見大射儀，《楚茨》

〔註164〕《困學紀聞》卷四《周禮》。
〔註165〕《困學紀聞》卷五《樂》。
〔註166〕同前註。

可以見少牢饋食禮。〔註167〕

唯古禮已缺，古樂亦遂亡，生於後世而欲考古，宜其不易也。深寧嘗慨乎言之，曰：

> 徐氏之禮，善盤辟之容，而不能明其本。制氏之樂，紀鏗鏘之聲，而不能言其義。漢世所謂禮樂者，叔孫通之儀，李延年之律爾。禮缺而樂遂亡，徐氏之容，制氏之聲，亦不復傳矣。〔註168〕

因禮失其本、樂失其義，故亦終不能久傳，是誠至可惋惜之事也。唯《周官》《儀禮》《戴記》之書尚在，則後儒尚可有所依據而爲之說。深寧又云：

> 《宋‧何承天傳》云：先是《禮論》有八百卷，承天刪減，并合爲三百卷。又王儉別鈔條目爲三十卷。梁孔子袪續一百五十卷。隋《江都集禮》，亦撮《禮論》爲之。朱文公謂六朝人多精於禮。當時專門名家有此學。朝廷有禮事，用此等人議之。唐時猶有此意。潘徽《江都集禮‧序》曰：明堂曲臺之記，南宮東觀之說，鄭王徐賀之答，崔譙何庾之論，簡牒雖盈，菁華蓋鮮。杜之松借王無功《家禮》，問喪禮新義，無功條答之。又借王儉《禮論》，則謂往於處士程融處曾見此本。觀其制作，動多自我，周孔規模，十不存一。今諸儒所著皆不傳，蓋禮學之廢久矣。〔註169〕

此條歷考六朝論禮諸家，歎其書之不存而惜其學之久廢。而深寧之考禮，與其謂因於慕古，毋寧謂重其實際應用之一面之更爲允。《紀聞》又一條云：

> 歐陽公自云，平生何嘗讀《儀禮》。而濮議爲言者所詆。高抑崇於鄉飲，考《儀禮》不詳，而朱文公譏之。禮學不可不講也。〔註170〕

宋英宗治平二年有濮議之爭，當時司馬溫公、程明道、呂誨、王珪等皆反歐陽之議，而唯劉原父曾南豐爲說援之。然一時公議，多以歐說爲非。朱子學承二程，故亦以歐議爲不可。〔註171〕深寧則一以朱子爲正，故又並及高抑崇之行鄉飲酒失禮，乃謂禮學不可不講。即於《周禮》，亦重其用。故曰：

〔註167〕《困學紀聞》卷五《儀禮》。

〔註168〕《困學紀聞》卷五《樂》。

〔註169〕同註167。

〔註170〕同註167。

〔註171〕朱子論濮議，謂「歐公說不是，溫公王珪議是。今有爲人後者，一日所爲後之父與所生之父相對坐。其子來喚所後父爲父，終不成又喚所生父爲父。這自是道理不可」見《語類》卷一百二十七。然朱子又云：「歐公說固不是，辯之者亦說得偏。既是所生，亦不可不略示殊異。」見《語類》卷一百零八。

> 漢河間獻王得《周官》，而武帝謂末世瀆亂不驗之書。唯唐太宗夜讀
> 之，以爲眞聖作。曰不井田、不封建，而欲行周公之道，不可得也。
> 人君知此經者，太宗而已。劉歆始用之，蘇綽再用之，王安石三用
> 之，經之蠹也。唯文中子曰：如有用我，執此以往。程伯子曰：必
> 有《關雎》《麟趾》之意，然後可以行《周官》之法度。儒者知此經
> 者，王程二子而已。〔註172〕

謂人君知《周禮》者唯唐太宗，儒者知之者則唯王通程明道，是皆就其經之
用而言。然劉歆蘇綽王安石則亦用之矣，唯用之而壞，故謂是經之蠹。總之，
深寧之論《禮》，多就其有關政教者言之，此即其注重經之用之具體表見。易
言之，其所論《禮》，亦多重視經文義理發揮之一面也。如度宗咸淳元年，深
寧在經筵講《禮》，自述之云：

> 君子欠伸一章，余在經筵進講，謂君以自彊不息爲剛，臣以陳善閉
> 邪爲敬。講經理，討古今，有夜分日昃而不倦者。上無厭斁之心，
> 下無顧望之意。是故學以聚之，而德益進；問以辯之，而理益明。
> 蓋因以規諷云。〔註173〕

即於經筵講席，亦不忘藉經以規諷，斯深寧所謂臣以陳善閉邪爲敬之義也。
其說《禮》之態度如此，殆即緣其政教禮俗爲一貫之意見而來。茲就《紀聞》
舉例言之。《紀聞》云：

> 天理二字，始見於《樂記》，如孟子性善養氣，前聖所未發。
> 《文子》曰：人生而靜，天之性也。感物而動，性之害也。物至而
> 應，智之動也。智與物接，而好憎生焉。好憎成形，而智怵於外，
> 不能反己，而天理滅矣。與《樂記》相出入，古之遺言歟？致堂云：
> 《樂記》子貢作。〔註174〕

天理人欲之辨，爲有宋理學家討論之一大節目。程明道言：「吾學皆有所受，
唯天理二字，乃某自家體貼出來。」理學之所以成其爲學，則特在此一理字
之提出。此理原于自然，故又曰天理。深寧考天理二字始見於《樂記》，而云
如孟子之性善養氣，皆廣前聖之所未發。又別考《文子·道原》篇之所述，
與《樂記》相出入，而疑其爲古之遺言。此種考辨，可謂是學術思想上之考

〔註172〕《困學紀聞》卷四《周禮》。
〔註173〕《困學紀聞》卷五《禮記》。
〔註174〕同前註。

辨。惟胡致堂謂《樂記》爲子貢作，又謂是子夏作，見上文別條所引，皆以
爲孔子弟子言，而在孟子之前，此則決不然。《文子》一書亦出後人依託，大
抵《樂記》《文子》或皆出漢儒。《文子》乃道家言，觀於此條所述，《樂記》
之爲晚出益可證。惜深寧未能分辨，但引致堂語，終不足以服人也。《紀聞》
又一條云：

> 人者，天地之心也。仁，人心也。人而不仁，則天地之心不立矣。
>
> 爲天地立心，仁也。〔註175〕

《禮運》云：「故仁者，天地之心也。五行之端也。」《禮運》亦晚出之篇，觀
此文天地並言，又及五行，已可見。程子言：「心，生道也，乃是得天地之心以
生，生物便是天地之心。」〔註176〕《易》曰：「天地之大德曰生」，生生不已，
此天地之仁。人心之有仁，乃見天地之心，故曰爲天地立心，仁也。此兩條之
所述，較近理學家言，在深寧書中殆不多見。蓋深寧之言義理，喜依經傍史，
就實立說，不喜懸空發揮，故與一般理學家之面目，轉不相近。即此兩條，亦
莫不依《戴記》之文而爲說。此在理學家中，亦唯於朱子爲相近也。

《紀聞》又云：

> 古者以射御爲藝。孔子曰：執射乎。執御乎。《詩》曰：叔善射忌，
> 又良御忌。四黃既駕，兩驂不猗。御之善也。不失其馳，舍矢如破。
> 射之善也。學射者多矣。造父之師泰豆氏，尹需之習秋駕，皆學御者
> 也。《說苑》謂御者使人恭，射者使人端。亦正心修身之法。〔註177〕

朱子言六藝之射，猶略見《鄉射》、《大射》篇，御法則廢不可考。〔註178〕深
寧引《說苑》之文，以明古人以射御爲藝之旨。

又云：

> 子罕卻玉，韓起辭環，有無窮之名。季氏之璠璵，向魋之夏瑧，有
> 無窮之惡。故曰惟善以爲寶。〔註179〕

子罕韓起季氏向魋四事皆見《左傳》，故深寧此條，可謂以經證經，或以史證
經。若就文字言之，《大學》唯善以爲寶之一語，實不待訓詁而可明。而深寧
必援史以爲之證者，其意蓋以爲經義之可行，乃於史事中見其驗。可見其發

〔註175〕《困學紀聞》卷五《禮記》。
〔註176〕眞西山《讀書記》卷七引程子言。參翁注。
〔註177〕《困學紀聞》卷四《周禮》。
〔註178〕參翁注引閻百詩按語。
〔註179〕同註175。

揮經文義理亦喜就實而說，此亦其為學主經史一貫之深旨所在。《紀聞》一書，若此之類，幾不勝枚舉。故但知為經文之訓釋，史事之考據，皆不足以知深寧之為學也。又云：

> 善教者使人繼其志。弟子累其師，李斯韓非之於荀卿也。弟子賢於師，盧植鄭玄之於馬融也。〔註180〕

善教之語，出於《學記》，殆亦無待訓釋。孔子作《春秋》，曰我欲載之空言，不如見之於行事之深切著明。深寧引史為證，乃見經文所言義理之為深切著明也。又云：

> 《儒行》言自立者二，言特立者一，言特立獨行者一。人所以參天地者，其要在此。如有所立卓爾，顏子言之。立天下之正位，先立乎其大者，孟子言之。〔註181〕

注意各經經文之特殊用語，類比歸納而求其義，或再予推說，此亦深寧治經之一大特色。已詳述於前節《論〈易〉》篇。此條亦其一例。統計《儒行》言自立特立之語，而推言之，以為人所以與天地參者之要在此。又復引《論》《孟》以為之證。〔註182〕此亦以經證經也。又言慎獨，云：

> 《文子》曰：聖人不慚於影，君子慎其獨也。《劉子》曰：獨立不慚影，獨寢不媿衾。（原注：高彥先《謹獨銘》曰：其出戶如見賓，其入虛如有人。其行無愧於影，其寢無愧於衾。四句並見《劉子》。）
>
> 〔註183〕

此引《文子》《劉子》言申《大學》君子慎獨之義。又云：

> 《學記》以發慮憲為第一義，謂所發之志慮，合於法式也。一年視離經辯志。一年者，學之始。辯云者，別其心所趨向也。慮之所發必謹，志之所趨必辯。為善不為利，為己不為人。為君子儒，不為小人儒。此學之本也。能辯志，然後能繼志，故曰士先志。〔註184〕

此條申言辯志，亦承朱子意而來。〔註185〕又云：

〔註180〕《困學紀聞》卷五《禮記》。

〔註181〕同前註。

〔註182〕此條深寧所引顏子言，何義門云：「如有所立，又別一義。宏詞人誇多，故誤引也。」全謝山乃辨之，曰：「如有所立卓爾，深寧蓋以為卓然自立之謂，不主舊說。何氏譏其誤引，非也。」說皆見翁注引。

〔註183〕同註180。

〔註184〕同註180。

〔註185〕衛氏《集說》八十八慶源輔氏曰：「發慮憲，謂所發之志慮，合乎法式。朱子

孟母曰：婦人之禮，精五飯，冪酒漿，養舅姑，縫衣裳而已。程子

之母誦古詩曰：女人不夜出，夜出秉明燭。唐時有不識廳屏而言笑

不聞於鄰者。其習聞《內則》之訓歟？〔註186〕

孟母云云，蓋劉向《列女傳》文。此條集婦人守《內則》之訓諸證，以明禮
之用。唯以上各條多言個人之修身，此條則及於齊家。深寧又言：

哀公之問，非切問也。故孔子於問舜冠則不對，於問儒服則不知。

〔註187〕

哀公問孔子，亦見《荀子・哀公》篇。楊倞注云：「哀公不問舜德，徒問其冠，
故不對也。」此條所述，可見深寧對禮之一大意見。爲政以德，舍其德而但
求禮之虛飾，非深寧之所主。又云：

《表記》：殷人先罰而後賞。漢武帝謂殷人執五刑以督姦。皆言殷

政之嚴也。《書》曰：代虐以寬。《詩》曰：敷政優優。豈尚嚴哉？

〔註188〕

尚寬容，戒苛嚴、戒濫殺，此深寧論政之主張。政不尚嚴，是亦爲政之德也。
又云：

《荀子》引《聘禮志》曰：幣厚則傷德，財侈則殄禮。禮云禮云，

玉帛云乎哉。此即《聘義》所謂輕財重禮。〔註189〕

輕財重禮，其實即是重德。循至於論施政，亦主重樸而戒奢，曰：

漆林之征二十而五。漆以飾器用而已。舜造漆器，群臣咸諫，防奢

靡之原也。種漆成林，重其征，所以抑末而返樸也。〔註190〕

漆之爲物，特爲器用之飾，故舜造漆器而群臣咸諫，所謂防微杜漸也。漆林
重征，亦禁奢之意。又云：

司門正其貨賄。正者，禁其淫侈而歸于正也。注讀爲征，非是。〔註191〕

此辨《周禮注》之失，乃純就義理上爲說。又一條云：

方愨解《王制》云：爵欲正其名，故官必特置；祿欲省其費，故職

日：辯志者，自能分別其心所趨向，如爲善爲利，爲君子爲小人也。」見翁
注引。

〔註186〕《困學紀聞》卷五《禮記》。

〔註187〕同前註。

〔註188〕同前註。

〔註189〕同前註。

〔註190〕《困學紀聞》卷四《周禮》。

〔註191〕同前註。

或兼掌。愚嘗聞淳熙中，或言秦檜當國時，遴於除授，一人或兼數職，未嘗廢事，又可省縣官用度。於是要官多不補。御史中丞蔣繼周論之曰：往者權臣用事，專進私黨，廣斥異己，故朝列多闕，今獨何取此。朝臣俸祿有限，其省幾何。而遺才乏事，上下交病。且一官治數司，而收其廩，裴延齡用以欺唐德宗也。以是觀之，則兼職省費，豈王者之制乎？〔註192〕

既主戒奢侈而歸儉樸，而於此又辨兼職省費之非王制，善治者當可於此有所省悟。然此條駁方氏《禮記解》，乃據深寧當代之事實，以見其說之無當於實際。其所考辨，乃根於深寧禮主可用之一意見而來。又一條云：

《儒行》云：其過失可微辨，而不可面數也。子路喜聞過，善人能受盡言。如諱人之面數，則面諛之人至，而曾子不當三數子夏矣。以是為剛毅，焉得剛。故程子謂游說之士所為誇大之說。〔註193〕

上一條尚為辨經說之有差，此一條則直辨經文之謬。舉《論語》子路為言，是以經正經。曾子三數子夏事見《檀弓》，以《檀弓》正《儒行》，則是直舉本經以為證矣。又一條云：

孔子射於矍相之圃。呂與叔曰：孔子溫良恭儉讓，其於鄉黨，似不能言，未聞拒人如是之甚。疑不出於聖人，特門人弟子逆料聖人之意而為此說，將以推尊聖人，而不知非聖人之所當言。（原注：此言可以屬浮薄之俗，故表而出之。）〔註194〕

此條引呂氏疑《射義》孔子射圃拒人事，亦就義理之未合而言，皆無涉於訓詁考據。而深寧自注所以表出之意，乃以其言可以屬浮薄之俗故。於是可知，如何義門者，不求其用心之所在，而但謂之為「宏詞人誇多」，是厚誣古人也。

　　深寧學承朱子，其論《禮》之及於朱子者特多。今亦條舉數例，略見一斑。深寧云：

《大學》之親民當為新，猶《金縢》之新迎當為親也。皆傳寫之誤。
〔註195〕

改親為新，乃程伊川之說，朱子從之。朱子《大學或問》云：「親民云者，以

〔註192〕《困學紀聞》卷五《禮記》。
〔註193〕同前註。
〔註194〕同前註。
〔註195〕同前註。

文義推之，則無理。新民云者，以傳文考之，則有據。」及後王陽明又轉據
古本《大學》，以親民爲說。此爲朱王學術之一大分歧，乃爭議之所在。又一
條云：

> 山谷以太公所誦《丹書》及《武王銘》，書於坐之左右。以爲息黥補
> 劓之方。朱文公亦求程可久寫《武王踐阼》一篇，以爲左右觀省之
> 戒。（原注：《儀禮經傳》刪且臣聞之至必及其世。《大學或問》因《湯
> 盤銘》及《武王之銘》。）〔註196〕

朱子於紹熙五年侍講大學，至《盤銘》日新，因論武王有《丹書》一篇，皆
人主憂勤警戒之意。上曰：「近有人進此書。」蓋黃庭堅所書也。〔註197〕朱子
之《求程可久寫〈踐阼〉篇書》，亦見於文集。而爲《大學或問》、《儀禮經傳
通解》皆及之，可知朱子對此篇之重視。深寧乃特爲《踐阼篇集解》，今見於
《玉海》附刻十三種中。自爲《後序》云：

> 有周盛時，《大訓》在西序，《河圖》在東序。三皇五帝之書，外史
> 掌之。《丹書》蓋前聖傳心要典也。《學記·正義》謂赤雀所衍《丹
> 書》，乃《尚書·帝命驗》，讖緯不經之言，君子無取焉。《武王銘》
> 十有七章，蔡邕以爲十八章，豈有闕文與？《大戴禮》有盧辯注，
> 今列於前。鄭康成所引、黃太史所書，考其文之異者，又采摭諸儒
> 之說爲《集解》。《金匱》《陰謀》載《武王銘書》，附著于末。至於
> 《虞箴》《飯歌》，見《春秋》內外傳。夫以聖王治己養心，表裏交
> 正如此，況學者可不勉與？有能左右觀省，朝夕習復，若衛武公日
> 誦抑戒之詩，無有師保，如臨父母，庶其寡過矣乎！因書以自儆。

序末深寧自署柔兆淹茂歲孟陬，則是篇成於至元二十三年丙戌歲初，時年已
六十四，距宋亡已達十載。今《紀聞》又一條云：

> 《踐阼》篇載武王十七銘。《後漢·朱穆傳》注引《太公陰謀》：武
> 王《衣之銘》曰，桑蠶苦，女工難，得新捐故後必寒。《鏡銘》曰，
> 以鏡自照見形容，以人自照見吉凶。《觴銘》曰，樂極則悲，沈湎致
> 非，社稷爲危。《崔駰傳》注引《太公金匱》：武王曰，吾欲造起居
> 之誡，隨之以身。《几之書》曰，安無忘危，存無忘亡，熟惟二者，
> 必後無凶。《杖之書》曰，輔人無苟，扶人無咎。《太平御覽》諸書

〔註196〕《困學紀聞》卷五《大戴禮記》。
〔註197〕見《玉海》卷三十九。

引《太公陰謀》：《筆之書》曰，毫毛茂茂，陷水可脫，陷文不活。《筭之書》曰，馬不可極，民不可劇，馬極則躓，民劇則敗。又引《金匱》：其《冠銘》曰，寵以著首，將身不正，遺爲德咎。《書履》曰，行必慮正，無懷僥倖。《書劍》曰，常以服兵，而行道德，行則福，廢則覆。《書車》曰，自致者急，載人者緩，取欲無度，自致而反。《書鏡》曰，以鏡自照，則知吉凶。《門之書》曰，敬遇賓客，貴賤無二。《戶之書》曰，出畏之，入懼之。《牖之書》曰，闚望審，且念所得，可思所忘。《鑰之書》曰，昏謹守，深察訛。《硯之書》曰，石墨相著而黑，邪心讒言，無得汙白。《書鋒》曰，忍之須臾，乃全汝軀。《書刀》曰，刀利磑磑，無爲汝開。《書井》曰，原泉滑滑，連旱則絕，取事有常，賦斂有節。蔡邕《銘論》，謂武王踐阼，咨於太師，作《席几楹杖器械之銘》十有八章。參考《金匱》《陰謀》之書，則不止於十八章矣。書於篇後，俾好古者有考。〔註198〕

書於篇後，謂《踐阼》篇也。〔註199〕深寧之爲《踐阼集解》，《後序》自述其書編錄次序，首盧辯註，而《金匱》《陰謀》所載《武王銘》則居末，文見上引。《紀聞》此條所錄，其實即《集解》末附之銘文也。既有《集解》之成書，而此條所錄，亦無有溢出其外者，宜可不作矣。唯《集解·後序》謂蔡邕言銘十有八章，今《踐阼》篇得十有七，疑其有闕。《紀聞》則轉謂參考《金匱》《陰謀》之書，則不止十八章，是則不以邕說爲然也。可知其所輯佚銘未有增益，而意見則有改易。細玩其言，則《踐阼集解》當在前，而《紀聞》此條則在後。《集解》成於丙戌，則此條之作，當在深寧之最後十歲中也。然既有《集解》之書，又何必重錄此條。故竊疑《集解》一篇，深寧殆無意於傳世，乃別錄其所輯錄之佚銘，載於《紀聞》耳。今《集解》一書亦附刻於《玉海》之後，乃由後人搜求以付梓，其書未必爲深寧所矜重。斯亦猶深寧已輯《詩考》，又復錄其精要語於《紀聞》也。說參前節《論〈詩〉》篇。蓋《集解》之所載，若盧辯、朱子語，皆別有成書在，其特爲深寧所創獲者，則惟此輯佚，因盡錄入《紀聞》也。

深寧論《易》，有取於王輔嗣程伊川者，多爲格言，已見前述。今觀《踐阼》篇之所載，亦莫非有關修己治人之格言也。故其所爲，雖亦僅似是一種

〔註198〕《困學紀聞》卷五《大戴禮記》。
〔註199〕參閻百詩注，見翁注引。

輯佚考古之工夫，而其用心當有在此之外者。《踐阼》諸銘，其出後儒所依託，當無可疑；深寧《集解·後序》曰書此自儆，《紀聞》亦但指出蔡邕之言未必足據，祇言俾好古者有考，而不復追究其真偽。讀者於此，當可微窺其意也。

《四庫提要》嘗言深寧之學，雖淵源出於朱子，然書中辨正朱子語誤數條，皆考證是非，不相阿附，絕無黨同伐異之私。此論可謂持平，足見《四庫》館臣，亦知深寧之爲朱學流衍，因知全謝山謂其爲呂學之大宗者，乃一家之私言，非公論也。深寧論《中庸》尊德性道問學，摘錄朱子《答項平父書》，謂即此書觀之，文公未嘗不取陸氏之所長，太極之書非爲好辯。《紀聞》此條已先引於本文第一章，今不復錄。《紀聞》又一條云：

> 曾子問於變禮無不講，《天圓》篇言天地萬物之理。曾子之學博而約者也。〔註200〕

又云：

> 《小辯》篇：子曰，綴學之徒，安知忠信。〔註201〕

謝山於深寧此等明白指陳之論學意見，乃視若未覩，更不著一字。唯曾子博約一條，閻百詩先爲按語云：「此有謂曾子之學專用心於內者然歟？」謝山乃不得不辯，曰：「講變禮，言天地萬物之理，豈用心於外耶？是告子義外之說也。閻說繆。」〔註202〕此亦僅爲護其私見，寧可與論是非之真哉？

深寧於朱子學說用功甚深，故同爲朱子說而先後有不同者，即知分辨而爲去取。如云：

> 知止而后有定，《章句》云：志有定向。《或問》云：事事物物，皆有定理。其說似不同，當以《章句》爲正。〔註203〕

朱子一生用力所萃，以《四書》爲多。而及其晚年，對《論》《孟》《中庸》解說已感愜意，唯於《大學》，自言平生精力全在此書，所以改削不已，至於易簀前三日，猶改《大學·誠意》章也。〔註204〕深寧於諸經之說能別其異同，

〔註200〕《困學紀聞》卷五《禮記》。
〔註201〕《困學紀聞》卷五《大戴禮記》。
〔註202〕閻、全說皆見翁注引。
〔註203〕同註200。
〔註204〕《朱子語類》卷十四云：「某於《大學》，用工甚多。溫公作《通鑑》，言臣平生精力全在此書，某於《大學》亦然。《論》《孟》《中庸》卻不費力。」卷十九又一條云：「某於《論》《孟》，四十餘年理會。中間逐字稱等，不教偏些子。學者將注處宜子細看。又曰：解說聖賢之言，要義理相接去，如水相接去，則水流不礙。後又云：《中庸解》每番看過，不甚有疑。《大學》則一面看，

其於朱子一人之說亦然。此所分辨，殆可謂有得於朱子之意，非精研朱子前後著作，不能言也。《紀聞》又一條云：

> 深衣方領。朱文公謂衣領之交，自有如矩之象。續衽鉤邊者，連續裳旁，無前後幅之縫。左右交鉤，即為鉤邊，非有別布一幅裁之，如鉤而綴於裳旁也。康成注：鉤邊，若今曲裾。文公晚歲，去曲裾之制而不用。愚以漢史考之，朱勃之衣方領，謂之古制可也。江充之衣曲裾，謂之古制可乎？此文公所以改司馬公之說。〔註205〕

朱子治經，最重考據。而諸經之中，《禮》最難治，朱子亦特多考究。惟朱子治《禮》，非徒為考古之實，而更欲考求以為當時社會風教之應用。故嘗欲取《儀禮》《周官》《禮記》為本，編次朝廷公卿大夫士民之禮，盡取漢晉而下及唐諸儒之說，考訂辨正以為當代之典，惜未及成書而歿。〔註206〕是以今本《儀禮經傳通解》，僅附注疏，而未及後儒之說，殆是未及完成其本意也。而深寧即於朱子此種考據，亦辨其晚歲改說之所以然，則其於朱學浸淫之深，亦可知矣。然其於朱子說之有誤者，亦不稍迴護。如曰：

> 《大戴禮》盧辯注，非鄭氏。朱文公引《明堂》篇鄭氏注云，法龜文。未考《北史》也。〔註207〕

朱子引《明堂》篇鄭氏注云云，殆以注歸之康成，而深寧則據《北史·盧辯傳》以正其誤，此即《四庫提要》所謂考證是非，不相阿附也。又一條云：

> 朱子語錄云：《漢·禮樂志》，劉歆說樂處亦好。《漢志》無劉歆說樂。此記錄之誤。《近思續錄》亦誤取之。（原注：隋牛宏引劉歆《鍾律書》，出《風俗通》。）〔註208〕

此種考辨，雖無關宏旨，要可見深寧治學之不苟。其實朱子一生講學，語錄之所涉，幾無所不包，則一時語誤，亦容或有之，未必定為記者之失。若此條之所舉，深寧則但指為記錄之誤，益可見其論學所持之一番敦厚之心也。與深寧並時而同傳朱學者有黃東發，著為《日鈔》一書，於經史子集，亦無不通涉，其於朱子說亦多有闡發，亦多有糾正。若深寧之所學，其實多為朱

　　一面疑，未甚愜意，所以改削不已。」此皆朱子晚年語。說參《朱子新學案》
　　第四冊《朱子之四書學》。
〔註205〕《困學紀聞》卷五《禮記》。
〔註206〕參《宋史·禮志》。
〔註207〕《困學紀聞》卷五《大戴禮記》。
〔註208〕《困學紀聞》卷五《樂》。

子在考據上之小誤，而東發則於朱子之言義理，亦時有駁正。此皆可謂有得於朱子格物窮理之教者，豈惟墨守朱子之言，乃始爲傳其學乎。深寧又云：

> 韓文公讀《儀禮》，謂考于今無所用。愚謂天秩有禮，小大由之。冠昏喪祭，必於是稽焉。文公大儒，猶以爲無所用，毋怪乎冠禮之行，不非鄭尹而怪孫子也。〔註209〕

韓文公謂《儀禮》無所用者，以其委曲細瑣諸節目耳，非謂冠昏喪祭大綱也。此全謝山已辨之矣。〔註210〕唯於此正可見深寧主治《禮》稽古以爲今用之一意見。又云：

> 《魏徵傳》曰：以《小戴禮》綜彙不倫，更作《類禮》二十篇，數年而成。太宗美其書，錄寘內府。《藝文志》云：《次禮記》二十卷。舊史謂先儒訓注，擇善從之。《諫錄》載詔曰：以類相從，別爲篇第，并更注解，文義粲然。《會要》云：爲五十篇，合二十卷。（原注：傳以卷爲篇。）《元行沖傳》：開元中，魏光乘（原注：《集賢注記》：魏哲。）請用《類禮》，列于經。命行沖與諸儒集義作疏，將立之學，乃采獲刊綴爲五十篇。張說言戴聖所錄，向已千載與經並立，不可罷。魏孫炎始因舊書摘類相比，有如鈔掇。諸儒共非之。至徵更加整次，乃爲訓注，恐不可用。帝然之。書留中不出。行沖著《釋疑》曰：鄭學有孫炎，雖扶鄭義，乃易前編，條例支分。箴石閒起，馬仲增革，向踰百篇。葉遵刪修，僅全十二。魏氏采眾說之精簡，刊正芟翳。（原注：《集賢注記》：張說曰，孫炎始改舊本，以類相比。徵因炎書，整比爲注。）朱文公惜徵書之不復見。此張說文人不通經之過也。行沖謂章句之士，疑於知新，果於仍故。比及百年，當有明哲君子，恨不與吾同世者。觀文公之書，則行沖之論信矣。〔註211〕

朱子嘗言：「古禮於今實難行，嘗謂後世有大聖人者作，與他整理一番，令人甦醒，必不一一盡如古人之繁，但放古之大義。」又云：「古禮難行，後世苟有作者，必須酌古今之宜。」〔註212〕是以甚惜魏徵書之不傳。此皆大儒明通之論也。深寧則謂張說文人不通經之過，又引元行沖語，謂章句之士，疑於

〔註209〕《困學紀聞》卷五《儀禮》。
〔註210〕全謝山語見翁注引。
〔註211〕《困學紀聞》卷五《禮記》。
〔註212〕語見《朱子語類》卷八十四。

知新，果於仍故。是知其主稽考古禮，必求能斟酌以爲當時實際政教風俗應用之意見，殆與朱子無異也。

雖然，深寧之窮經考禮，固亦考索功深，其自得者亦極多，此則非朱子之所能限。蓋考古求眞，繼事加精，宜可後來而居上，若此後清儒考禮之成績，固亦非朱子深寧所能限也。茲復就深寧言《禮》之有關考據者，略述於後。

《紀聞》云：

> 古以車戰。春秋時，鄭晉有徒兵，而騎兵蓋始於戰國之初。《曲禮》前有車騎；《六韜》言騎戰，其書當出於周末。然《左氏傳》：左師展將以昭公乘馬而歸。《公羊傳》：齊魯相遇，以鞍爲几。已有騎之漸。〔註213〕

疑《曲禮》《六韜》之晚出，固不自深寧始。深寧則據之以考騎兵始於戰國，又據《左傳》以考其來源之漸。

又云：

> 朱文公曰：讀曹公杜牧《孫子》，見其所論車乘人數，諸儒皆所未言。唯蔡季通每論此事，以考《周禮》軍制皆合。愚按：《孫子‧作戰》篇，凡用兵之法，馳車千駟，革車千乘，帶甲十萬。曹公注：馳車，輕車也。杜牧注：輕車，戰車也。古者車戰。革車、輜車，重車也，載器械財貨衣裝。《司馬法》曰：一車甲士三人，步卒七十二人。炊家子十人，固守衣裝五人，廝養五人，樵汲五人。輕車七十五人，重車二十五人。故二乘兼一百人爲一隊。舉十萬之眾，革車千乘，校其費用支計，則百萬之眾，皆可知也。《左氏傳》：乙卯，楚師軍於邲。丙辰，楚重至於邲。呂成公謂凡戰，兵車在前，輜重常在兵車之後。楚重次日乃至。後一日，故無鈔擊之患。唐說齋云：儒者謂旬出七十五人，不知實出百人。其七十五人，戰車也。其二十五人，重車也。〔註214〕

《周禮》一書，自劉歆以爲周公致太平之書，至鄭康成乃明言其爲周公所作。然歷來學者聚訟，疑信參半。居今綜觀前人之考證，其爲戰國晚出之書，當可確定。其實即據深寧此條所述，其車乘人數，乃與《孫子》《司馬法》相符，

〔註213〕《困學紀聞》卷五《禮記》。
〔註214〕《困學紀聞》卷四《周禮》。

已可見是戰國之制。唯深寧則未加指出。其實深寧於《周官》非一無所疑，但未指其爲僞書耳。說見下文。此處綜考車戰之有輕車重車及其甲士人數，雖只考明戰國之制，然亦可謂引證詳備。唯《左傳》引證之解略爲可議，此則何義門全謝山已辨之矣。〔註215〕

又云：

> 《王制》注：小城曰附庸。庸古墉字。王莽曰附城。蓋以庸爲城也。
> 〔註216〕

此引《漢書‧莽傳》證漢人以城解庸，而庸墉乃古今字。此亦以史證經之一例。

又云：

> 人耦牛耦。鄭氏注合耦並言之。疏謂周時未有牛耦耕，至漢趙過始教民牛耕。今考《山海經》：后稷之孫叔均，始作牛耕。周益公云：孔子以犂牛之言，冉耕亦字伯牛。《賈誼書》、《新序》載鄒穆公曰：百姓飽牛而耕。《月令》：季冬出土牛，示農耕早晚，何待趙過。過特教人耦犂，費省而功倍爾。〔註217〕

此據諸書所載，證《周禮疏》說牛耕始於漢之非，而復考趙過所教人者爲耦犂，則據《漢書‧食貨志》。

又云：

> 孫君孚《談圃》，謂《周官》贊牛耳。荆公言取其順聽。不知牛有耳而無竅，本以鼻聽。有人引一牛與荆公辯。今按，《周禮義》云：牛耳，尸盟者所執。無順聽之說。蓋荆公聞而知之。〔註218〕

荆公順聽之說，乃本之《禮記正義》，亦非如深寧所謂聞知而改者。〔註219〕然駁其說則是矣。此皆深寧所謂格物之學。

又云：

〔註215〕何義門云：「輜重雖在兵車之後，然不相離也。邲之役，車馳奔楚，以乘晉軍，故晉軍於邲。及明，重車乃至。謂必後一日者非也。去大軍稍遠，則鈔擊彌易矣。」全謝山云：「輜重有隨車而行者，有相繼接應者，亦不可泥。」說皆見翁注引。

〔註216〕《困學紀聞》卷五《禮記》。

〔註217〕《困學紀聞》卷四《周禮》。

〔註218〕同前註。

〔註219〕屠繼序云：「以《埤雅》證之，則引牛與荆公辯者，乃陸農師也。順聽之說，本之孔仲達《禮記正義》，如何肯改。今王氏《訂義》、陳氏《集說》尚載荆公原文。厚齋但就一處覽之，故以爲無其說耳。」說見翁注引。

五刑之濫。疏謂宮刑至隋乃赦。崔浩《漢律序》：文帝除肉刑而宮不
易。《書正義》：隋開皇之初，始除宮刑。按《通鑑》：西魏大統十三
年三月，除宮刑。非隋也。〔註220〕

此亦據史以正經疏之失。唯閻百詩云：「宮刑，西魏雖除，而於時土宇分裂。
北齊天統五年猶有應宮刑之詔。不似隋開皇元年，永行停止。」〔註221〕其實
深寧此處所考無誤，潛邱之說，乃可補其所未備，亦可爲孔穎達疏文作一新
解，此所謂繼事而加精者也。

又云：

鄉先生，謂父師少師，教於閭塾也。古者仕焉而已者，歸教於閭里。
《書大傳》謂之父師少師。《白虎通》謂之右師左師。〔註222〕

此條綜合《儀禮》注疏、《書大傳》、《白虎通》以考鄉先生名義。

又云：

武王東面而立，師尚父西面道《丹書》之言。皇氏曰：王在賓位，
師尚父在主位。此王廷之位。若尋常師徒之教，則弟子西面。與此
異。〔註223〕

武王東面受《丹書》乃《大戴記‧踐阼》篇文，其出後人依託，深寧亦無辨。
唯此取皇氏說，分別王廷師弟之禮與尋常者不同，則甚當。

又云：

《玉藻》注：士以下皆襌，不合而縫積，如今作幓頭爲之也。《後漢》
向栩著絳綃頭。注：字當作幓。《古詩》云：少年見羅敷，脫巾著幓
頭。《儀禮》注：如今著幓頭。自項中而前交額上，卻繞髻也。〔註224〕

萬充宗以爲非通諸經，不能通一經。深寧此條所考，可謂以經通經。唯又旁
采史注《古詩》爲證，則其廣大尚有逾於充宗之專以經書爲說者。以上所舉，
則似偏在純粹之考古，與後來清儒考證學派之所爲相近。故《四庫》館臣於
宋儒多所譏詆，而於深寧，則轉多稱美之辭也。顧深寧之於清儒考證學有大
影響者，厥爲其考證之方法，此意已略申於前篇。今就其論《禮》《樂》者拈
數例而復闡之。

〔註220〕《困學紀聞》卷四《周禮》。
〔註221〕說見翁注引。閻氏又云說詳其《尚書古文疏證》卷四第六十三條。
〔註222〕《困學紀聞》卷五《儀禮》。
〔註223〕《困學紀聞》卷五《大戴禮記》。
〔註224〕《困學紀聞》卷五《禮記》。

其一曰比類異同。《紀聞》云：

> 《月令》言來歲者二。季秋爲來歲受朔日，秦正建亥也。季冬待來
> 歲之宜，夏正建寅也。（原注：《月令》作於秦，雖用夏時，猶存秦
> 制。《淮南・時則訓》，與《月令》同。漢太初以前，猶以十月爲歲
> 首。）〔註225〕

此同一篇中，就其用語之同者分別其異旨，而復據之以證《月令》之爲秦作。
又云：

> 《大戴記・投壺》篇云：嗟爾不定侯，爲爾不朝于王所，故亢而射
> 女。強食，食爾曾孫侯氏百福。此祭侯之辭也。與《梓人》同而略
> 異。（原注：萇宏設射不來，不來者，諸侯之不來朝者也。）侯者射
> 堁也，因祭寓意，以爲諸侯之戒。〔註226〕

此指出《大戴記・投壺》與《周官・梓人》文辭相近處。
又云：

> 《曾子制言》曰：良賈深藏如虛，君子有盛教如無。與《史記》老
> 子之言略同。〔註227〕

《史記・老莊申韓列傳》載老子曰：「吾聞之，良賈深藏若虛，君子盛德，容
貌若愚。」《大戴記・曾子制言》乃與此略同。
又云：

> 《說苑》引子思曰：學所以益才也，礪所以致刃也。吾嘗幽處而深
> 思，不若學之速。吾嘗跂而望，不若登高之博見。故順風而呼，聲
> 不加疾而聞者眾。登邱而招，臂不加長而見者遠。故魚乘於水，鳥
> 乘於風，草木乘於時。與《大戴禮》、《荀子・勸學》略同。《隋》《唐
> 志》又有蔡邕《勸學篇》一卷。《易・正義》引之云：鼯鼠五能，不
> 成一伎術。（原注：蔡謨讀《爾雅》不熟，幾爲《勸學》死。謂《勸
> 學篇》也。）《荀子》梧鼠，《大戴》云鼯鼠。蟹六跪二螯，《大戴》
> 二螯八足。〔註228〕

此條則指出《說苑》所引子思之言，與《大戴》、《荀子》略同。又比較蔡邕

〔註225〕《困學紀聞》卷五《禮記》。
〔註226〕《困學紀聞》卷四《周禮》。
〔註227〕《困學紀聞》卷五《大戴禮記》。
〔註228〕同前註。

《勸學篇》與《大戴》、《荀子》引文之異同。

又云：

> 《易本命》篇與《家語》同。但《家語》謂子夏問於孔子。孔子曰：
> 然。吾昔聞老聃，亦如汝之言。子夏曰：商聞《山書》曰云云。《大
> 戴》以子曰冠其首。疑此篇子夏所著，而《大戴》取以爲記。〔註229〕

《家語》或爲王肅所僞，深寧亦知之。〔註230〕前三條所述，但指陳異同，不
復加以論斷。此條則因《大戴·易本命》篇以子曰二字冠其首，《家語》則謂
子夏問於孔子，而疑此篇乃子夏所作，而《大戴》取以爲記。

又云：

> 諸公之地，方五百里，與《武成》《孟子》之言不合。子產曰：列國
> 一同。《孟子》亦曰：魯方百里。《明堂位》乃云魯方七百里。或謂
> 《周官》《明堂位》兼附庸而言。《職方氏》疏云：無功縱是公爵，
> 惟守百里地。謂若虞公虢公，舊是殷之公，至周仍守百里國，以無
> 功故也。愚按：《左氏傳》，虞仲，太王之昭也。虢仲虢叔，王季之
> 穆也。皆周所封，謂舊是殷之公，誤矣。〔註231〕

諸公地大小，諸經所言不同。《周禮·大司徒》之說，與《武成》《孟子》相
差甚遠。而《禮記·明堂位》爲又一說。謂《孟子》據實封言之，《周官》則
兼附庸言之，則說本鄭司農，而王荆公、陸農師、呂東萊皆同其說也。〔註232〕
《職方氏》疏又別出一解，深寧復引《左氏》以正其誤。此條雜引諸經經說
比類而觀，尤見深寧研經主通諸經而合治之，考論異同，以求歸一是。即未
能得一結論，亦指出其異同，以俟知者。

其二曰考流變。深寧於禮舊制，又每重考其古今之流變。蓋禮有因革，
時有更易，禮亦從之，即其名義亦往往隨之而異。深寧著眼於此，一則由其
治經辨異同之方法演申而來，再則亦與其主禮因時制宜以爲用之意見有關。
其實即是以史學方法以治經也。如考樂名歷代之異稱，云：

> 樂名，周以夏，宋以永，梁以雅，周隋以夏，唐以和，本朝以安。
>
> 〔註233〕

〔註229〕《困學紀聞》卷五《大戴禮記》。
〔註230〕參《漢藝文志考證》卷四。
〔註231〕《困學紀聞》卷四《周禮》。
〔註232〕參翁注引《周禮訂義》陳及之說。
〔註233〕《困學紀聞》卷五《樂》。

又云：

> 《理道要訣》云：周人尚以手搏食，故《記》云：共飯不澤手。蓋
> 弊俗漸改未盡。今夷狄及海南諸國，五嶺外人皆以手搏食，豈若用
> 匕筯乎。三代之制，祭立尸，自秦則廢。後魏文成時，高允獻書云：
> 祭尸久廢，今俗父母亡，取狀貌類者爲尸，敗化黷禮，請釐革。又
> 《周》《隋·蠻夷傳》：巴梁間爲尸以祭。今郴道州人祭祀，迎同姓
> 伴神以享，則立尸之遺法。乃本夷狄風俗，至周未改耳。以人殉葬，
> 至周方革，猶未能絕。（原注：秦穆公、魏顆之父、陳乾昔。）今戎
> 狄尚有之，中華久絕矣。〔註234〕

此條考古今禮俗之變。禮有因革，所因者未必是，所革者亦未必非。深寧所
舉以手搏食、爲尸以祭、以人殉葬之三事，或原爲弊俗，中國已廢，而尚存
於夷狄；或本於夷狄風俗，漸革而始絕。此種考證可謂大有功於政教風俗。
乃知徒爲稽考古禮而務求復古，有時竟不免驅中華而爲夷狄。然則此種考證，
亦可謂有出於純粹考據之外之意存焉，此則非專事考據，而尤非專主復古者
之所知也。

又云：

> 古者國有閒田，田有餘夫，夫有閒民，民有羨卒，不盡財力也。至秦
> 而自實田，至漢而覈田，至隋而閱丁口，至唐而括逃戶隱田。〔註235〕

此條歷述古今戶口田畝之制，雖未及瑣細之節目，而演變之大趨已在是。古
制疏，故有閒田餘夫閒民羨卒，蓋不盡民之財力，使其更有自由之餘裕。後
代之制益密，故窮民力而使其無樂生之心矣。此條之所考，竟可謂即寓有極
深刻之政治理論。故不知有史，徒事論經，皆不能眞有知於深寧之學。

又云：

> 鹽鹽引池而化。《山海經》：鹽販之澤。《穆天子傳》：至于鹽，晉郇
> 瑕氏之地，而猗頓用是起者也。散鹽煮水而成。《夏書》青州之貢，
> 《職方》幽州之利，齊之渠展，燕之遼東，而宿沙初作者也。形鹽
> 掘地以出之，周公閱所云鹽虎形也。飴鹽於戎以取之，伊尹所云和
> 之美者，大夏之鹽也。後周四鹽之政倣此。古者川澤之饒，與民共
> 之。自《海王》之篇，祁望之守，作俑于齊，至漢二十倍於古。考

〔註234〕《困學紀聞》卷五《禮記》。
〔註235〕《困學紀聞》卷四《周禮》。

之《漢志》，鹽官三十有五。唐有鹽之縣一百五。本朝鹽所出者十二路，爲池二，爲監七，爲場二十二，爲井六百有九，法益詳而利無遺矣。〔註236〕

此考《天官》四鹽之義及其所出，又考歷代鹽官之制。謂古者川澤之饒，與民共之，而自《海王》之篇，祁望之守，公立官以專山澤之利，乃不與民共，愈後而法益詳而利無遺矣。此條之所考，亦深寧論政之一意見也。

又云：

《萍氏》幾酒，猶妹土之誥也。禹惡旨酒。《易・未濟》之終，以濡首爲戒。曷嘗導民以飲，而罔其利哉。初榷酒酤，書於《漢武紀》，其流害萬世，甚於魯之初稅畝。〔註237〕

以榷酒酤爲流害萬世，此意蓋本於呂東萊。東萊云：「周公作《酒誥》，其刑之重，恐人沈湎浸漬，傷德敗性。至於《周官》之禁酒，皆此意。及漢文帝爲酒酺，景帝以歲旱禁民酤酒，蓋恐耗靡米穀，民食不足，此猶有重本抑末之意。及宏羊建榷酒之利，設心大不同，不過私家不敢擅利，公家卻自專其利耳。古者惟恐人飲酒，至後來惟恐人不飲酒。」〔註238〕東萊亦以史學名家，故歷述古今之異，可謂確實。而深寧此條則列舉諸經以爲證，其意亦論治道。

又云：

王有三朝：一曰治朝，在路門之外，宰夫司士掌之。二曰燕朝，在路門之內，大僕掌之。三曰外朝，在皋門之內，庫門之外，朝士掌之。（原注：內朝二，外朝一。）《唐六典》：承天門，古之外朝。太極殿，古之中朝。兩儀殿，古之內朝。〔註239〕

閻百詩云：「此則蔡氏《書傳》外朝在路門外，內朝在應門內之說全非。」〔註240〕其實深寧此條亦未必意在糾《書傳》之誤。唯言古制，則求貫通於後代之制，此則深寧融匯經史以爲學之旨也。

又云：

鄭司農注肅拜，但俯下手，今時撎是也。項氏云：古之拜，如今之揖，折腰而已。介胄之士不拜，故以肅爲禮，以其不可折腰也。其

〔註236〕《困學紀聞》卷四《周禮》。
〔註237〕同前註。
〔註238〕參翁注引。
〔註239〕同註236。
〔註240〕見翁注引。

儀特斂手向身，微作曲勢，此正今時婦人揖禮也。漢時婦人之拜，不過如此。或謂自唐武氏始尊婦人，不令拜伏，誤矣。周天元令婦人拜天臺，作男子拜。則雖虜俗，婦人亦不作男子拜也。《內則》，尚右手者，言斂手右向，非若今用手按膝作跪也。男之尚左亦然。（原注：今考太祖問趙普拜禮，何以男子跪，而婦人不跪。普問王貽孫，對曰：《古詩》，長跪問故夫，婦人亦跪也。唐武后時，婦人始拜而不跪。普問所出，對曰：唐張建章《渤海記》備言之。）〔註241〕

此考古人之拜，即後人之揖。又考婦人無拜伏之禮，與男子不同。朱子亦嘗釋之，以爲古者婦人首飾盛多，如副笄六珈之類，自難以俯伏地上。可謂確解。〔註242〕

又云：

貨賄用璽節。注：今之印章也。《司市》注云：如今斗檢封。《職金》云：楬而璽之。《左傳》，季武子使公冶問璽書，追而與之。《戰國策》：欲璽者，段干子也。蔡邕《獨斷》云：古者尊卑共用之。衛宏云：秦以來天子爲璽，又獨以玉爲之，臣下莫敢用。唐又改璽爲寶。〔註243〕

此條亦兼采經史，以考古人尊卑皆可用璽，自秦始由天子專之。若以上數條，考內外朝、考拜禮、考印璽，則與治道無甚大干涉，而似純爲一種博聞之學。然即此亦足徵其就一主題貫串經史廣求佐證，以考鏡古今流變之一方法。而此種治學特色，其後尤多見於顧亭林《日知錄》。故清儒之言考證推本於亭林，雖亦有徵，然若上溯其源，實出於宋儒也。

其三曰輯佚篇、校異文。此亦後來言考據者特所重視者，深寧亦已先開之；其於諸經，皆有成績。上文所舉《踐阼》篇一條，實即輯佚也。《紀聞》又一條云：

《藝文志》謂之《禮》古經，未有《儀禮》之名。張淳云：疑後漢學者，見十七篇中有儀有禮，遂合而名之。孔壁古文多三十九篇，康成不注，遂無傳焉。（原注：謂古文作某者，即十七篇古文也。《論衡》以爲宣帝時，河內女子壞老屋，得佚《禮》。恐非。）天子巡狩禮、朝貢禮、王居明堂禮、烝嘗禮、朝事儀，見于《三禮》注。學

〔註241〕《困學紀聞》卷四《周禮》。
〔註242〕參翁注引閻百詩說。
〔註243〕同註241。

禮見于《賈誼書》。古大明堂之禮，見于蔡邕論。雖寂寥片言，斷圭
碎璧，猶可寶也。〔註244〕

此條考《儀禮》書名之後出。又述諸書所引逸《禮》，以爲雖片言猶可寶。唯
朝事儀與賈誼引學禮分見《大戴記・朝事》、《保傅》篇；古大明堂之禮，蔡
邕亦明言《禮記》，皆非逸《經》，深寧殆失考矣。〔註245〕此說又見於深寧《漢
書藝文志考證》卷二，而略有異同。《漢志考證》述逸《禮》，尚多出《月令》
注疏、《詩・泉水》注疏所引中霤禮，《通典》所引《本命》篇，《荀子》所引
《聘禮志》，又有《奔喪》、《投壺》、《遷廟》、《釁廟》、《曲禮》、《少儀》、《內
則》、《弟子職》諸篇，見《大》《小戴》及《管子》。至《紀聞》此條，則盡
行刪去。《漢志考證》書成於何年，今亦無可考，要當在《紀聞》前，則無可
疑。今《紀聞》又一條云：

《三禮義宗》云：《儀禮》十七篇，吉禮三，凶禮四，賓禮三，嘉禮
七，軍禮皆亡。《禮器》注：《曲禮》謂今《禮》也。即指《儀禮》。
而《儀禮》疏云：亦名《曲禮》。朱文公從《漢書》臣瓚注，謂《儀
禮》乃經禮也。曲禮皆微文小節。如今《曲禮》、《少儀》、《內則》、
《玉藻》、《弟子職》，所謂威儀三千也。逸《禮》中霤在《月令》注
疏。《奔喪》、《投壺》，《釋文》引鄭氏云：實《曲禮》之正篇。又《遷
廟》、《釁廟》，見《大戴記》，可補經禮之闕。〔註246〕

全謝山謂吳草廬所輯《儀禮逸經》十八篇，蓋本於此。〔註247〕大抵深寧晚歲
改從朱子分經禮曲禮爲二，故於《大》《小戴》等之所載，乃謂可補經禮之闕，
而不直認爲是古經之逸篇也。

又一條云：

《春秋正義》引《辨名記》云：倍人曰茂，十人曰選，倍選曰儁，
千人曰英，倍英曰賢，萬人曰桀，倍桀曰聖。《禮記正義》引之，以
爲蔡氏。《白虎通》引《禮別名記》曰：五人曰茂，十人曰選，百人
曰俊，千人曰英，倍英曰賢，萬人曰桀，萬桀曰聖。蓋《禮記》逸
篇也。〔註248〕

〔註244〕《困學紀聞》卷五《儀禮》。
〔註245〕參翁注引閻百詩說。
〔註246〕同註244。
〔註247〕見翁注引。
〔註248〕《困學紀聞》卷五《禮記》。

此條考《禮記‧辨名記》之爲逸篇。

　　又云：

　　　　《家語‧終記》云：泰山其頹，則吾將安仰。梁木其壞，吾將安仗。
　　　　喆人其萎，吾將安放。《檀弓》無吾將安仗四字。或謂盧陵劉美中家
　　　　古本《禮記》，梁木其壞之下，有則吾將安仗五字。蓋與《家語》同。
　　　　〔註249〕

此據《家語》所引並劉美中家藏古本《禮記》，疑《檀弓》有脫文。此於輯佚
文外，又兼及板本之校勘也。

　　又云：

　　　　《曲禮》，隋王劭勘晉宋古本，皆無稷曰明粢一句。立八疑十二證，
　　　　以爲無此一句。〔註250〕

此條蓋直錄《曲禮‧正義》文，亦據古本以爲說。

　　又云：

　　　　公孫宏云：好問近乎知。今《中庸》作好學。〔註251〕

公孫宏引《中庸》語，見《漢書‧本傳》。此條亦是校異文。

　　又云：

　　　　魚上冰，《夏小正》曰：魚陟負冰。（原注：陟，升也。負冰云者，
　　　　言解蟄也。）《淮南》曰：魚上負冰。（原注：注，鯉魚應陽而動，
　　　　上負冰也。）《鹽石新論》謂《小戴》去一負字，於文爲闕。然《時
　　　　訓》與《月令》同，《呂氏春秋》亦無負字。〔註252〕

《鹽石新論》爲宋吳仁傑所撰。彼據《大戴記‧夏小正》及《淮南‧時則訓》
謂《小戴‧月令》闕負字。深寧則考《逸周書‧時訓》與《呂氏春秋》皆與
《月令》同，則未必有脫文也。

　　又云：

　　　　《大學章句》：咏歎淫液。刊本誤爲淫泆。〔註253〕

咏歎淫液四字蓋本《樂記》，深寧據之指出朱子《大學章句》刊本誤字。深寧
之校勘異文，亦由其注重辨諸書異同之方法發展而來，其實皆一學也。

〔註249〕《困學紀聞》卷五《禮記》。
〔註250〕同前註。
〔註251〕同前註。
〔註252〕同前註。
〔註253〕同前註。

其四則曰辨僞之學。疑經雖不始於宋人，然此風至宋而特盛。下逮清儒，所造益深，若閻潛邱之辨古文《尙書》，胡朏明之辨《易》圖，其成績皆斐然可觀。諸經之中唯《三禮》之眞僞，爭議尤多，以其爲書未必成於一時一手故也。深寧考證之學，於此一環，亦知注意，嘗著《漢書藝文志考證》十卷，乃專就目錄學立場爲之考，其中亦多辨僞之說。《紀聞》一書，非專爲辨僞而作，然偶有所涉，亦見其爲學途徑涵蓋之廣大也。今亦拈數例以明之。

《紀聞》云：

> 《考工記》，或以爲先秦書。而《禮記正義》云：孝文時求得《周官》，不見《冬官》一篇，乃使博士作《考工記》補之。馬融云：孝武開獻書之路，《周官》出於山巖屋壁。《漢書》謂河閒獻王得之，非孝文時也。《序錄》云：李氏上五篇，失《事官》一篇，取《考工記》補之。《六藝論》云：壁中得六篇。誤矣。齊文惠太子鎮雍州，有盜發楚王冢，獲竹簡書，青絲編簡，廣數分，長二尺。有得十餘簡以示王僧虔。僧虔曰：是科斗書《考工記》，《周官》所闕文也。漢時科斗已廢，則記非博士所作也。易氏云：《考工記》非周書也。言周人上輿，而有梓匠之制。言周人明堂，而有世室重屋之制。言溝洫澮川，非遂人之制。言旌旗旂旐，非大司馬司常巾車之制。眡周典大不類。〔註254〕

此考《周官》一書，出於河間獻王時，又據《南齊書》所載，證《考工記》爲先秦之籍。又就其內容比觀，疑《考工記》與《周官》非一書。其所考，皆可謂信而有徵。至於《周官》一書，鄭康成以爲周公所作，然自漢以下，疑之者眾。宋人疑者益多。唯深寧《漢志考證》引朱子言，以爲廣大精微，周家之法度在焉。〔註255〕故亦不復深究。唯《紀聞》一條云：

> 玩物喪志，召公以爲戒。凡式貢之餘財，以共玩好之用，恐非周公之典。《無逸》曰：惟正之供。〔註256〕

據《書》之所載，疑《天官・大府》所謂「凡式貢之餘財，以共玩好之用」，乃玩物喪志，而爲不正之供，疑非周公之典。又云：

〔註254〕《困學紀聞》卷四《周禮》。
〔註255〕參《漢藝文志考證》卷二。深寧又引馬融云：「成帝命劉歆考理秘書，始得列序著于錄，略知其周公致太平之迹。」
〔註256〕同註254。

《曲禮》：刑不上大夫。《家語》：冄有問刑不上大夫。孔子曰：凡治
君子，以禮御其心，所以屬之以廉恥之節也。其言與《賈誼書》同，
而加詳焉。誼蓋述夫子之言也。《秋官·條狼氏》誓大夫曰鞭，恐非
周公之法。〔註257〕

《曲禮》、《家語》、《新書》皆有刑不上大夫之說，而《秋官·條狼氏》誓大
夫曰敢不關鞭五百，故深寧乃疑其非周公之法。此兩條之所辨亦可謂只就義
理上疑之，唯亦見與《漢志考證》之意見略有不同矣。然深寧終對此問題不
復深辨，故即如《周官·大司徒》謂諸公之地方五百里，明與《孟子》之言
不合之類，亦采後儒之曲釋也。《三禮》之中，深寧疑辨稍多者，厥為《禮記》。
其言云：

道德仁義，非禮不成，至是以君子恭敬撙節退讓以明禮。見《賈誼
新書·禮》篇。劉原父謂若夫坐如尸，立如齊，乃《大戴記·曾子
事父母》篇之辭。若夫二字，失於刪去。然則《曲禮》之所採摭，
非一書也。〔註258〕

朱子已謂《曲禮》乃雜取諸書精要之語集以成編，雖大意相似，而文不連屬。
〔註259〕深寧此條引及《賈誼新書》，是亦以《曲禮》為漢儒所集矣。又云：

古者王司敬民，豈有獻民虜。田以井授，豈有獻田宅。無總于貨寶，
豈有受珠玉。記禮者，周之末造也。〔註260〕

既以《曲禮》為漢儒采摭諸書而成，而此條又辨其所述亦有無當於古制者，
故謂記禮者周之末造也。

又云：

《檀弓》筆力，《左氏》不逮也。於申生杜蕡（原注：《傳》作屠蒯。）
二事見之。致堂胡氏曰：檀弓，曾子門人。其文與《中庸》之文，
有似《論語》。子思檀弓，皆纂修《論語》之人也。〔註261〕

檀弓，孔氏《正義》已謂在六國之時。然此檀弓究是否與修《論語》，實不能
確定。惟指其文與《中庸》為類，則誠有見。至論其筆力勝於《左氏》，則非
關考據。深寧亦嘗謂蘇東坡文學《檀弓》，若此者，則尤非深於文事者不能道，

〔註257〕《困學紀聞》卷五《禮記》。
〔註258〕同前註。
〔註259〕參《朱文公文集》卷五十《答潘恭叔》。
〔註260〕同註257。
〔註261〕同註257。

是可見其辭章之學也。

又云：

> 《禮運》，致堂胡氏云：子游作。呂成公謂蜡賓之歎，前輩疑之，以
> 爲非孔子語。不獨親其親，子其子，而以堯舜禹湯爲小康，是老聃
> 墨氏之論。朱文公謂程子論堯舜事業，非聖人不能，三王之事，大
> 賢可爲。恐亦微有此意。但《記》中分裂太甚，幾以帝王爲有二道，
> 則有病。〔註262〕

此錄呂東萊云云，乃其《與朱子書》語，徵問朱子對此之意見。後段朱子之
言，即其覆東萊語也。朱呂二人辨《禮運》含道墨思想，分帝王爲二道，當
非孔子言，皆甚諦。深寧直錄兩家語，其意見亦可知。

又云：

> 《明堂位》：成王命魯公祀周公以天子之禮樂。《春秋意林》曰：魯
> 之有天子禮樂，殆周之末王賜之，非成王也。魯惠公使宰讓請郊廟
> 之禮於天子。天子使史角往。惠公止之。其後在魯，實始爲墨翟之
> 學。使成王之世，魯已郊矣，則惠公奚請。惠公之請也，殆由平王
> 以下乎。惠公事，見《呂氏春秋・仲春紀》。公是始發此論，博而篤
> 矣。石林、止齋皆因之。〔註263〕

此采劉公是《春秋意林》之說以糾《明堂位》之謬。謂魯之有天子禮樂自惠
公始請，當周之末王，《明堂位》之作者並此而不知，則其爲晚出可知。又云：

> 魯之廟，文世室也。武公之廟，武世室也。按，《春秋》成公六年立
> 武宮。武公非始封之君，毀已久而復立。蓋僭用天子文武二祧之禮。
> 《春秋》之所譏，而《記》以爲禮乎。〔註264〕

謂《明堂位》所記非禮，與孔子《春秋》意不合。又云：

> 《魯世家》：伯禽之孫潰，弑幽公而自立。周昭王之十四年也。諸侯
> 篡弑之禍自此始。《記》謂君臣未嘗相弑，不亦誣乎！太史公曰：揖
> 讓之禮則從矣，行事何其戾也！〔註265〕

《明堂位》謂魯君臣未嘗相弑，蓋於幽公之弑，亦滅裂不知，故深寧以爲誣

〔註262〕《困學紀聞》卷五《禮記》。
〔註263〕同前註。
〔註264〕同前註。
〔註265〕同前註。

也。深寧雖未明指其非先秦舊籍，然於其所載，皆多不信。其後清儒崔東壁《考古續說》亦辨《明堂位》之不足信，論點則與深寧亦同。

又云：

> 《坊記》引《論語》曰：三年無改於父之道。《論語》成於夫子之門
> 人，則《記》所謂子云者，非夫子之言也。〔註266〕

此條則據程子說而來。《坊記》不知何人所作，要之不可認為孔子之言。程子疑其出於漢儒賈誼董仲舒之手，〔註267〕深寧則以其無確據，故不取此說。

又云：

> 《儒行》言儒之異十有七條。程子以為非孔子之言。胡氏謂游夏門
> 人所為。其文章殆與荀卿相類。〔註268〕

此亦就文章之體而觀，謂《儒行》與荀卿為類，則當為戰國以來之作。此種辨偽，誠更眼高一等也。

總之，深寧之治經，皆求義理辭章考據之兼備，此意已申於前數篇，上文復就其言《禮》者述之，以見其於諸經，悉秉此意態以為研治。茲復引《紀聞》兩條，以終斯篇。

> 《周官》：上公九命。《王制》有加則賜不過九。伏生《大傳》謂諸侯
> 三年一貢士。一適謂之好德，再適謂之賢賢，三適謂之有功。有功者，
> 天子一賜以車服弓矢，再賜以秬鬯，三賜以虎賁百人，號曰命諸侯。
> 此言三賜而已。《漢武紀》，元朔元年有司奏議曰：古者諸侯貢士，壹
> 適謂之好德，再適謂之賢賢，三適謂之有功，迺加九錫。九錫始見於
> 此，遂為篡臣竊國之資，自王莽始。《禮緯・含文嘉》，有九錫說，亦
> 起哀平間。飾經文姦，以覆邦家，漢儒之罪大矣。〔註269〕
> 張禹以《論語》文其諛，劉歆以《周官》文其姦，猶以《詩》《禮》
> 發冢也。禹不足以玷《論語》，而以歆訾《周禮》可乎？（原注：西
> 山曰：歆之王田，安石之泉府，直竊其一二以自蓋爾。）〔註270〕

《周官》、《王制》皆有九命之辭，至漢人乃有九錫之說。深寧據伏生《大傳》闢九錫之說，以為飾經文姦，供篡臣竊國之資，其罪甚大。深寧治經重致用，

〔註266〕《困學紀聞》卷五《禮記》。
〔註267〕參見翁注引。
〔註268〕同註266。
〔註269〕同註266。
〔註270〕《困學紀聞》卷四《周禮》。

然用之不以其道，乃至於可覆邦家。然此係後人飾經文姦之過，非經之罪，故張禹之援據《論語》、王莽之引用《周官》，殆猶《詩》《禮》之發冢，不足以爲經之污。經術之明塞，關係至鉅，即此可見。然則深寧治經用心之所在，亦可由此而進窺矣。

第五節　論《春秋》

《太史公‧自序》有言：

> 《春秋》上明三王之道，下辨人事之紀。別嫌疑、明是非、定猶豫，
>
> 善善惡惡、賢賢賤不肖，存亡國、繼絕世，補敝起廢，王道之大者也。

又言「《春秋》辯是非，故長於治人」。又曰「《春秋》以道義。撥亂世、反之正，莫近於《春秋》。《春秋》文成數萬，其指數千，萬物之散聚，皆在《春秋》」。史公發明《春秋》經世之功，可稱明備。宋儒講《春秋》者，始自孫復泰山之《春秋尊王發微》，專用尊王攘夷之旨，蓋亦猶西漢儒者通經致用之意也。同時尹師魯、穆伯長，亦長於《春秋》，稍後若歐陽永叔、司馬君實、劉公是公非兄弟，亦皆嘗治此經。獨王介甫深不喜之，譏爲斷爛朝報。下逮南宋，朱子博通群經，其於《易》《詩》皆有成書，晚歲則刻意修《禮》書，復以《書傳》付蔡沈，而獨於《春秋》未有撰述，並戒學者勿治。然朱子實非卑視《春秋》，乃以《春秋》夷夏義利之大義，已觸時諱，而學者徒以利祿應舉，巧立曲說，專較利害，其爲禍將益烈。其自爲《通鑑綱目》，正爲有得於《春秋》之深旨也。〔註271〕深寧之生也，朱子卒已廿三載，其《紀聞》之作，則成於宋亡以後，去朱子之卒，已近一世紀。其論《春秋》者雖多，固未可以朱子嘗有戒治之語，便指深寧有違其遺教也。今亦就《紀聞》之所述，申言於後。

《紀聞》云：

> 《春秋》之法，韓文公謹嚴二字盡之。學《春秋》之法，呂成公切
>
> 近二字盡之。〔註272〕

〔註271〕《困學紀聞》卷六《春秋》：「王介甫《答韓求仁問〈春秋〉》曰：此經比他經尤難，蓋三傳不足信也。尹和靜云：介甫不解《春秋》，以其難之也，廢《春秋》非其意。朱文公亦曰：《春秋》義例，時亦窺其一二大者，而終不能自信於心，故未嘗敢措一辭。」朱子又嘗謂《春秋》乃學者最後事。由是觀之，非惟朱子不主廢《春秋》，即王介甫亦決無此意也。朱子論《春秋》之意見亦甚多，參見《朱子新學案》第四冊《朱子之春秋學》。

〔註272〕《困學紀聞》卷六《春秋》。

《春秋》道人事，而欲明人事則須切近以求。東萊以史學名家，尤精於《左氏》。謂學《春秋》須切近看事，方會長進，乃舉楚史皇之言，判其爲半正半邪，而其人終不免與李林甫盧杞罪同一等，可爲學者深戒。〔註273〕然則其意亦不外明事理、辨人心之兩端。而事理之明則緣人心之判，苟知人心之正邪，然後事理之是非可見，此即所謂切近以求之旨。孔子曰：「我欲載之空言，不如見之於行事之深切著明也。」〔註274〕唯孔子於《春秋》，筆則筆、削則削，游夏之徒不能贊一辭。故韓文公以爲其法謹嚴。正唯其謹嚴，故須就其所載之事切近以求，舍此莫能明其義也。何謂謹嚴之法？深寧云：

> 或求名而不得。如向戌欲以弭兵爲名，而宋之盟，其名不列焉。或欲蓋而名章。如趙盾僞出奔，崔杼殺太史，將以蓋弒君之惡，而其惡益著焉。推此之類言之，可見謹嚴之法。求名非謂齊豹，名章不止三叛。〔註275〕

孔子重正名，曰「名不正則言不順，言不順則事不成」。《春秋》之法所以謹嚴者，特在正名之一義耳。欲求之而不得，欲蓋之而彌章。若趙盾弒其君，《左氏》以爲越境乃免，歐陽永叔已辨其謬。〔註276〕亡不越境，反不討賊，正見其爲僞出也。夫子辨其心迹，就其實而正其名，然後是非予奪可以得其公。故學《春秋》之法，莫若切近以求者，其要首在辨人心；而《春秋》之義，載於行事，亦不能離於事外而求人心之可辨可明也。深寧乃本此旨而論齊桓晉文之正譎，云：

> 李氏詔《世紀》云：桓公會不逾三川，盟不加王人。文公會畿內，盟虎牢矣。桓公寧不得鄭，不納子華，懼其獎臣抑君。文公則爲元咺執衛侯矣。此夫子所以有正譎之辨。〔註277〕

又云：

> 狐偃曰：求諸侯莫如勤王。荀或以此勸曹操迎獻帝，豈誠於爲義者。故曰譎而不正。《淮南》之書，謂晉文得之乎閨內，失之乎境外，非

〔註273〕說見翁注引呂成公《左氏傳說》卷十八《定公》。
〔註274〕《困學紀聞》卷六《春秋》一條云：「《孟子題辭》：仲尼有云，我欲託之空言，不如載之行事之深切著明也。《太史公‧自序》：聞之董生曰：子曰，我欲載之空言，不如見之於行事之深切著明也。《正義》云：此《春秋緯》文。愚謂緯書起哀平間，董生時未有之，蓋爲緯書者述此語耳。」
〔註275〕《困學紀聞》卷六《左氏》。
〔註276〕參《歐陽文忠公集》卷十八《春秋論上》。
〔註277〕《困學紀聞》卷六《春秋》。

也。辰嬴之事，閨內之法安在哉？《詩》如《衛風・木瓜》，猶美齊

桓，而《唐風》不錄晉文，亦以是夫？〔註278〕

孔子謂晉文公譎而不正，齊桓公正而不譎。宋儒沿孟荀尊王賤霸之義說之，謂桓文心皆不正，惟桓為彼善於此。清儒反其說，謂譎者權詐，詐乃惡德，而權則亦為美德。晉文能行權，不能守經，齊桓能守經，不能行權，正是各有長短。然譎即不正，正斯不譎，則《論語》本文顯有桓勝於文之意。〔註279〕深寧據《春秋》經傳桓文之事辨二人之正譎，即就其迹以論其心，則於孔子之言，可得確解。斯為深寧以經證經之法，亦東萊切近以求之旨也。又一條云：

介之推曰：身將隱，焉用文之。君子之潛也，名不可得聞。先儒謂

召平高於四皓，申屠蟠賢於郭泰。〔註280〕

召平四皓申屠郭泰，四者皆有高賢名，而四皓有南山之應徵，郭泰則名在八顧，猶不若彼二者之為愈。〔註281〕斯則辨心迹至於最隱微處矣。

孔子辨其心而載其迹，正其名而見其義，此其所以謹嚴，亦所以深切著明也。惟其謹嚴而深切著明，故《春秋》作而亂臣賊子懼。深寧云：

鶴山曰：《春秋》由懼而作，書成而亂賊懼。亂賊蓋陷溺之深者，而

猶懼焉，則人性固不相遠也。其說本於呂成公《講義》。〔註282〕

《紀聞》書中每考索前人言語之所本，貌若考證，其實多取其義理，如前文所舉考劉玄德「勿以善小不為，勿以惡小為之」所出之類是也。此條亦其例。其實孔子之懼與亂賊之懼非可倫比，惟亂賊尚且知懼，則見人性之皆可以為善。人性之皆有此善，則義理之在人心終不可泯，而人心猶可正，故深寧又云：

晉自武獻以來，以詐力疆其國，故《傳》曰：晉人虎狼也。晉人無

信。晉所以霸，師武臣力也。《春秋》書晉人納捷菑于邾，弗克納。

晉士匄帥師侵齊，至穀，聞齊侯卒乃還。此《孟子》所謂彼善於此

者，君子與之。義理之在人心，不可泯也。《剝》之上九，一陽尚存。

《春秋》之作，見人心之猶可正也。〔註283〕

〔註278〕《困學紀聞》卷六《左氏》。

〔註279〕說據錢賓四師《論語新解》。

〔註280〕同註278。

〔註281〕萬蔚亭《集證》云：「《廣韻》十六《蒸》應字下云：漢有應曜，隱於淮陽山中，與四皓俱徵，曜獨不至。時人語曰：南山四皓，不如淮陽一老。應劭其八代孫也。召平當以應曜易之。」按，萬說是也。

〔註282〕《困學紀聞》卷六《春秋》。

〔註283〕同前註。

孟子道性善，乃就人之本然共同之性而言，故曰「乃若其情，則可以爲善矣，乃所謂善也。若夫爲不善，非才之罪」。人性之本善，斯人心之可正。使人性本惡，其善者僞，則後天所制之禮義終有不行之時，何從而求此一陽之復？《荀子》性惡論之缺點正在此。孔子之懼，唯在此義理之泯，而亂臣賊子之知懼，亦正見此義理之終不滅，而人心之終可挽。《紀聞》又云：

> 甯殖愧諸侯之策，賈充憂謚傳，其惡不可掩也。是以知可欲之謂善。

〔註284〕

甯殖猶能知愧，賈充尙知憂謚，以彼輩亦知惡之不可掩，而終見其所作爲不可欲矣。此條亦綜舉經史例證以闡發孟子之義。惟人性皆善，則此等惡人亦終有所愧有所懼，故曰「撥亂世，反之正，莫近於《春秋》」也。

《春秋》之撥亂反正，則唯在正名定分。深寧云：

> 《春秋》以道名分，其特書皆三綱之大者。曰成宋亂，以宋督弗討而貨賂是取也。曰宋災故，以蔡般弗討而細故是卹也。曰用致夫人，以嫡妾無辨，而宗廟之禮亂也。曰大夫盟，以君弱臣彊，而福威之柄移也。吁，其嚴乎！〔註285〕

此發揮《春秋》之特書皆爲三綱之大者，以見其嚴名分。嚴其名分，然後天理可明，而人倫亦因之以正。故又云：

> 明天理，正人倫，莫深切於《春秋》。三忠臣書及，而爲義者勸焉。三叛人書名，而不義者懼焉。書克段、許止，而孝弟行矣。書仲子成風，而綱常立矣。書郜鼎、衛寶，而義利辨矣。書遇于清、會于穀，而亂賊之黨沮矣。〔註286〕

深寧身當易代之際，所謂晚遇屯屯，故於《春秋》明天理、正人倫之義尤三致其意。而天理人倫之在深寧當世，則莫過於夷夏君臣之辨。故又云：

> 陳同甫《春秋屬辭》：公會戎于潛。公及戎盟于唐。曰：聖人不與戎狄共中國，故中國不與戎狄共禮文。齊侯使其弟年來聘，鄭伯使其弟語來盟。曰：諸侯以國事爲家事，聖人以國事爲王事。鄭世子忽復歸于鄭。許叔入于許。曰：不能大復國于諸侯，則力不足以君國。不能公復國于諸侯，則義不足以有國。公如齊納幣。大夫宗婦覿用

〔註284〕《困學紀聞》卷六《左氏》。
〔註285〕《困學紀聞》卷六《春秋》。
〔註286〕同前註。

幣。曰：父子之大義，不以夫婦而遂廢。夫婦之常禮，不以強弱而
有加。鄭伯逃歸不盟。鄭伯乞盟。曰：去就不裁於大義，則舉動無
異於匹夫。宋公會于盂。戰于泓。曰：與夷狄共中國者，必不能與
夷狄爭中國。盟于翟泉。晉人秦人圍鄭。曰：銳於合諸侯者，必有
時而惰。工於假大義者，必有時而拙。狄圍衛，衛遷于帝邱。衛人
侵狄，衛人及狄盟。曰：避夷狄之兵，以見小國之無策。要夷狄之
好，以見中國之無霸。遂城虎牢。戍鄭虎牢。曰：公其險於天下，
所以大霸者制敵之策。歸其險於一國，所以成霸者服叛之功。城杞。
城成周。曰：大夫之於諸侯不自嫌，則列國之於王室何以辨。其發
明經旨簡而當。〔註287〕

《龍川集》有《春秋屬辭》三卷，葉水心稱其書放今世經義破題，乃昔人連
珠急就之比，而寄意尤深遠。〔註288〕龍川嘗與朱子爭辨義利王霸，以爲不應
將漢唐擯於道統之外。龍川之所辨，不爲無理。而朱子終不以爲然。深寧此
條所取，特多其闡發有關夷夏之義者，而甚稱許焉。《紀聞》又一條云：

書狄入衛，書楚子入陳，不忍諸夏見滅於夷狄，故稱入焉。書吳入
郢。楚昭出奔，猶有君也；申包胥求救，猶有臣也，故不言楚。書
於越入吳。國無人焉，如升虛邑，故言吳。〔註289〕

此條何義門批註云：「其意蓋深痛乎伯顏之入臨安也。然于《春秋》之旨亦密。」
〔註290〕《紀聞》書中屢寓身世之痛，全謝山於此發明甚多，說詳後文第四章。
義門此所指陳，要亦可見深寧之所爲非僅爲一種純考古之研究也。又一條云：

溴梁之盟，大夫無君。申之會，諸侯皆狄。春秋之大變也。有雞澤
之盟，而後有溴梁之盟。有宋之盟，而後有申之會。君臣夷夏之分，
謹其微而已。〔註291〕

此條則沿孫泰山《尊王發微》而來。〔註292〕泰山於宋初倡尊王攘夷，深寧於

〔註287〕《困學紀聞》卷六《春秋》。
〔註288〕見翁注引葉水心《書龍川集後》。
〔註289〕同註287。
〔註290〕見翁注引。
〔註291〕同註287。
〔註292〕孫泰山《春秋尊王發微》云：「襄公三年，雞澤之會，叔孫豹及諸侯之大夫盟。
　　　　言諸侯之大夫。十六年，溴梁之會，直曰大夫盟。不言諸侯之大夫者，雞澤
　　　　之會，諸侯失政也。至於溴梁之會，則又甚矣。溴梁之會，政在大夫也。不
　　　　言諸侯之大夫者，大夫無諸侯故也。」說見翁注引。

宋社既屋之後言君臣夷夏之分，雖一主保守，一欲光復，而其精神則固先後相接也。深寧又曰：

> 諸侯之主盟，自齊桓始也。北杏、鄄之會，魯不至。及幽之盟而始會焉；則魯不亟於從霸也。夷狄之主盟，自楚靈始也。申之會，魯不至。及蓬啓疆之召，而後加楚焉；則魯不亟於從狄也。故曰，魯一變，至於道。〔註293〕

謂魯不亟於從霸，不亟於從狄，以見違道之未遠，說蓋本於陳止齋。此說未得其實，全謝山已辨之。〔註294〕然將此條與上引陳同甫《春秋屬辭》一條並觀，當知深寧之有取於浙學永康永嘉諸儒者，乃在此而不在彼也。又云：

> 衛人立晉，不稱公子者，宣公淫亂，此狄入衛之兆也。居中國，去人倫，變華而狄，以滅其國，東徙渡河，終不復還舊封。《詩》以《鶉之奔奔》在《定之方中》之前，其戒深矣。故於晉始立名之。〔註295〕

何義門謂此論甚嚴，是也。以為去人倫而行淫亂，未有不至於殺身敗家而亡其國者。故知深寧論史之必重風俗，論人之必辨君子小人，尤張廉恥，莫不皆由時世之創痛有以導之也。深寧又曰：

> 氣志有交勝之理，治亂有可易之道，故君相不可以言命。多福自我求，哲命自我貽，故聖賢可以言天。天者理而已。以萇宏為違天，是人臣不當扶顛持危也。以楚克有陳為天道，是夷狄可以猾夏亂華也。（原註：趙氏震揆曰：《左氏》之害義，未有甚於記女寬之論萇宏也。自昔聖賢，未嘗以天廢人。殷既錯天命，王子則曰自靖自獻。周天命不吳，大夫則曰黽勉從事。治亂安危，天之天也。危持顛扶，人之天也。以忠臣孝子為違天，則亂臣賊子為順天矣，而可哉？）〔註296〕

〔註293〕《困學紀聞》卷六《春秋》。
〔註294〕陳止齋《春秋後傳》云：「莊十年，齊師宋師次于郎，桓公所甚汲汲也。苟不得魯，不可以合諸侯。宿師于郎，將以詛魯爾。而北杏之會不至，鄄會不至，則猶未得志於魯也。不苟于從齊，是人心猶有周也。不苟於從楚，是人心猶有晉也。魯一變，至於道，孔子所以有志於魯也。」全謝山云：「此亦未審情事之言。齊襄殺魯桓，而魯莊尚從之，安在齊桓之霸而反不從乎。特以乾時長勺乘邱之怨未平，故勿遽耳。以楚師伐齊取穀，魯僖從楚在從晉之先，安在其不急於從狄。申之會，特畏晉不至耳。」翁元圻亦云：「《左傳》成四年，欲求成於楚而叛晉，若非季文子非我族類之言，則魯之從楚久矣。」陳全二說並見翁注引。
〔註295〕同註293。
〔註296〕《困學紀聞》卷六《左氏》。

天即理，乃朱子說。惟深寧此條所論，非關天道，祗就人事上說。治亂興亡皆有其所以然之故，易言之，皆有其理之可尋。其實國之至於覆亡，不可專諉過於天，故曰君相不可以言命。既曰治亂有可易之道，則行道仍在人，故扶危持顛，仍在人臣之志氣，故又曰自求多福，我貽哲命。惟聖賢知此理，故可以言天。是以《左氏》以萇弘爲違天，而深寧特引趙氏之言，斥爲害義之最甚者。太史公言明天人之際，通古今之變，觀夫深寧此論，知其於此亦有深造也。此是深寧論史極深刻處。其爲學用心之所在，亦當由此而窺入也。

《紀聞》又云：

> 《春秋繁露》曰：春秋甚幽而明，無傳而著。又曰：《易》無達吉，《詩》無達詁，《春秋》無達例。陸農師稱之。又曰：不由其道而勝，不如由其道而敗。攻媿謂眞得夫子心法。〔註297〕

既以治亂安危爲天之天，扶危持顛爲人之天，則人之所爲，當唯道是從，不應以成敗論其是非得失也。故欲挽人心而使之正，必先明義利之辨。宋儒盛推董仲舒正其誼不謀其利、明其道不計其功之對。深寧此處復引樓攻媿所稱不由其道而勝，不如由其道而敗之一語，以爲得夫子之心法。自靖自獻、黽勉從事，以期乎危之能持、顛之可扶，此人臣所當由之道。爲學實亦應明此道、正此誼，至於成敗得失，則是天之天，有所不必問者矣。觀夫此，則深寧對浙東史學功利之說，其意見亦不待細辨而可知也。

深寧又云：

> 桓以許田賂鄭，宣以濟西賂齊，身爲不義，而以賂免。取宋郜鼎，納莒僕寶玉，人欲橫流，天理滅矣。末流之敝，貨范鞅而昭公不入矣，竊寶弓而盜臣肆行矣，受女樂而孔子遂去矣。三叛人以邑來，知利而不知義矣。孟子是以有不奪不饜之戒。〔註298〕

宋儒辨王霸乃從爲政者之心術立說，故必先辨義利，而義利之分，則在理欲之別。若朱子與陳龍川之爭辨，雙方立場本不同。朱子乃就人之心性修養上立言，亦即就心術上說，而龍川則就歷史時會之演進上發論。〔註299〕唯朱子必深斥之，蓋任人欲以滅天理，只計較眼前之利，其利亦何可久？《易》曰繼之者善，安有不善而可繼者乎？是故知利而不知義，其末流之敝，將有不

〔註297〕《困學紀聞》卷六《春秋》。
〔註298〕同前註。
〔註299〕說參《宋明理學概述》第二十六節。

可勝言者矣。深寧又云：

> 孫明復《春秋總論》曰：《周禮》九命作伯，得專征諸侯，《孟子》所
> 謂五霸也。李泰伯《常語》、司馬公《迂書》，皆用此說。《通鑑》謂
> 王霸無異道，先儒非之。愚按，五伯見《左傳》成二年。杜氏註云：
> 夏伯昆吾，商伯大彭、豕韋，周伯齊桓、晉文。以霸爲伯可也，而非
> 《孟子》則過矣。邵子於五霸，取秦穆、晉文、齊桓、楚莊。〔註300〕

此條考五霸之有兩說，一爲三代之伯，一爲春秋之伯，〔註301〕而謂可以霸爲
伯，而不可以王霸爲無異道。深寧此兩條之所述，皆可謂承程朱之義而來，
乃宋儒論史之正論也。

至《春秋》之有三傳，其長短得失，後儒爭議尤多。深寧已嘗引董仲舒
言《春秋》甚幽而明，無傳而著。又云：

> 《穀梁傳·序》：凡傳以通經爲主。經以必當於理。夫至當無二，
> 而三傳殊說，庸得不棄其所滯，擇善而從乎。《孝經·序》襲其語。
> 〔註302〕

經必當於理，故程明道言由經窮理，亦即因經以明道之意。古經難明，則端
賴後人之傳說，至於諸傳殊說，則當擇善而從。然則究當緣何標準而爲之去
取？此非轉似胸中先具此理，然後始能爲之判別乎？又一條云：

> 文公二年，公子遂如齊納幣，譏喪娶也。娶在三年之外，則何譏乎喪
> 娶？三年之內，不圖婚娶者，大吉也，非常吉也。其爲吉者主於己，
> 以爲有人心焉者，則宜於此焉變矣。公羊子之言，天理民彝之正也。
> 左氏以爲禮以爲孝，其害教最甚。杜氏謂諒闇既終，嘉好之事，通於
> 外內。其悖理又甚焉。《中庸》曰：三年之喪，達乎天子。《孟子》曰：
> 三年之喪，自天子達於庶人。左杜而忘諸乎。杜預在晉議太子之服，
> 謂周公不言高宗服喪三年，而云諒闇，此服心喪之文也。叔向不譏景
> 王除喪，而譏其宴樂已早，明既葬應除，而違諒闇之節也。司馬公以
> 爲巧飾經傳，以附人情。（原註：預但知春秋衰世之禮，而未知先王

〔註300〕《困學紀聞》卷六《春秋》。
〔註301〕閻百詩云：「杜註五伯，本服虔來，見《毛詩疏》。此三代之五伯也。」趙岐
　　　　註《孟子》五霸，謂齊桓、晉文、秦繆、宋襄、楚莊。顧亭林則謂言三代之
　　　　五伯，當如杜氏之說；言春秋之五伯，當如趙氏之說，列越王勾踐而去宋襄。
　　　　參翁注引。
〔註302〕《困學紀聞》卷七《穀梁》。

制禮之本也。《公羊》長於《左氏》，此其一端也。）〔註303〕

此條辨三年之喪，乃據《孟子》《中庸》以議《左氏》之失，以爲不如《公羊》之正。則其所以據以爲判之理，亦由經義而得。故清儒言非以經釋經，則無由證傳注之失，深寧亦已先爲之矣。然即此知深寧之意，但謂三傳有長短，而決不主偏廢之也。《紀聞》云：

> 三傳皆有得於經而有失焉。《左氏》善於禮，《公羊》善於讖，《穀梁》善於經，鄭康成之言也。《左氏》豔而富，其失也巫；《穀梁》清而婉，其失也短；《公羊》辨而裁，其失也俗；范武子之言也。《左氏》之義有三長，二傳之義有五短，劉知幾之言也。《左氏》拘於赴告，《公羊》牽於讖緯，《穀梁》窘於日月，劉原父之言也。《左氏》失之淺，《公羊》失之險，《穀梁》失之迂，崔伯直之言也。《左氏》之失專而縱，《公羊》之失雜而拘，《穀梁》不縱不拘，而失之隨，晁以道之言也。事莫備於《左氏》，例莫明於《公羊》，義莫精於《穀梁》；或失之誣，或失之亂，或失之鑿；胡文定之言也。《左氏》傳事不傳義，是以詳於史而事未必實；《公羊》《穀梁》傳義不傳事，是以詳於經而義未必當；葉少蘊之言也。《左氏》史學，事詳而理差；《公》《穀》經學，理精而事誤；朱文公之言也。學者取其長，舍其短，庶乎得聖人之心矣。啖趙以後，憑私臆決，甚而閣束三傳，是猶入室而不由戶也。〔註304〕

此條歷述古今論三傳得失之說，可稱詳備。諸家爲說各有所窺，深寧謂於三傳當取長舍短，其實於此眾說，亦應兼取其長也。總之深寧決不主偏廢，故謂舍三傳而學《春秋》，猶入室而不由戶。始者以三傳爲無據而束之高閣，及其自爲說，又安在而見其爲非憑私之臆決也？漢儒以古今文爭立學官，各是其是而非其非。宋儒則已多主其各有短長，不失爲持平之論。若使講《春秋》者循深寧之見，庶可省去幾許無謂之爭端。惜夫清儒自咸同以下，今文學派興，又復高學《公羊》，獨崇何休，排斥異說，則不惟與宋儒之所主爲相遠，抑亦無當於東漢儒如鄭康成之所見也。深寧又云：

> 《公羊疏》，《左氏》先著竹帛，故漢時謂之古學。《公羊》漢世乃興，故謂之今學。是以《五經異義》云：古者《春秋左氏》說，今者《春

〔註303〕《困學紀聞》卷七《公羊》。
〔註304〕《困學紀聞》卷六《左氏》。

秋公羊》說。鄭眾作《長義》十九條、十七事，論《公羊》之短，《左
氏》之長。賈逵作《長義》四十條，云《公羊》理短，《左氏》理長。
魏鍾繇謂《左氏》爲太官，《公羊》爲賣餅家。〔註305〕

上引一條，宋儒多主《左氏》長於事，《公》《穀》精於理。此條則上考漢魏人
說，轉以《左氏》理長，《公羊》理短。參此兩條，深寧雖兼取三傳，然於三傳
之中，似仍較重《左氏》。唯於《左氏》之缺失，亦再三指陳。上文所引《左氏》
記女寬之論蕢宏與夫以文公納幣爲用禮之兩條已可見。《紀聞》又一條云：

呂成公謂《左氏》有三病：周鄭交質，不明君臣之義，一也。以人
事傅會災祥，二也。記管晏之事則善，說聖人之事則陋，三也。王
介甫疑左氏爲六國時人者十一事。（原註：介甫《左氏解》一卷，其
序謂爲《春秋》學餘二十年。《館閣書目》以爲依託。）〔註306〕

王介甫《左氏解》已佚，其所疑十一事亦不可得聞。疑《左氏》出於六國人，
唐人已先發之。〔註307〕使《左氏解》果爲荊公書，亦非首創此說。而深寧此
條之重點，乃在指出《左氏》之三病。至《左氏》竄入後人之言，深寧亦有
所疑，曰：

八世之後，莫之與京。其田氏篡齊之後之言乎。公侯子孫，必復其
始。其三卿分晉之言乎。其處者爲劉氏，其漢儒欲立《左氏》者所
附益乎。皆非《左氏》之舊也。新都之篡，以沙麓爲祥。釋氏之熾，
以恒星不見爲證。蓋有作俑者矣。〔註308〕

深寧所疑，其實亦是就其義理之無當上發之。又云：

宋人取長葛。經以爲冬，傳以爲秋。劉原父謂《左氏》雜取諸侯史
策，有用夏正者，有用周正者。〔註309〕

〔註305〕《困學紀聞》卷六《左氏》。按，太官，《集證》：《北堂書抄》引作太官廚，
較長。

〔註306〕《困學紀聞》卷六《左氏》。

〔註307〕舊題鄭樵《六經奧論》卷四云：「啖助曰：《論語》所引邱明，乃史佚遲任之
類。《左氏》集諸國史以釋《春秋》，後人謂左氏爲邱明，非也。趙匡曰：公
穀皆左氏後人，不知師資幾世。左邱明乃孔子以前賢人，而左氏不知出於何
代。今以《左氏傳》質之，則知其非邱明也。……據此八節，（按，鄭氏備引
趙匡舉證《左氏》爲六國人者八條。）可以知左氏非邱明，是爲六國時人，
無可疑者。或問伊川曰：左氏是邱明否。曰：傳無邱明字，故不可考。眞知
言歟。」說見翁注引。

〔註308〕同註306。

〔註309〕同註306。

此引劉氏說，以《左氏》雜用三正，乃因於諸侯史策，可謂卓識。深寧又嘗
辨《國語》《左傳》非一書，其言曰：

> 劉炫謂《國語》非邱明作。葉少蘊云：古有左氏邱氏。太史公稱左
> 邱失明，厥有《國語》。今《春秋傳》作左氏，而《國語》爲左邱氏，
> 則不得爲一家。文體亦自不同，其非一家書明甚。左氏（原註：王
> 荆公以爲六國時人。）蓋左史之後，以官氏者。朱文公謂左氏乃在
> 史倚相之後，故其書說楚事爲詳。（原註：左氏世爲楚史，鄭漁仲語，
> 見所著《春秋地名譜・自述》。）司馬公謂左氏欲傳《春秋》，先作
> 《國語》。《國語》之文，不及《傳》之精也。〔註310〕

此條所舉諸家說，雖未盡詳確，即如所引司馬公說，實亦有病。然大體判《左
傳》《國語》爲二書，則斷可信。乃近人康有爲等，因篤信《公羊》，欲援之
以爲變政之據；康氏所著《新學僞經考》遂專排《左氏》，謂爲劉歆所僞作，
又謂《左傳》係自《國語》析出。康氏生清代諸儒之後，而議論如此，然則
考證之學固未必後來居上也。惟深寧之評《左氏》，仍多指摘其義理之失。《紀
聞》又一條云：

> 王貳于虢，王叛王孫蘇。曰貳曰叛，於君臣之義失矣，不可爲訓。《通
> 鑑》書燕叛齊，而《大事記》非之。書蜀漢寇魏，而《綱目》非之。
> 書晉寇梁，而《讀史管見》非之。況天子之臣乎。〔註311〕

此則直斥《左氏》乖於名分，有失君臣之義，不可以爲訓。《通鑑》書法之失，
後儒已多糾彈，《左氏》以天子之於臣，乃言貳言叛，其失爲更大矣。又云：

> 朱子曰：《左氏》之失，在以成敗論人。愚嘗觀蔡邕《獨斷》，引王
> 仲任曰：君子無幸而有不幸，小人有幸而無不幸。韓文公謂君子得
> 禍爲不幸，而小人得禍爲常；君子得福爲常，而小人得福爲不幸。
> 亦仲任之意。斯言可以正《左氏》之失。〔註312〕

此引王仲任韓文公語以申朱子之意。〔註313〕常人每以成敗論得失，此是一種

〔註310〕《困學紀聞》卷六《左氏》。
〔註311〕同前註。
〔註312〕同前註。
〔註313〕《朱子語類》卷八十三云：「《左氏》之病，是以成敗論是非，而不本於義理
　　　　之正。嘗謂左氏是箇滑頭熟事趨炎附勢之人。」又云：「《左氏》見識甚卑，
　　　　如言趙盾弑君之事，卻云孔子聞之曰，惜哉，越境乃免。如是則專是回避占
　　　　便宜者得計，聖人豈有是意。聖人作《春秋》而亂臣賊子懼，豈反爲之解免
　　　　耶。」然朱子亦深有取於《左氏》考事之精，故又云：「以三傳言之，《左傳》

世俗之功利觀，而不知君子得福、小人得禍始是常，反之則特爲不幸。故能辨義利，爲義而不爲利，如此方可謂知功利也。

深寧又嘗考《公羊》多齊言，曰：

> 公羊子，齊人。其傳《春秋》多齊言。登來、化我、樵之、漱浣、荀將、踊爲、詐戰、往黨、往殆、于諸、累、忧、如、昉、梧、胆之類是也。鄭康成，北海人。其注《三禮》多齊言……方言之異如此，則《書》之誥誓，其可彊通哉？〔註314〕

朱子嘗言：「《公》《穀》想得皆是齊魯間儒，其所著之書恐有所傳授。但皆雜以己意，所以多差舛。其有合道理者，疑是聖人之舊。」〔註315〕深寧乃據傳注摘其齊語以證之，又考鄭氏《禮》注之多齊人言，乃見方言之異，因論《書》之誓誥之不可彊通，亦由是故。此意亦承朱子來。〔註316〕又辨《公羊》存三統說之非，曰：

> 《春秋》正月書王者九十二，二月書王者二十有三，三月書王者一十九。（原註：元年不以有事無事皆書王。）何休謂二月三月皆有王者，以存二王之後。先儒以爲妄。〔註317〕

何氏《公羊傳》注謂《春秋》二三月書王，存二代之後，使統其正朔，所以尊先聖、通三統。〔註318〕宋儒自孫泰山程伊川已辨明之，〔註319〕乃清代《公羊》學派又重新標榜何休，支離繳繞，復入樊籠，拘守門戶，入主而出奴，幾何不至於聰其耳而迷其目。此非《公羊》之失，乃說《公羊》者之失也。

《左傳》義短，《公》《穀》義長，此幾爲宋儒之公論，然深寧復指出《公》《穀》亦失於義。其言曰：

> 是史學，《公》《穀》是經學。」而朱子又主看《春秋》當如看史樣，故其臨漳刊四經，獨附《左傳》，不及《公》《穀》也。

〔註314〕《困學紀聞》卷七《公羊》。

〔註315〕見《朱子語類》卷八十三。

〔註316〕《朱子語類》卷七十八云：「典謨之書，恐是曾經史官潤色來。如《周誥》等篇，恐只似如今榜文，曉喻俗人者。方言俚語，隨地隨時，各自不同。林少穎嘗曰：如今即日伏維尊候萬福，使古人聞之，亦不知何等說話。」

〔註317〕《困學紀聞》卷六《春秋》。

〔註318〕說見隱公三年《公羊傳》注。

〔註319〕孫明復《春秋尊王發微》云：「《春秋》之法，唯元年不以有事無事，皆書王正月。餘年事在正月，則書正月。事在二月，則書二月。事在三月，則書三月。」程伊川《經說》亦云：「事在二月，則書二月。事在三月，則書三月。無事則書時書首月。」說皆見翁注引。

晉陽以叛書，聖筆嚴矣。《公羊氏》乃謂逐君側之惡，《穀梁》亦云以地正國。漢之亂賊、晉之彊臣、唐之悍將，假此名以稱亂，甚於《詩》《禮》發冢者也。〔註320〕

經義之不明，其爲禍於後世有如此者。然深寧又云：

九世猶可以復讎乎，雖百世可也。漢武用此義伐匈奴，儒者多以《公羊》之說爲非。然朱子序戊午讜議，曰：有天下者，承萬世無疆之統，則亦有萬世必報之讎。吁，何止百世哉？〔註321〕

又云：

臣不討賊，非臣也。子不復讎，非子也。讎者無時，焉可與通。此三言者，君臣父子，天典民彝係焉。公羊子大有功於聖經。〔註322〕

臣子有復讎之義，雖百世而可，此《公羊》之說也。深寧極稱其大有功於聖經，而其自爲言，則謂雖萬世亦有必報之讎。翁元圻謂此兩條皆有感於高宗之忘讎，殆是也。深寧又嘗云：

趙襄子曰：以能忍恥，庶無害趙宗乎。《說苑‧談叢》云：能忍恥者安，能忍辱者存。呂居仁謂忍詬二字，古之格言，學者可以詳思而致力。〔註323〕

高宗忘讎固是恥，社稷已覆更是恥，忍恥所以負重，學者詳思致力，則雖萬世復讎而猶可也。讀其書，當知其人而尚論其世。深寧《紀聞》書成於入元之後，其講經考史，一出之以實學，紀舊聞，稽故事，若僅與故紙堆中討生涯者一例視之，則幾何而不致於昧此天水遺民之苦心也。深寧又云：

名不可不謹也。《春秋》或名以勸善，或名以懲惡。袞鉞一時，薰猶千載。東漢豪傑，恥不得豫黨錮，慕其流芳也。我朝鐫工之微，不肯附名黨碑，懼其播惡也。名教立而榮辱公，其轉移風俗之機乎！〔註324〕

《春秋》定名分，所以勸善懲惡，後世若東漢，若宋世，風俗特爲後人所豔稱者，亦緣此慕善名懼惡名之心而有以致之，故曰名教立而榮辱公，可以轉移風俗。明末遺民顧亭林《日知錄》，亦特美東漢兩宋之風俗，其意即源於深

〔註320〕《困學紀聞》卷六《春秋》。
〔註321〕《困學紀聞》卷七《公羊》。
〔註322〕同前註。
〔註323〕《困學紀聞》卷六《左氏》。
〔註324〕同註320。

寧此意而來也。唯人之知恥，然後可以忍恥，然後可以移風俗，轉世運。亡國易代，深寧亭林同所遭罹，重恥重風，亦二人之所同見。彼二人者之所學，亦豈徒爲考古之學而已哉？深寧又云：

> 臧孫於魯曰：國有人焉。師慧於宋曰：必無人焉。襄仲於秦曰：不有君子，其能國乎。有士五人，晉文所以霸也。有太叔儀，有母弟鱄，衛獻所以入也。有趙孟、有伯瑕、有史趙師曠、有叔向女齊，晉所以未可踰也。曰，子無謂秦無人。曰，無善人則國從之。國之存亡輕重，視其人之有無而已。舜有臣五人，武王有亂臣十人，殷有三仁，周有八士。之人也，始可謂之有。虞有宮之奇，項有范增，不能有其有矣。魏之窺吳，則曰彼有人焉。賈生言天下倒懸，曰猶爲國有人乎。此皆以人爲盛衰也。〔註325〕

國之隆替興亡，視乎人之盛衰。此所謂人，則指善人君子，故曰不有君子則不能國。又曰無善人則國從之。然有其人而不能用，是亦猶無人。虞之不用宮之奇、項之不用范增者是也。故何義門謂「深寧以賈生之言終之，蓋深傷時無王導謝安耳」。〔註326〕其言雖是而猶未盡。全謝山《宋王尙書畫像記》謂深寧在兩制時，晨夕所草詞命，猶思挽既渙之人心，讀之令人淚下。及國事已去，而所言不用，然後拜疏出關。宋亡之歲，深寧杜門不出，朝夕坐堂上取經史講解論辨，於名理經制治道之體統，古今禮典之因革，無不講究。然則宋室之覆，果爲無人歟？抑不能有其有歟？善論者猶可深辨也。然則深寧立言之沈痛，亦可想見矣。深寧又云：

> 子皮曰：君子務知大者遠者，小人務知小者近者。程子謂君子之志所慮者，豈止一身，直慮及天下千萬世。小人之慮，一朝之忿，不遑恤其身。〔註327〕

顧亭林嘗謂君子之爲學，所以明道救世，自言所作《日知錄》，「有王者起，將以見諸行事，以躋斯世於治古之隆，而未敢爲今人道」。〔註328〕何其言之與深寧相似也？故竊謂知深寧，則可以知亭林；知亭林，亦可以知深寧。斯二人之相近，固不獨其所爲書體裁之相類而已也。此意當續申於後文第四章。

〔註325〕《困學紀聞》卷六《左氏》。
〔註326〕見翁注引。
〔註327〕同註325。
〔註328〕參見《亭林文集》卷四《與人書》二十五。

第六節　論《論》《孟》《孝經》小學

《紀聞》云：

> 六經始見於《莊子・天運》篇。（原注：孔子曰：治《詩》《書》《禮》
> 《樂》《易》《春秋》六經。）以《禮》《樂》《詩》《書》《易》《春秋》
> 爲六藝，始見於太史公《滑稽列傳》。（原注：孔子曰：六藝於治一也。）
> 或云七經。（原注：《後漢》趙典學孔子七經。）〔註329〕或以六經六
> 緯爲十二經。（原注：《莊子・天道》篇。）或以五經五緯爲十經。或
> 云九經。（原注：《釋文・序錄》：《易》《書》《詩》《周禮》《儀禮》《禮
> 記》《春秋》《孝經》《論語》。《唐・谷那律傳》，九經庫，始有九經之
> 名。）《樂經》既亡，而有五經，自漢武立博士始也。〔註330〕

此考諸經名義之源流甚詳。顧亭林《日知錄》亦述諸經流變，曰：

> 自漢以來，儒者相傳但言五經。而唐時立之學官，則云九經者，《三
> 禮》《三傳》分而習之，故爲九也。其刻石國子學則云九經，并《孝
> 經》《論語》《爾雅》。宋時程朱諸大儒出，始取《禮記》中之《大學》
> 《中庸》，及進《孟子》以配《論語》，謂之《四書》。本朝因之，而
> 十三經之名始立。〔註331〕

深寧說止及唐人九經，而引《釋文・序錄》說，與亭林說不同，當以亭林說爲
正。漢人祇有五經。《漢書・藝文志・六藝略》後附《論語》《孝經》《爾雅》，
則《論語》自漢人視之，乃一小學書，爲幼童所習，與《孝經》《爾雅》同科，
不得與五經等列。《孟子》一書，則在《諸子略》儒家類，居《子思》《曾子》
之下，《荀子》之上。尤不得上僑於經書。唐人九經，亦無《孟子》，至《論語》
《孝經》《爾雅》之附，殆亦承漢人遺意。十三經之名則自宋以後始有。至於《大
學》《中庸》，僅爲《小戴禮》中之兩篇。《中庸》之受重視，其事較先，至二程
始以《大學》開示學者。《語》《孟》《學》《庸》四書並重，事始北宋。而《四
書》之正式結集，則成於朱子。朱子畢生精力之所萃，最在其《語孟集註》與
《學庸章句》。而其示學者從入之途，則謂當先致力於《四書》，而五經轉非所

〔註329〕全謝山云：「七經者，蓋六經之外，加《論語》。東漢之後，則加《孝經》而
　　　　去《樂》。」見《困學紀聞》卷八《經說》本條翁注引。其說又別見所著《經
　　　　史答問》。
〔註330〕《困學紀聞》卷八《經說》。
〔註331〕《原抄本日知錄》卷二十《十三經註疏》條。

急。朱子卒，其門人編集《語類》，亦以《四書》居先，五經在後，蓋即秉朱子之遺意。〔註332〕自五經而九經而十三經，雖亦歷漢迄宋，始發展完成，然要之仍可謂是經學之舊傳統。而獨取《語》《孟》二書，又配以《小戴禮》中《學》《庸》兩篇而成《四書》，則可謂是經學之新傳統。而此一新統發軔於北宋理學諸儒，而完成於南宋之朱子。易辭言之，所謂《四書》者，乃理學家之新傳統，非漢儒以下經學之舊傳統。亦可謂《四書》之目，其於經學之舊統，並無根據，特爲宋儒所新創。後人稱宋儒理學爲新儒學，則《四書》者，亦可謂是宋儒之新經學矣。宋季傳朱子之學者，當以黃東發、王深寧爲大宗。然東發深寧之言經學，則皆沿漢唐以來之舊統，《學》《庸》仍歸在《小戴記》中，並未以《四書》獨立爲目。此其一。《黃氏日抄》讀經共占三十一卷，《論》《孟》僅各占一卷，《學》《庸》亦各占一卷。然《日抄》《禮記》一部，乃共十六卷，占讀經全部卷帙之半。惟其所謂《禮記》，乃合《大》《小戴》與《儀禮》三書，然即此亦見東發於《禮》論列爲最豐也。而《小戴記》中，若《曲禮》《檀弓》《經解》《表記》之類，亦皆各占一卷，故《學》《庸》之各自獨立成卷，亦未見其爲特富也。深寧《困學紀聞》有關經部者都八卷，獨立成卷者《易》《書》《詩》《周禮》四經。《小戴記》與《大戴》《儀禮》共占一卷。《論語》則與《孝經》《公》《穀》共占一卷。《孟子》則與小學經說合一卷。然則東發深寧有關《四書》之說，於群經中分量爲特少。東發尚占其全部經說中約八之一，深寧則更不及。此其二。《朱子語類》一百四十卷，《四書》部分共占五十一卷，已逾全書三之一。而五經部分僅得二十九卷，不及《四書》之半。至其他《語類》之各卷，涉及《四書》者，亦遠勝其涉及五經。足見宋代理學之重《四書》過於五經，至朱子而發揮盡致。〔註333〕然既謂東發深寧承朱子之學，何其爲書輕重之間相遠如是？此亦可得而說，請試論之。

　　《朱子語類》，乃其門人裒集其日常講論之言類輯以成書。朱子重《四書》遠過於五經，故平日教人，亦以闡釋《四書》之語居多。即如《學》《庸》兩篇，幾乎逐章逐句逐字，皆有詳講，故《大學》即占五卷，《中庸》亦占三卷，《語》《孟》則更多矣。然《小戴禮記》之其他各篇，僅合占一卷。其分量之相差，可謂不成比例。朱子日常多講《四書》，門人實錄其語，則卷帙分量之特多，亦理所當然也。且《語類》之編次，先理氣鬼神性理，次及爲學之要，

〔註332〕參《朱子新學案》第四冊《朱子之四書學》。
〔註333〕此說亦本《朱子新學案》。

次《四書》，次其他各經，再次理學諸儒，再次及《老》《莊》釋氏，再次及本朝政制之類，而以論文殿焉。其次序之先後雖出門弟子所定，要當有符於朱子論學本末先後之次。即《四書》之編排，先《大學》，然後《語》《孟》，而以《中庸》居終，亦正合朱子教人讀《四書》先後之序。至於東發深寧，其於朱子已在三傳四傳之後，學久則變，故一若面貌全非，然其精神血脈，則固不失爲朱子之傳。東發以一理學大儒，而既無語錄之傳，又精研史文，已非程門以下理學家之常貌。其《日抄》百卷，今存者九十七卷，綜貫經史子集四部，其爲學之淵博，即承朱子之教而來。深寧《紀聞》亦博涉四部，其與嚮來理學家面目，相去益遠。然二人於朱子性道經史之學，雖各略有偏，東發似稍偏於性道，深寧則似稍偏於經史，然亦僅畸重畸輕耳，非偏於此而絕於彼也。東發尊朱之語，在其集中，可不勝舉，然於朱子成說，亦時有糾正。《日抄·讀論語》只一卷，東發自言餘則盡在《集註》矣。是則其於《四書》著墨之特少，實更可見其崇奉朱子之意。〔註334〕理學家言義理，以《四書》爲根本，五經轉屬次要。東發深寧於經史之學多創獲，故皆斐然成帙，然《四書》之所重，不在考據，且朱子《集註》成書具在，是以其爲言視他書爲特少。其實東發於朱子性道之說，尚多糾正，深寧於此則更不及東發。即如《四庫提要》所舉深寧糾正《集註》之一條，其言曰：

> 不舍晝夜。《釋文》：舍音捨。《集註》亦云上聲。而《楚辭辨證》云：洪引顏師古曰：舍，止息也。屋舍次舍皆此義。《論語》不舍晝夜，謂曉夕不息耳。今人或音捨者非是。《辨證》乃朱子晚歲之書，當從之。〔註335〕

引朱子晚年之說以正《集註》音讀，是亦以朱糾朱。若此者，非有關義理大體之緊要處。故曰深寧之辨正朱子，尚遠不及東發之所爲。然即若此等辨正，《紀聞》書中亦不多見。東發之傳朱學，嚮無疑之者，今舉其《日抄》與深寧《紀聞》爲書之相近，皆博涉四部書籍，亦皆未將《四書》獨立成帙，而於《四書》，爲論亦皆不夥，以見未可因之而遽疑深寧之尊朱傳朱也。

　　本節則仍擬依《紀聞》原書編次，略述其有關《論》《孟》《孝經》小學之說。

〔註334〕說詳錢賓四師《黃東發學述》、《王深寧學述》二文，載《中國學術思想史論叢》第六冊。
〔註335〕《困學紀聞》卷七《論語》。

深寧云：

> 仁，人心也。求其放心。此孟子直指本心處。但禪學有體無用。

〔註336〕

何義門云：「乃指仁之爲本心，非直指本心爲仁也。」全謝山則云：「蓋以時文家當辨聖學耳。」〔註337〕象山之學，亦據《孟子》而重求本心，其下梢則流爲禪學。深寧亦闢佛，釋氏以作用爲性，其實只說了儒者所謂之心，而彼所謂心亦虛而不實，故深寧謂其有體無用。

又云：

> 陳烈讀求其放心而悟曰：我心不曾收，如何記書。遂閉門靜坐，不讀書百餘日，以收放心。然後讀書，遂一覽無遺。（原註：古人之讀書如此。）〔註338〕

此條深寧言讀書之法，先求放心，然後讀書。曰記書，曰讀書一覽無遺，豈非嫌於偏務記誦之弊乎？然深寧此所論，僅是讀書以前之一段修養工夫。《紀聞》中別有一條云：

> 艾軒云：日用是根株，文字是注腳。此即象山六經注我之意。蓋欲學者於踐履實地用功，不但尋行數墨也。〔註339〕

重日用踐履，戒尋行數墨，乃宋儒之共同主張。朱子嘗謂象山多言尊德性，而自謂多講道問學，勸學者兼取，庶可不墮一邊。深寧亦不喜門戶之爭，故於象山六經皆我注腳一語，亦善爲之解說，而有所取焉。又云：

> 虞溥《厲學》曰：聖人之道，淡而寡味，故學者不好也。及至期月，所觀彌博，所習彌多，日聞所不聞，日見所不知，然後心開意朗，敬業樂群，忽焉不覺大化之陶己，至道之入神。學者不患才不及，而患志不立。任子曰：學所以治己，教所以治人。不勤學無以爲智，不勤教無以爲仁。愚謂此皆天下名言，學者宜書以自儆。〔註340〕

方樸山注云：「此學而時習之一章義疏。」〔註341〕朱子《大學·格物補傳》謂格物窮理，用力既久，而一旦豁然貫通，則眾物之表裏精粗無不到，而吾心之

〔註336〕《困學紀聞》卷八《孟子》。
〔註337〕俱見翁注引。
〔註338〕同註336。
〔註339〕《困學紀聞》卷八《經說》。
〔註340〕同前註。
〔註341〕見翁注引。

全體大用無不明。即此所謂大化之陶己、至道之入神之一境也。深寧自爲書曰
《困學紀聞》，自謙爲困而學，故謂學者不患才不及，而患志不立，而《紀聞》
之義，實即此所謂日聞所不聞，日見所不知也。其實黃東發《日抄》、顧亭林《日
知錄》，以至錢竹汀《十駕齋養新錄》，皆無非此義也。所以能日聞所不聞、日
見所不知者，則在博觀多習，此其所謂爲學也。而所以爲學者，則唯在治己治
人。孔子曰聖與仁，則吾豈敢。我學不厭，教不倦也。學不厭是知，教不倦是
仁。觀此條深寧之所述，可謂博約本末賅盡，非深有得於朱子論學之教，不得
出此也。而深寧必引人言，殆亦言不必出於己之意爾。若此條所引任子語，見
於《太平御覽》；虞溥語，則出《晉書・本傳》；非博涉多聞，又焉得知？故彼
逐日之新聞新知，亦並是讀其書者之新聞新知也。又云：

> 范伯崇曰：溫故而不知新，雖能讀《墳》《典》《索》《邱》，足以爲
> 史，而不足以爲師。〔註342〕

溫故而不知新，則不足以爲人師。《紀聞》一書，貌若溫故，其實皆知新也。
朱子亦嘗謂「講學之工，不在向前，只在退後。若非溫故，不能知新。蓋非
惟不能知新，且故者亦不記得。日用之間，便成相忘，雖欲不放其良心，不
可得矣。」〔註343〕捨却溫故，不能知新，而但知溫故，亦不能爲師，范氏此
論，朱子亦以爲甚佳也。〔註344〕

深寧又云：

> 《文子》曰：人皆以無用害有用，故知不博而日不足。以博弈之日
> 問道，聞見深矣。可以發明無所用心之戒。（原註：言無所用心之
> 害，非以博弈爲賢也。讀此章者，當以韋曜之論、陶侃之言參觀。）
> 〔註345〕

此亦戒玩物喪志、惜寸陰以爲學之意。又云：

> 劉盛不好讀書，惟讀《孝經》《論語》。曰：誦此能行足矣，安用多
> 誦而不行乎。蘇綽戒子威云：讀《孝經》一卷，足以立身治國，何
> 用多爲？愚謂梁元帝之萬卷，不如盛綽之一言。學不知要，猶不學
> 也。〔註346〕

〔註342〕《困學紀聞》卷七《論語》。
〔註343〕語見《朱文公文集》卷四十九《答王子合》。
〔註344〕萬氏《困學紀聞集證》：「朱子《答范伯崇》云：此論甚佳。」
〔註345〕同註342。
〔註346〕《困學紀聞》卷七《孝經》。

讀書重在能踐履，足以立身治國，深寧以為為學之要在此。故曰學不知要，
猶不學也。深寧之學，須綜觀其全書，方得窺其大旨，否則但見其多識，便
不免若象山之譏朱子之為支離矣。而治己立身之道，深寧則特重孝，因又云：

　　王去非云：學者學乎孝，教者教乎孝，故皆從孝字。〔註347〕

此條引王去非言，不免於附會，〔註348〕然前引任子言，學所以治己，教所以治
人，而此條則一歸諸孝，即此可見其於此之重視矣。深寧又論有子之學，曰：

　　或問《論語》首篇之次章，即述有子之言。而有子曾子獨以子稱。何
　　也？曰：程子謂此書成於有子曾子之門人也。曰：柳子謂孔子之沒，
　　諸弟子以有子為似夫子，立而師之。其後不能對諸子之問，乃叱避而
　　退，則固常有師之號，是以稱子。其說非歟。曰：非也。此太史公采
　　雜說之謬。宋子京、蘇子由辨之矣。孟子謂子夏子張子游，以有若似
　　聖人，欲以所事孔子事之。朱子云：蓋其言行氣象有似之者。如《檀
　　弓》所記，子游謂有若之言似夫子之類是也。豈謂貌之似哉。曰：有
　　子不列於四科，其人品何如。曰：宰我子貢有若，智足以知聖人，此
　　孟子之言也。蓋在言語之科，宰我子貢之流亞也。曰：有子之言，可
　　得聞與？曰：盡徹之對，出類拔萃之語，見於《論》《孟》。而《論語》
　　首篇所載凡三章，曰孝弟，曰禮，曰信恭，尤其精要之言也。其論晏
　　子焉知禮，則《檀弓》述之矣。《荀子》云：有子惡臥而焠掌，可以
　　見其苦學。曰：朱子謂有子重厚和易，其然與？曰：吳伐魯，微虎欲
　　宵攻王舍，有若與焉。可謂勇於為義矣，非但重厚和易而已也。曰：
　　有子曾子並稱，然斯道之傳，唯曾子得之。子思孟子之學，曾子之學
　　也。而有子之學無傳焉，何歟？曰：曾子守約而力行，有子知之而已。
　　智足以知聖人，而未能力行也。《家語》稱其彊識好古道，其視以魯
　　得之者有閒矣。曰：學者學有子可乎？曰孝弟務本，此入道之門，積
　　德之基，學聖人之學莫先焉。未能服行斯言，而欲凌高屬空，造一貫
　　忠恕之域，吾見其自大而無得也。學曾子者，當自有子弟子之言始。
　　曰：《檀弓》記有子之言，皆可信乎？曰：王无咎嘗辨之矣。若子游
　　欲去喪之踊；孺子䵎之喪，哀公欲設撥，以問若，若對以為可，皆非

────────────

〔註347〕《困學紀聞》卷七《孝經》。

〔註348〕翁注引錢大昕《養新錄》曰：「王伯厚引王去非云云。又引慈湖、蒙齋說古孝
　　　　字，只是學字。案古文學作𢍰。𢍰從爻，孝從老，判然兩字，不可傅會為一。」

也。唯《論語》所載爲是。〔註349〕

此條歷考有子爲人行事言論之眞僞是非得失，堪稱詳備。宋儒多喜言曾子之一貫，而不喜有子孝弟爲仁之本一語。程子言：「爲仁以孝弟爲本，論性則以仁爲孝弟之本，性中只有仁義禮智，曷嘗有孝弟來。」象山且斥其爲支離。朱子注此章，亦未能擺脫程子之說，直至黃東發《日抄》，始爲之糾正。〔註350〕而深寧辨有子之不如曾子，只因其彊識而好古，智足以知聖人，而不能如曾子之守約力行，故爲有閒。然又辨學曾子者當自有子弟子之言始，否則徒慕高空而求一貫，只見自大而無得。故曰孝弟務本乃入道之門，積德之基，而學聖人之學莫先焉。程門謝尹之徒，皆謂曾子守約之學，專用心於內。象山因謂曾子之學是裏面出來，其學不傳；諸子是外面入去，今傳於世，皆外入之學，非孔子之眞。遂於《論語》之外，自稱得不傳之學。朱子亦辨孔門無專用心於內之學，唯《集註》仍並錄尹謝二家說。亦下逮黃東發始辨其爲禪學。〔註351〕深寧與東發同時，乃不期而皆於此有所糾挽。

深寧又云：

> 孔門受道，唯顏曾子貢。（原註：太史公稱子貢一出，存魯、亂齊、破吳、彊晉、伯越，是以戰國說客視子貢也。又列於《貨殖傳》。以《論語》一言，而斷其終身可乎。子貢聞一以貫之之傳，與曾子同，貨殖何足以疵之。）〔註352〕

謂子貢亦聞一貫之傳，是亦受道於孔門者。又云：

> 孔門獨顏淵爲好學，所問曰爲仁，曰爲邦。成己成物，體用本末備矣。〔註353〕

顏曾子貢皆受道，然學曾子當從孝弟務本始。而孔門中特以顏子爲好學，而其所學，乃成己成物、體用本末兼備之學。注重顏子，北宋初儒者已然。程明道嘗謂「昔受學於周茂叔，每令尋孔顏樂處，所樂所事」。〔註354〕周濂溪《通書》亦言「志伊尹之所志，學顏淵之所學」。胡安定太學試諸生，以《顏子所好何學論》爲題，得伊川卷，擢用爲助教。或問於朱子：「程子說孟子雖未敢

〔註349〕《困學紀聞》卷七《論語》。
〔註350〕說詳《黃氏日抄》卷二《讀論語》。
〔註351〕同前註。
〔註352〕同註349。
〔註353〕同註349。
〔註354〕見《二程遺書》卷二上。

便道他是聖人，然學已到聖處。」朱子答云：「顏子去聖人尤近。」又云：「到顏子，便說出兩腳來。聖人之教學者，不越博文約禮兩事。博文是道問學事，於天下事物之理皆欲知之。約禮是尊德性之事，於吾心固有之理無一息而不存。今見於《論語》者，雖只有問仁問爲邦兩章，然觀夫子之言有曰：吾與回言終日，想見凡天下之事，無不講來。」〔註355〕故朱子因推顏子在孟子之上。〔註356〕深寧此條乃明承朱子之意而來。就顏子問爲邦而推許其道問學之一面，此是從來論顏子所未嘗闡發者。朱子先明之，而深寧復申之。深寧言學言教，言治己言治人，言成己成物，言體用本末，皆兼顧兩面，是皆深有得於朱子論學之大旨也。

孝弟爲入道之門、積德之基，然孝道亦未易明。深寧云：

> 當不義，則子不可不爭於父。《孟子》云：父子之間不責善。荊公謂
> 當不義則爭之，非責善也。晁子止《讀書志》乃謂介甫阿其所好。
> 蓋子止守景迂之學，以《孟子》爲疑，非篤論也。朱文公於《孟子
> 集註》，取荊公之說。〔註357〕

朱子深寧，皆不喜荊公之學，然於責善之義，則有取焉，此見其論學之公，不以愛憎爲取舍也。深寧又言：

> 求忠臣必於孝子之門。《孝經緯》之言也。〔註358〕

曰孝曰忠，若皆爲德性上事，然當不義，則子當諍父，然後可以爲孝。事之義與不義，如何判別，此則學問上事矣。故忠臣之義，亦未易明也。深寧云：

> 古者士傳言諫，其言責與公卿大夫等。及世之衰，公卿大夫不言，
> 而士言之。於是有欲毀鄉校，有謂處士橫議者。不知三代之盛，士
> 亦有言責也。夫子曰：天下有道，庶人不議，而不及士，其指微矣。
> （原註：乙酉二月，夢前宰輔以太學所上書，求余跋語。夢中作此，
> 寤而識之。）〔註359〕

古者士有言責，故謂庶人不議而不及士也。此亦忠臣之一義。全謝山謂「陳宜中在太學，嘗上書攻史嵩之」。深寧所云，或指此事。閻百詩云：「乙酉爲

〔註355〕語見《朱子語類》卷二十四。

〔註356〕《朱子語類》卷四十五：「問顏淵問爲邦，此事甚大，不知使其得邦家時，與聖人如何。曰：終勝得孟子，但不及孔子些。」

〔註357〕《困學紀聞》卷七《孝經》。

〔註358〕同前註。

〔註359〕《困學紀聞》卷七《論語》。

元世祖二十二年，宋亡已九載，猶感夢如是，與韋孟夢爭王室何異？」〔註360〕
故於此條即可見深寧之忠矣。因又論爲士，其言曰：

> 無恒產而有恒心，惟士爲能，古之士所以異於民也。蘇秦無二頃田，
> 而奔走游說，豈所謂士乎哉？水心葉氏云：周衰不復取士。孔孟不以
> 其不取而不教。孔孟之徒，不以其不取而不學也。道在焉故也。〔註361〕

全謝山云：「此亦因賤儒之世，而鼓勵弟子耳。」〔註362〕其說是也。國破家亡，
其世則已衰，而深寧仍學不輟、教不倦者，蓋上師孔孟，謂道在焉故。其實
彼之教學，亦所以存斯道於不墜也。深寧又云：

> 不得志，修身見於世。上蔡謝子曰：天下皆亂，而己獨治，不害爲太
> 平。蜀士楊肩吾曰：天下雖不治平，而吾國未嘗不治且平者，岐周是
> 也。一國雖不治平，而吾家未嘗不治且平者，曾閔是也。一家雖不治
> 平，而吾身吾心未嘗不治且平者，舜與周公是也。（原註：《文子‧符
> 言》篇亦云：不憂天下之亂，而樂其身治者，可與言道矣。）〔註363〕

全謝山謂《文子》之語稍有病。〔註364〕然深寧此兩條之所述，乃不得已之言，
非其本願也。社稷未覆，尚可言爲忠臣之盡言責，迨國祚已絕，則不得行其
志，祇能修身見於世矣。亡國之忠臣，則唯在知恥。深寧又云：

> 棄禮捐恥，秦所以敗。恥尚失所，晉所以替。恥之於人大矣。〔註365〕

無恥所以亡國，故云恥之於人大矣。而世道衰廢，士不得志，所以修己之一
身，以維一世之風俗者，則亦唯在此一恥字。深寧書中申此義之處不勝舉，
此後顧亭林於明室既覆之後，亦以博學於文、行己有恥爲教，蓋亦深有得於
深寧之遺旨也。國之興亡，有時非一人之力所能挽，深寧云：

> 民心之得失，此興亡之大幾也。林少穎曰：民之思漢，則王莽不能
> 脅之使亡；民之忘漢，則先主不能彊之使思。唐與政云：民心思漢，
> 王郎假之而有餘；民心去漢，孔明扶之而不足。〔註366〕

得民者興，失民者亡，故又申民爲貴之義，曰：

〔註360〕閻全二說皆見翁注引。
〔註361〕《困學紀聞》卷八《孟子》。
〔註362〕見翁注引。
〔註363〕同註361。
〔註364〕參翁注引。
〔註365〕同註361。
〔註366〕同註361。

弱而不可輕者，民也。古先哲王曰敬民，曰畏民。石守道謂湯以七
十里亡夏，文王以百里亡商，陳勝以匹夫亡秦。民不可畏乎？故曰
民爲貴。〔註367〕

明末三遺老，皆有重民之論，其中黃梨洲《明夷待訪錄》一書，尤爲近人所
盛稱。其實儒者論政，嚮重民心，固不自晚明始。因知民雖弱而不可輕，故
當先挽此一代之人心，所以挽此人心者，則在移風易俗。苟人心之思漢，則
雖匹夫尙可亡秦也。而風俗之美惡，在上位者實有以致之。深寧又云：

上有好者，下必甚焉。光武封一卓茂，而節義之俗成。太宗誅一德
儒，而諫爭之門闢。信乎如風之偃草也。〔註368〕

又云：

好樂、好勇、好貨色，齊宣王所以不能用孟子也。文帝好清靜，故
不能用賈誼。武帝好紛更，故不能用汲黯。〔註369〕

君子之德風，小人之德草，是一世風俗之美惡，繫於人君之好惡。宋儒論史，
一重上層統治者之心術，一重下層社會風俗之美惡，此自程朱以來，莫不然。
是以其論史必辨義利王霸，實原於此一觀點也。深寧又言：

不仁而得天下，未之有也。秦皇以不仁得之矣，二世而失，猶不得
也。〔註370〕

不仁而得天下，未有可以長治久安者，故復申仁者無敵之義，云：

商鞅富強之術，誘三晉之民，力耕於內，而使秦民應敵於外。使梁
王用孟子之言，施仁政於民，秦焉得誘之。仁勝不仁，如春融冰泮，
故曰仁者無敵。〔註371〕

何義門批註云：「所謂仁義未嘗不利也。」〔註372〕朱子所以不滿於浙東學者之
論史者，亦唯在彼之不嚴此分辨故也。深寧又云：

仁曰仁術，儒曰儒術。術即道也。申不害以術治韓，鼂錯言術數，
公孫宏謂智者術之原，君子始惡乎術矣。故學者當擇術。〔註373〕

〔註367〕《困學紀聞》卷八《孟子》。
〔註368〕同前註。
〔註369〕同前註。
〔註370〕同前註。
〔註371〕同前註。
〔註372〕參翁注引。
〔註373〕同註367。

朱子嘗言：「術字本非不好底事，只緣後來把做變詐看了，便道是不好。却不知天下事有難處，須著箇巧的道理方得。」〔註374〕近人多以宋儒論治道爲迂濶，觀朱子此語，亦豈其然？曰通變，曰權術，亦儒者所本有。唯不得離道而求術求權，否則只流爲一種變詐。若傚韓退之言，亦可謂是術其所術，非吾所謂術。有仁道，乃有仁術；有儒道，乃有儒術。惟術字後代流爲變詐之稱，君子遂惡之。朱子深寧之辨，可謂明通之論。深寧所謂擇術，歸結言之，乃在辨別利與善。故又云：

> 利與善之間，君子必審擇而明辨焉。此天理人欲之幾，善惡邪正之分界也。孟子之言公。不夷不惠，可否之間，材與不材之間，楊、莊之言私。〔註375〕

利與善亦猶言利與義。義利之判，善惡邪正所由分，其實亦只在天理人欲之辨。天理只是公，人欲只是私，故簡言之，義利之判實即公私之分也。深寧此所辨，明見爲程朱以來之正論，而與呂東萊以下永嘉永康諸儒之論爲相遠。深寧又言：

> 夫道一而已矣。爲善而雜於利者，非善也。爲儒而雜於異端者，非儒也。〔註376〕

道一而不可裂，故必排斥異端，云：

> 楊之學似老，墨之學似佛。〔註377〕

孟子謂能言拒楊墨者，聖人之徒，則深寧排二氏之意亦可知。又云：

> 董仲舒云：以仁治人，以義治我。劉原父云：仁字從人，義字從我。豈造文之意邪？愚謂告子仁內義外之說，孟子非之。若以人我分仁義，是仁外義內，其流爲兼愛爲我矣。〔註378〕

謂董子以人我分仁義，易流爲墨氏兼愛楊子爲我，其辨可謂甚嚴。〔註379〕循至於論史亦然，深寧云：

> 行一不義，殺一不辜，而得天下，皆不爲也。諸葛武侯謂漢賊不兩

〔註374〕見翁注引《朱子語類》。
〔註375〕《困學紀聞》卷八《孟子》。
〔註376〕同前註。
〔註377〕同前註。
〔註378〕同前註。
〔註379〕何義門云：「言各有當，董子不過謂自治宜嚴，人不求備耳。」全謝山云：「深寧之說，亦防附會如荊公者。」又云：「董子之言，疵纇甚多，不止於此。如謂設誠於內，而致行之。誠亦豈待設耶？是外鑠矣，太支離。」二說皆見翁注引。

立，其義正矣。然取劉璋之事，可謂義乎？〔註380〕

朱子亦謂三代而下，以義爲之，只有一箇孔明。深寧則承其鄉先輩袁絜齋之緒論，獨舉其詐劉璋一事，以爲無當於義，其論之嚴似尤過於朱子。〔註381〕深寧嘗言：

> 呂成公讀《論語》躬自厚而薄責於人，遂終身無暴怒。絜齋見象山讀
> 《康誥》有感悟，反己切責，若無所容。前輩切己省察如此。〔註382〕

深寧性篤厚，論學亦不喜立門戶，爲意氣之鬭，故其爲學爲人，亦可謂略似於東萊之溫厚。至如學術之是非，義理之可否，則非可以模稜兩可而不辨。固不可因其考辨有取東萊之說，或見此條有賞東萊之爲學，而遂謂其學亦一如東萊也。此意已申於前文，不復贅。程子嘗言：「如讀《論語》，未讀時是此等人，讀了後又只是此等人，便是不曾讀。」〔註383〕深寧此條所述，殆亦即程子意。深寧又曰：

> 守孰爲大，守身爲大。有猷有爲矣，必曰有守。不虧其義矣，必曰
> 不更其守。何德將歎習曰：入時愈深，則趨正愈遠。以守身爲法，
> 以入時爲戒，可謂士矣。〔註384〕

既嚴義利之辨，則士之所爲，應不虧其義。而此條特謂不虧其義在能守身，能不入時，乃可無愧於爲士，殆亦深寧入元後之所倡也。守身而不入時，即是知恥。明儒嘗議深寧入元曾爲山長，全謝山《宋王尙書畫像記》爲之辨，云：「先生應元人山長之請，史傳、家傳、志乘諸傳皆無之，不知其何所出。

〔註380〕《困學紀聞》卷八《孟子》。

〔註381〕袁絜齋《孔明論》曰：「劉璋本以好逆，而乃爲譎計以取其國。璋固漢賊也，孔明爲漢除殘，雖誅之可也。然既與之合矣，而又襲之，得無虧于信乎？」全謝山亦云：「昭烈不取劉璋，則益州必歸曹氏，其取之宜也。但其失有二：始之不宜以同盟之言欺孫權，使其後有索還荊州之事。繼之不應與劉璋結好，而反攻之。若毅然取之，不妨辭吳軍獨上也，亦不妨聲劉璋之昏亂而討之也。」二說俱見翁注引。袁氏說乃深寧之論所自出，全氏則繼深寧而引申之說也。其實朱子對取劉璋事亦不以爲然。《語類》卷四十七云：「劉先主不取劉琮而取劉璋，更不成舉措。當初劉琮屛弱，爲曹操奪而取之。若乘此時，明劉琮之屛弱，將爲曹操所圖，起而取之，豈不正當。到得臨了，却淬淬地去取劉璋，全不光明了。當初孔明便是教他先取荊州，他却不從。」卷一百三十六又一條云：「孔明執劉璋，蓋緣事求可，功求成，故如此。或曰：然則寧事之不成。曰：然。」

〔註382〕《困學紀聞》卷七《論語》。

〔註383〕《二程遺書》卷十九。

〔註384〕同註380。

然即令曾應之,則山長非命官,無所屈也。箕子且應武王之訪,而況山長乎?
予謂先生之大節,如青天白日,不可掩也。」深寧論《左氏》,引介之推言,
身將隱,焉用文之。又云君子之潛也,名不可得聞,先儒謂召平高於四皓,
申屠蟠賢於郭泰。合此條守身知恥之教觀之,知所謂應元人徵爲山長者,乃
明儒之誣說也,決不足信。參下文第四章第一節。深寧又云:

> 若將終身焉,窮不失義。若固有之,達不離道。能處窮斯能處達。
> 〔註385〕

若深寧之所言,亦皆可謂處窮之道也。時則已窮,而君子猶將終身不失其義。
因又云:

> 求在我者,盡性於己。求在外者,聽命於天。李成季曰:與其有求
> 於人,曷若無欲於己。與其使人可賤,不若以賤自安。呂居仁亦以
> 見人有求爲非。〔註386〕

深寧入元以後,杜門不出。今讀其年譜諸傳,宋亡以後凡二十年,幾無事跡
可見,殆眞可謂君子之潛也。守身不入時,乃在我者,可不待外求。不安己
賤,斯不免有求於人;有求於人,斯不免招恥。故以無欲於己爲高。又云:

> 養心莫善於寡欲。註云:欲,利也。雖非本指,廉者招福,濁者速禍,
> 亦名言也。道家者流,謂丹經萬卷,不如守一。愚謂不如孟子之七字。
> 不養其心而言養生,所謂舍爾靈龜,觀我朵頤也。〔註387〕

人能廉然後能有恥,故曰廉恥。不安己賤,有求於人,則不能廉。故於趙注
孟子以欲爲利,雖非本指,亦有取焉。人能寡此利祿之心,則可以安守其身
以處窮也。又云:

> 虞仲夷逸,隱居放言。包氏注:放,置也。不復言世務。介之推曰:
> 言,身之文也。身將隱,焉用文之。《中庸》曰:其默足以容。古注
> 亦有味。〔註388〕

又云:

> 沮溺荷蓧之行,雖未能合乎中;陳仲子之操,雖未能充其類,然唯
> 孔孟可以議之。斯人清風遠韻,如鷺鵠之高翔,玉雪之不能汙,視

〔註385〕《困學紀聞》卷八《孟子》。
〔註386〕同前註。
〔註387〕同前註。
〔註388〕《困學紀聞》卷七《論語》。

世俗徇利忘恥，饕榮苟得者，猶腐鼠糞壤也。小人無忌憚，自以爲
中庸，而逸民淸士，乃在譏評之列。學者其審諸。〔註389〕

苟不知深寧身世，則不知其何故而爲此言也。孔子謂「不得中行而與之，必
也狂狷乎」。其實兼乎狂狷者，則爲中道矣。中行者，時狂則狂，時狷則狷。
背乎狂狷之義者，鄉愿也。〔註390〕用行舍藏，若深寧晚歲，殆亦舍而藏也。
故於隱居放言，遂以古注爲有味；於沮溺荷蓧之行，亦獨賞其淸風遠韻。全
謝山云：「此言必有感於當時之爲孔光、馮道者。」〔註391〕其言殆是也。鄉愿
賊德，自以爲中庸，依違進退，唯俗是媚，徇利忘恥，幾何而不至於小人之
無忌憚矣。然深寧又云：

命不可委，故孟子言立命。心不可委，故南軒以陶淵明委心之言爲
非。〔註392〕

儒者之隱，殆與釋道之隱者不同。處窮當隱潛而默，若媚世求用，是小人是
鄉愿。然身雖隱而不文，亦非其心便如槁木死灰。故謂命不可委，心不可委。
韜養不出，斯深寧之行己有恥也。著《紀聞》以明天理、正人心，斯其博學
於文也。其所謂立命，所謂不委心，皆可於是而進窺焉。

《紀聞》書中獨闢小學一目若干條，附《論》《孟》《孝經》後，斯亦古
人小學之遺意。今附述於下。

《紀聞》以外，深寧傳世有關小學之著作有三：《急就篇補注》四卷、《姓
氏急就篇》兩卷、《小學紺珠》十卷。

《急就篇》，漢史游撰。《漢志》稱游元帝時黃門令。本名《急就章》，或
稱《急就篇》，或但稱《急就》。其書自始至終無一複字，文詞雅奧。遺文瑣
事，亦頗賴以有徵，不僅爲童蒙識字之用。舊有曹壽、崔浩、劉芳、顏之推
注，皆不傳。唯顏師古注一卷存，深寧又補注之，釐爲四卷。其所注考證典
核，足補師古之闕。〔註393〕深寧自爲《後序》，云：

君子恥一物之不知，偏類不通，不足謂善學。……始之以姓氏名
字……次之以服器百物……終之以文學漁理。器無非道，學無非事，
其義不可須臾舍也。鴻生鉅儒，不敢以小書忽焉。……先漢遺文古

〔註389〕《困學紀聞》卷七《論語》。
〔註390〕中行與狂狷之辨，說詳錢賓四師《論語要略》。
〔註391〕見翁注引。
〔註392〕《困學紀聞》卷八《孟子》。
〔註393〕參見《四庫提要》卷四十一《經部・小學類》一。

事寖以晻昧，《急就》雖存，而曹壽、劉芳、豆盧氏、顏之推注解，
軼而不傳。昔以是為童蒙之學，今有皓首未覯者。俗書溢於簡牘，
訛音流於諷誦。襲浮踵陋，視名物數度若弁髦，而大學之基不立。
因顏注補其遺闕，擇眾本之善，訂三寫之差。以經史諸子探其原，
以《爾雅》《方言》《本草》辨其物，以《詩》傳《楚辭》協聲韻，
以《說文》《廣韻》正音詁。若閭閻之相混，得於《釋文》。揃掫之
所出，取於《莊子》。稽極之誤，因《說文》通釋而知。利親勝客之
類，因《史記》《漢表》而見。簧當作薑，轅當作操，壘當作坖。實
事求是，不敢以臆說參焉。疑者闕之，以俟後之君子。李斯作《蒼
頡篇》，後人附益，末章乃有漢兼天下。此篇《齊國》《山陽》兩章
亦然。略解其義，綴於下方。夫物有本末，理無小大，循序致精，
學之始事也。雖然，耄學而為童習，其能免玩物愛奇之失乎？〔註394〕

觀此文所述，謂實事求是，徵於諸籍，不敢參以臆說，疑者闕如以俟知者，
清人所為考證之法，實已畢具於是矣。此書之成亦未能繫年，唯《序》言耄
學而為童習，當亦出於晚歲。此篇雖為古者小學所習，然觀深寧序文，其意
亦似考古存舊之意居多，故自謂或未能免玩物好奇之失，殆未必主張以此為
當日之小學也。

深寧又仿史游《急就篇》體，作《姓氏急就篇》上下卷。以姓氏諸字排纂
成章，以便記誦。文詞古雅亦不減游書。凡單姓皆無重字，篇末列二字三字諸
姓，則不免複出。蓋義取兼載，勢難相避故也。每句之下，各注其受氏之源，
與歷代知名之士，必一一標所據之書，尤為詳密。〔註395〕深寧跋此篇云：

昔歐陽子，州名是擬。韻屬句摹，輯為此書。希鏡百帙，指掌可述。

對息問董，若龜五總。姓複言重，餘皆彙從。尚友得師，諷誦自怡。

稽經訂傳，蒙士用勸。〔註396〕

深寧殆以歐陽永叔《州名急就篇》自比。永叔書今載《居士集》中，字數無
多，亦無注釋，實不及是書之善。其成於何時亦不可考，唯觀跋文自署浚儀
遺民，或亦晚歲補注史游《急就篇》同時之作也。

〔註394〕《急就篇補注》四卷，亦見《玉海》附刻中。深寧《後序》附見卷末，又別
　　　　載於《深寧文鈔摭餘編》卷二。
〔註395〕參見《四庫提要》卷一百三十五《子部·類書類》一。
〔註396〕《姓氏急就篇》亦見《玉海》附刻中，唯未附跋文。此跋載於《深寧文鈔摭
　　　　餘編》卷二。

惟考深寧特爲訓童而編之小學書，則當以《小學紺珠》爲最要。其《自序》云：

> 古者蒙養豫教，罔不在初。六年教之數與方言，八年學六甲五方書計之事，九年教之數日，十年請肄簡諒。循循有序，緜是有名數之學。陶靖節所以錄聖賢群輔也。君子恥一物不知，譏五穀不分。七穆之對，以爲洽聞。束帛之誤，謂之寡學。其可不素習乎。迺采掇載籍，擬錦帶書，始於三才，終於萬物。經以歷代，緯以庶事。分別部居，用訓童幼。夫小學者，大學之基也。見末知本，因略致詳。誦數以貫之，倫類以通之。博不雜、約不陋，可謂善學也已。〔註397〕

今觀其書，以天道、律歷、地理、人倫、性理、人事居前三卷，所謂始於三才也。此下藝文、歷代、聖賢、名臣名士、氏族、職官、制度，而以器用飲食、儆戒、動植殿焉，所謂終於萬物也。其類目編次，約與《紀聞》相當。蓋欲求蒙訓之與成學爲一貫之意爾。其書序亦未署年月，方回爲之序，在大德庚子之歲，牟應龍序則在翌年辛丑，蓋已在深寧卒後四、五年矣。是則其書之付梓傳佈，乃深寧身後，其子昌世之所爲。然即其書之裒撮編次，足可當所謂博不雜、約不陋而無媿，大抵亦爲入元以後，晚年之所作也。然則深寧之小學，亦承朱子之意而來，非清儒乾嘉以下之所謂小學也。朱子爲大學小學分其本末先後，而亦必使本末一貫，先後相融。唯朱子之編《小學》，則著重於補風化，故書分內外篇，都六卷。內篇專收虞夏商周聖賢之教訓行事，外篇則爲漢唐宋諸君子之嘉言善行。內篇分四卷，曰《立教》、《明倫》、《敬身》、《稽古》。其實《稽古》一卷，即就史事上舉證前三卷之所述。至外篇兩卷之《嘉言》、《善行》，其實亦莫非立教明倫敬身也。然則朱子之編《小學》，亦猶其編禮書，惟限於爲童蒙耳。故內篇多爲法制之語，至嘉言善行，則亦兼取經史子集之言。因重在約取，故雖嘗擬增入文章，如《離騷》、古樂府、杜詩之類，然亦卒不果行。〔註398〕深寧之小學，雖淵源於朱子，然益爲擴充

〔註397〕《小學紺珠》十卷，亦見《玉海》附刻中，今台灣商務印書館有單行排印本。《自序》一篇載卷首，又別見《深寧文鈔摭餘編》卷一。

〔註398〕《朱文公文集》卷三十五《答劉子澄》云：「《小學》書昨奉報，只欲如此間所編者。今細思之，不若來教規模之善。但今所編，皆法制之語。若欲更添嘉言善行兩類，即兩類之中，自須各兼取經史子集之言，其說乃備。但須約取，勿令太泛，乃佳。文章尤不可泛。如《離騷》忠潔之志，固亦可尚，然只正經一篇已自多了，此須更子細抉擇。《敘古蒙求》亦太多，兼奧澀難讀，恐非啓蒙之具。卻是古樂府及杜子美詩意思好，可取者多。令其喜諷詠，易

之，視朱子書爲完備。其書由己及物，天文地理，職官制度，藝文器用，無不采摭，而貫串古今，分綱立目，用使童蒙記誦，了了不忘。方回《序》言：「公歿後數載，始得見所著《小學紺珠》，謂八歲入學者當讀。回謂如《初學記》，雖回七十四，將十倍初學之年，亦盍時時閱。厚齋此書過於張燕公之所照者也，豈但始就外傅者宜寶之哉？」披讀其書，然後知方氏之未嘗爲虛美之也。《四庫提要》謂其書分門隸事，與諸類書略同，而每門之中，以數爲綱，以所統之目繫於下，則與諸類書迥異，爲類事者別刱一格。〔註399〕其實此例亦爲便童蒙之習誦，固非類書之比。《提要》又糾舉其書若干闕錄，然又云：「後來張九韶《群書拾唾》、宮夢仁《讀書紀數略》，雖採掇編輯較爲明備，而實皆以是書爲藍本。踵事者易，刱始者難，篳路藍縷，又烏可沒應麟之功歟？」清儒多推服深寧之博識，《四庫》館臣於宋儒多譏以爲空疏不實，於深寧則轉多頌揚，幾無貶詞。即何義門評點《紀聞》，動以詞科詆之，館臣亦屢爲諍辨，以爲大言不足信。唯以類書視此書，以爲開刱類事之一格，遂並將其書歸入類書之列，而盡昧深寧用訓童幼之旨。蓋彼既自有其小學之所主，遂視其書名之爲《小學紺珠》者如無覩，而唯《玉海》之是繼，竊恐其所以稱頌於深寧者，深寧未必許以爲身後之桓譚也。

雖然，今觀《紀聞》小學之部，其所述各條，亦廣涉《爾雅》《說文》、《切韻》《廣韻》，以至《考古圖》、《集古錄》、《博古圖》、《金石錄》諸書，唯《紀聞》成書體例與《小學紺珠》不同，爲用亦異。故《紀聞》於小學之諸所研討，多未能編錄入《紺珠》書中也。然即此已可知深寧意中之小學，固可涵賅清儒之小學。廣狹有不同，未可以其同以小學爲名，而遽認爲同實也。

又傳世有《三字經》一書，或謂深寧所撰。或謂宋末粵人區適子所撰。自清以還，注此書者，多直題爲深寧之書。康熙間有王相注，無元以下系統數句，似較近古。近世章太炎復重爲修訂。此書爲舊時童蒙所誦習，至今尚流行於坊間，影響於一般社會亦甚大。然《浚儀遺民自誌》、家傳志乘皆未著錄，當非深寧所作。其書以三字爲一句，叶之以韻，用便童習，略有似於《姓氏急就篇》。惟後者非皆以三字爲句，文字亦只以姓氏爲限，而繫有關故事於各名氏之下，

人心，最爲有益也。」蓋《小學》編纂之例由朱子裁定，采摭之事，則託劉子澄之徒爲之。及後定爲六篇，則已刪去文章一類矣。參王白田《朱子年譜考異》卷三。

〔註399〕參見《四庫提要》卷一百三十五《子部・類書類》一。

與前者爲不同。大抵因深寧多編小學書，或託名而題之耳。〔註400〕

《深寧文鈔摭餘編》卷一又錄有《諸經通義序》一首，言作經載道，因經明道，亦可謂即是顧亭林經學即理學之先聲。諸經又求其義之通，然於漢儒紛紛之說，猶以爲可據以考異同、折是非，視唐人定《正義》宗一說之爲愈，遂惜其書之不傳。使清儒明乎深寧此旨，則亦將無所謂漢宋疆界之分也。因錄斯文，以爲本論文經學諸篇之殿。

> 諸經通義者，漢五經課試之學也。維漢以文立治，以經選士。鴻生傳業，支蕃葉滋。闡繹道眞，探索聖蘊。決科射策，則有通義之目。以《孟子》明事，則有博文之名。趙岐《題詞》，犕述大概。謹稽合史傳而爲之說曰：聖人作經載道，學者因經明道。學博而不詳說，無以發群獻之眇指。說詳而不反約，無而折眾言之殽亂。故必□正學之源，而後能通乎聖人之海。粵自木鐸聲寢，經與道榛塞。孟子闢邪距詖，羽翼孔道。七篇垂訓，法嚴義精。知性知天，《易》之奧也。以意逆志，《詩》之綱也。言稱堯舜，《書》之要也。井田爵祿

〔註400〕清翟灝《通俗編》卷七曰：「近人夏之翰序王伯厚《小學紺珠》曰：吾就塾時，讀三言之文，不知誰氏作。迨年十七，始知其作自先生。因取文熟復焉，而歎其要而該也。或又曰：是書乃宋末區適子所撰。適子，字正叔，廣東順德人也。」俞曲園《茶香室叢抄》卷九亦云：「國朝喬松年《蘿摩亭札記》云：童子所誦《三字經》有王相注者，是王伯厚所作。凌揚藻《蠡勺編》云：乃南海區適子所撰。適子字正叔，宋末人，入元不仕。見《廣州人物傳》。」又邵晉涵詩云：「讀得黎貞三字訓。」自注云：「《三字經》，南海黎貞所撰。」《辭源》引《訂譌類編》之說，曰：「應麟《困學紀聞》尊蜀抑魏，不當於此書又云：魏蜀吳，爭漢鼎。」因言據此則非應麟撰，原撰人當爲區適子，明黎貞復從而增廣之。說詳呂美崔《王應麟著述考》。唯呂文頗疑《三字經》乃從《小學諷詠》摘錄，而復經後人之刪改而成。其說蓋據深寧有《小學諷詠》四卷，明時其里後學姚伯良嘗爲之補遺，其書目見《成化四明志》。今按，深寧《小學諷詠》四卷，僅見於《宋史‧本傳》、《藝文志》著錄。《浚儀遺民自誌》、《延祐四明志》、《至正四明志》皆未載。元年應龍序《小學紺珠》，已言「公平生著書至多，悉未流布，獨見《小學紺珠》一編」。牟氏爲深寧通家子弟，其父與深寧數同班著，且嘗聯事銓曹，事分甚厚。《序》又言「公之子昌世，寶其遺書，欲廣傳之」，然亦終未及見此書也。《玉海‧旨揮》又引牟應復言，謂自深寧歿之後，其家族黨分爭，書遂遺缺，後因其孫厚孫獲盡取其著述，悉心討論，訪求遺逸，而《玉海》遂見全帙。今《玉海》附刻十三種中亦無《小學諷詠》，故深寧果嘗撰是書，大抵亦已佚於深寧身後。明人爲其書作補遺，其事已屬可疑。使其書至明時尚存，則《玉海》附刻中不宜獨缺。且姚氏補遺今亦只見於著錄，其詳亦已不可考。《小學諷詠》之見於《宋史》著錄者已屬可疑，況如《三字經》之不見於任何著錄者，蓋決不足信也。

之制，可以知《禮》。王霸義利之辨，可以知《春秋》。儒者稱之曰通五經。噫，孟氏斯謂之通矣。媺哉，漢之尊經乎。儒五十三家，莫非賢傳也，而《孟子》首置博士。九流百八十九家，莫非諸子也，而通義得述孟子。斯文之統記以壹，多士之趣向以純，非徒綴訓詁、誦咕畢而已。若稽前載，建元五年春，五經始立博士。元朔五禩，通一藝者試之。孝元好儒，通一經復之。博士十四，昉於建武。選受四經，倣於建初。科有甲乙，試有家法。或試經於太常，或誦說於博士。永元十四年，司空徐防建言，開五十難，解釋多者爲上第，演文明者爲高說，所謂博久（按，疑爲文字之訛。）明事，雖軼不傳，然建武中，太子諸王欲爲《通義》，而聘鄭眾；建初四年，會諸儒白虎觀，命史臣著《通義》；曹褒傳《慶氏禮》，亦纂《通義》十二篇，觀其名，可求其略矣。還觀有漢之盛，鉅儒名師開門授徒者，錄至萬六千人。經數家，家數說，章句多者百餘萬言，歷祀緜邈，湮沒居多。嘗即《詩》《禮》訓注考之，《小弁》述親親之言，《王制》述貢助之法。爵德齒釋於《太宰》，經界釋於《小司徒》，圭田市廛關譏釋於《載師》《廛人》《司關》。助有公田，國中十一，及函矢之說，又詳列於《考工記》。珠貫絲組，上下洽通。蓋傳得其宗，無越鄒孟。求觀聖道，必自茲始。否則續以華藻，汨以韓侯，□□詭辨，稽古蔓詞，燕說郢書，吾道莠矣，焉得而通諸。雖然，經學至於通而止，漢儒之說，何其紛紛也。《五經通義》，劉向輯之。《五經通論》，沛獻著之。洼丹《易通》，專己黨同，輒殊牖易，君子已不能無難，況課試之學，以明經爲祿利之塗，則通義乃諸儒之筌蹄也。其不傳於今，有以夫。吁，師異道，人異論，漢儒之說，猶得以考異同、折是非也。暨唐貞觀十三年，會釋章句爲《正義》，有七十卷。由是舉天下宗一說，而無深造自得之切。若明經又變爲□誦，而口義墨義興焉，君子又惜通義之不傳於今也。

第三章　王應麟之史學

　　深寧爲學，頗重考辨源流，其論經往往如此，已略見於前章所述。其實此即無異於用史學之方法以研經也。至於其書中屢屢舉史以證經，則尤可見其經史一貫之旨。本篇述其史學，擬分治道、人才、風俗、制度四項，而專申其融匯經史之意以爲之殿。此所分目，亦特爲敘述之便耳，在深寧之學術中，固無若是之分類，故必通而求之，而後可以知其爲學之大旨也。

第一節　論治道

《紀聞》云：

> 眞文忠公言本朝治體，曰：立國不以力勝仁，理財不以利傷義，御民不以權易信，用人不以才勝德。恩結乎人心，富藏乎天下。君民相孚，而猜忌不作。材智不足，而忠信有餘。[註1]

所謂治道，亦猶此所謂治體，即政治之大體、大格局。在上則爲君道，在下則爲臣道。子曰：「爲政以德，譬如北辰居其所，而眾星拱之。」子貢問政，子曰：「足食，足兵，民信之矣。」子貢曰：「必不得已而去之，於斯三者奚先？」曰：「去兵。」子貢曰：「必不得已而去，於斯二者何先？」曰：「去食。自古皆有死，民無信不立。」孟子見梁惠王，其論政曰「亦有仁義而已矣，何必曰利？」又曰「道二，仁與不仁而已」，又曰「以力假仁者霸，以德行仁者王」。孔孟言政，莫不一出於仁義忠信。眞西山傳朱子之學，所言洵得儒家論政之大體。深寧論政，乃稱引之。故其論君道，則必辨義利，曰：

[註1] 《困學紀聞》卷十五《考史》。

　　孟子曰：舜跖之分，利與善之間也。蕭望之曰：堯桀之分，在於義
　　利而已。〔註2〕

分辨義利，實即分辨為政者之心術。此皆孟荀以來儒家論政之要義，而宋儒
特加闡明者。深寧之嚴辨義利，已見前章《論〈書〉》、《論〈春秋〉》兩篇，
今不贅引。深寧又云：

　　君之於民亦曰忠。季良曰：上思利民，忠也。子之於親亦曰慈。《內
　　則》云：慈以旨甘。聖賢言忠，不顓於事君。為人謀必忠，於朋友
　　必忠告，事親必忠養。以善教人，以利及民，無適非忠也。〔註3〕

謂聖賢言忠，不顓於事君，亦真西山言。君臣為五倫之一，其義孔孟皆詳言
之。唯自秦漢以下，一君在上，萬臣在下，其君尊臣卑之勢，乃遠過於孔孟
時代。遂使後人論君臣一倫，每嚴於臣而恕於君。在臣節一方，遂特提一忠
字，與孝並言，曰忠臣孝子。然孝專指人子之對父母雙親言，不能移用；至
於忠字，則為對人之通德。〔註4〕故不惟臣道曰忠，君之於民亦有忠。深寧引
《左氏》季良言以證，可謂因經以明道，亦即彼所謂明天理、正人倫之旨。
君之忠，臣之忠，其實皆在一心。故舍心術以言治道，殆無當於深寧之所主
也。《紀聞》又一條言：

　　觀《蔡仲之命》，知周所以興。觀中山靖王之對，知漢所以亡。周公
　　弔二叔之不咸，方且封建親戚，以蕃屏周。漢懲七國之難，抑損諸
　　侯，以成外戚之篡。心有公私之殊，而國之興亡決焉。〔註5〕

深寧論制度，頗慕封建，大抵激於世變，而未悟世運之不可反。說參下文第
四節。惟此辨周漢之興亡，乃一從其心之公私著眼。心能公於義，其實亦未
嘗無利也。因又言人君之立志，曰：

　　《左氏傳》曰：諸侯釋位，以間王政。宣王有志，而後效官。《雲漢》
　　之序曰：內有撥亂之志。非立志何以成中興之功。〔註6〕

《大雅·雲漢·序》云：「宣王承厲王之烈，內有撥亂之志，遇災而懼，側身
修行，欲銷去之。」苟人君無此撥亂反正之志，則將不足以竟中興之功。內
立其志，並知有畏，然後不致於偷惰而無所忌憚。故又云：

────────────

〔註2〕《困學紀聞》卷二十《雜識》。
〔註3〕《困學紀聞》卷六《左氏》。
〔註4〕說詳錢賓四師《雙溪獨語》。
〔註5〕《困學紀聞》卷二《書》。
〔註6〕《困學紀聞》卷三《詩》。

《無逸》多言不敢。《孝經》亦多言不敢。堯舜之兢業，曾子之戰兢，
皆所以存此心也。〔註7〕

知天之可畏，知民之可畏，然後知為政之重在毋逸而戒濫刑。故又云：

宣王晏起，姜后請愆，則《庭燎》之箴，始勤終怠可見矣。殺其臣
杜伯而非其罪，則《沔水》之規，讒言其興可見矣。〔註8〕

其論人君知畏毋逸有容戒殺之意，已詳前章《論〈書〉》篇。深寧又言：

唐內殿《無逸圖》，代以山水。開元、天寶，治亂所以分也。仁宗寶
元初，圖農家耕織於延春閣；哲宗元符間，亦更以山水，勤怠判焉。
徽宗宣取秘書省圖畫進覽。陳師錫奏曰：六經載道，諸子談理，歷
代史籍，祖宗圖書，天人之蘊，性命之妙，治亂安危之機，善惡邪
正之迹在焉。以此為圖，天地在心，流出萬物。以此為畫，日月在
目，光宅四海。觀心於此，則天地沖氣生焉。注目於此，則日月祥
光麗焉。心以道觀則正，目以德視則明。噫，使徽宗能實其言於坐
右，則必能監成敗、別淑慝矣。以規為瑱，聽之藐藐，而畫學設焉。
黍離麥秀之風景，其可畫乎？〔註9〕

人君心之所觀，目之所注，不在民生日用，是即不思所以利民，亦即不忠於
民也。夫黍離麥秀之風景豈不可畫，惟人君不以興治為志，而心專於玩好，
則幾何不致於政隳而治怠也。因又戒自滿，其言曰：

儆戒無虞。絜齋解云：治安之時，危亂之萌已兆。漢宣帝渭上之朝，
是年元后生成帝。新都篡漢，已兆於極盛之日矣，無虞豈可不儆戒？
愚謂凶奴衰而女戎興，倚伏果可畏哉！又解七旬有苗格云：舜耕歷山
之時，祗見厥父，惟知己之有罪，而不見父之為頑，所以底豫。及其
征苗也，自省未嘗有過，而惟見苗民之作慝，所以逆命。至班師之後，
誕敷文德，無異負罪引慝之心，而遂格焉。滿損謙益，捷於影響，人
心豈可以自滿哉！愚謂仲虺之誥成湯，召公之訓武王，戒其滿而自矜
也。齊桓服楚，魏武得荊州，唐莊宗取汴，皆以滿失之。〔註10〕

無虞尚當儆戒，自滿尤不可恃，然人主之所以能常持儆戒而不自滿者，則惟

〔註7〕《困學紀聞》卷二《書》。
〔註8〕《困學紀聞》卷三《詩》。
〔註9〕《困學紀聞》卷十五《考史》。
〔註10〕同註7。

在虛懷而納諫。故又云：

> 咨女殷商，猶賈山之借秦爲諭也。周公戒成王：無若殷王受。又曰：
> 宜鑒于殷，駿命不易。人君常聞危亡之言，則可保其安存矣。〔註11〕

又云：

> 考之《周語》，立魯公子戲，則仲山甫諫。料民太原，則仲山甫又諫。
> 然聽之藐藐也。當時公卿，唯虢文公諫不籍千畝，而他無聞焉。此
> 詩人所以有愛莫助之之嘆。〔註12〕

人君能常聞危亡之言，則其心常懷儆惕，毋敢怠惰，自可保其安存。此是君道之一面。然亦須先求有能進此危亡之言之臣，此則屬臣道之一面。有忠諫之臣，而聽之藐藐，則亦無如之何矣。故人君之道，首在用人，苟得其人，然後善言可聞。惟擇人而用，又當以何爲標準？此則上引眞西山用人不以才勝德之一語可以盡之。是以擇人而用，必求先知人，知人然後可以用人。故深寧曰：

> 九德，知人之法。三俊，用人之法。〔註13〕

皋陶以九德告禹，皆就其人之德言。進用其人，當於其人有所知，而知人之法，則惟在觀其人之德。故又云：

> 文王攸仄兼于庶言庶獄庶愼。司馬公曰：人君急於知人，緩於知事。
> 愚謂漢宣帝綜核名實，非不明也，而不能知宏、石之姦。唐宣宗抉
> 摘細微，非不察也，而不能知令狐綯之佞。明於小而闇於大也。故
> 堯舜之知，不徧物而急先務。〔註14〕

漢宣任法，拜刺史守相，輒親見問，考察言行，信賞必罰，似明矣，而至於宦者用事，久典樞機，乃不知其姦也。〔註15〕唐宣宗聰察強記，巨細靡遺，似察矣，而用令狐綯輔政，乃不知其佞也。〔註16〕故深寧謂其明於小而闇於大。是以人君先務之急，乃在知人之賢奸。深寧論史論治，重人尤重於事，於此可見。又云：

> 既獲仁人，武所以克商也。養民以致賢人，興漢在於一言。延攬英

〔註11〕《困學紀聞》卷三《詩》。
〔註12〕同前註。
〔註13〕《困學紀聞》卷二《書》。
〔註14〕同前註。
〔註15〕參見《漢書》卷九十一《左雄傳》、卷七十八《蕭望之傳》。
〔註16〕參見《新唐書》卷一六六《令狐綯傳》。

雄，務悅民心，復漢在於一言。〔註17〕

養民以致賢人，非養民則亦無以致賢人。延攬英雄，務悅民心，非延攬英雄，則亦無以悅人心。此若二事，其實一也。深寧又曰：

> 推誠以待士，則樂氏之勇，亦子之勇。用賢以及民，則田單之善，
>
> 亦王之善。故曰有容德乃大。〔註18〕

使在位者能推誠待士，用賢及民，則賢士之德，亦彼之德也。故人君之德，非特彼一人之私德，乃可綜其臣下各賢才之德而成其一人之大德。反言之，則臣下之姦慝無不至，亦所以賊其君而成其大惡矣。國之治亂由人，任賢去姦，此始是人君之大明察。深寧又云：

> 宣三十年，有兔舞于鎬京，而赫赫宗周，有寖微之象矣。幽二年，
>
> 三川竭，岐山崩，而陵谷易處，有將亡之形矣。匪降自天，職兢由
>
> 人。致此者人也，豈天所爲哉？〔註19〕

《詩‧小雅‧十月之交》：「下民之虐，降匪自天。噂沓背憎，職競由人。」朱子《集傳》云：「言所以致變異者，由小人用事於外，而嬖妾蠱惑王心於內以爲主故也。」深寧此條所述，亦即此意。其實天災豈皆由人禍所致，特治世即有災變，民尚可堪，衰世則已有人禍，復加天災，乃愈感其爲上天之所以懲戒之矣。深寧又云：

> 史伯論周之敝曰：去和而取同。與晏子之論齊，子思之論衛，一也。
>
> 西漢之亡，亦以群臣同聲。故曰庶言同則繹。〔註20〕

賢奸之辨，即君子小人之辨。孔子曰：「君子和而不同，小人同而不和。」君子尚義，小人尚利，故有若是之異。君子在位，當各盡言責，雖犯顏進諫而不避。小人則唯阿比之是務，異口同聲，稱功頌德，求悅人主，皆鄉愿之行也。一朝之政，至於群臣同聲，無有異議，斯其中無一君子可知。不有君子，其能國乎？斯亦不待著卜而可預知也。

深寧又云：

> 賢臣久於位，則其道行，房喬以之成正觀之治。姦臣久於位，則其
>
> 欲肆，林甫以之成天寶之亂。〔註21〕

〔註17〕《困學紀聞》卷二《書》。
〔註18〕同前註。
〔註19〕《困學紀聞》卷三《詩》。
〔註20〕同註17。
〔註21〕《困學紀聞》卷十四《考史》。按，正觀即貞觀，宋人避仁宗諱改。

賢臣在位，必久而其道始行；反之姦臣居位，亦必日久積惡而成其亂。房相二十三年，李相十九年，及後秦檜相宋亦十九年，〔註22〕故治亂皆以漸不以驟也。苟不審賢奸，使小人在位，弄權日久，必至危國。故深寧云：

> 尹氏不平，此幽王所以亡。《春秋》於平王之末，書尹氏卒，見權臣之繼世也。於景王之後，書尹氏立王子朝，見權臣之危國也。《詩》之所刺，《春秋》之所譏，以此坊民，猶有五侯擅權，三馬食曹之禍。〔註23〕

又云：

> 盜言孔甘，寇攘式內，皆孟子所謂民賊也。有民賊，則賊民興。漢傅燮曰：天下之禍，不由於外，皆興於內。唐裴度曰：欲平賊，當先清朝廷。眞文忠公曰：內有衣冠之盜，而後外有干戈之盜。〔註24〕

謂天下之禍皆由內而起，故欲平賊亂，當清朝廷之權奸。深寧之論政，多因時而發，《紀聞》一書，成於宋社既屋之後，故屢貶姦臣之弄權害國，其實即有懲於其自身亡國之創痛也。說詳後文。《紀聞》又一條云：

> 建炎李綱去，而潛善、伯彥相。紹興趙鼎、張浚去，而檜相。檜死，其黨迭爲相。隆興至淳熙，萬機獨運，而大臣充位。慶元後，政在侂冑。嘉定後，政在彌遠。端平迄景定，更一相則曰更化。然姦臣弄權之日常多，陽淑消而陰慝長，危亡之證，所由來漸矣。陰凝冰堅，極於似道。邵子謂禍在夕陽亭一語，遂與西晉同轍，哀哉！〔註25〕

又一條云：

> 康節邵子《西晉吟》，有刀難剖公閭腹，無木可梟元海頭，禍在夕陽亭一語，上東門嘯浪悠悠。考之晉史，賈充納女以壬辰，劉曜陷長安以丙子，相去纔四十五年。姦臣孽女之敗國家，吁，可畏哉！（原注：近世賈妃之冊以壬辰，而宋之禍亦以丙子，悲夫！）〔註26〕

深寧謂建炎以後爲相者多姦佞，至於賈似道而至於極。壬辰爲宋理宗紹定五年，十二月朔，進才人賈氏爲貴妃。賈妃乃似道姊，故深寧謂與西晉同轍而致歎也。權臣誤國固爲深寧所深惡，然人主獨運萬機，而使大臣充位，亦決

〔註22〕參翁注引閻百詩、方樸山箋。
〔註23〕《困學紀聞》卷三《詩》。
〔註24〕同前註。
〔註25〕《困學紀聞》卷十五《考史》。
〔註26〕《困學紀聞》卷十三《考史》。

非深寧所贊同。故又嘗言：

> 孝皇獨運萬機，頗以近習察大臣。《中庸或問》敬大臣之說，《大事記》大臣從臣之說，皆以寓箴諷之意。《文鑑》所取，如徐鼎臣《君臣論》、文潞公《鼂錯論》、蘇明允《任相論》、秦少游《石慶論》之類，皆諫書也。〔註27〕

朱子《中庸或問》云：「夫勞於求賢，而逸於得人。任則不疑，而疑則不任。如置之大臣之位，而又恃小臣之察以防之，吾恐上之所以猜防畏備者愈密，下之所以欺罔蒙蔽者益深。所謂偏聽獨任，御下蔽上之姦，將不在於大臣，而移於左右。其為國家之禍，尤不可勝言者矣。」呂東萊《大事記》曰：「周赧王五年，客卿謂秦武王曰：張儀之貴，不得議公孫郝，則從臣不事大臣矣。公孫郝之貴，不得議甘茂，則大臣不事近臣矣。」《解題》云：「大臣從臣之名，始見於此。所謂大臣者，張儀甘茂也。所謂從臣者，公孫郝也。……當時所謂從臣者，愛習而侍從者也。文武成康之際，侍御僕從，罔非正人，列之于六官之屬，曷嘗有內外之間哉？秦乃用其愛習，為人主私人，其權至與大臣相抗，古無是也。遇昏弱之主，則大臣從臣，表裏締結，合為欺罔。遇英武之主，如秦武之流，不過防其交通，使之互相伺察而已。雖自以為得駕馭之術，不知體統舛雜，中外痞隔，致亂之道也。」東萊《淳熙四年輪對劄子》有「陛下聖躬獨勞，而無群臣之助」之語。淳熙八年，朱子《延和奏劄二》亦嘗云：「士大夫之進見有時，而近習之從容無間。士大夫之禮貌既莊而難親，其議論又苦而難入。近習便辟側媚之態，既足以蠱心志，其胥吏狡獪之術，又足以眩聰明；恐陛下未及施駕馭之策，而先已墮其數中矣。」〔註28〕是知孝宗之失，東萊、朱子皆知之，亦並嘗規之也。深寧雖恨姦臣之弄權，然決不主大臣充位，而由人主專制。蓋不任大臣，必至於偏聽小臣，其為禍於國家將更烈。故任大臣以事權乃正辦，疑者不任、任者不疑亦是正途，賢臣在位日久而其道行，則居之久亦不為非。總結言之，則惟在先辨別賢才，擇而用之，乃為最要義也。故深寧又云：

> 執我仇仇，亦不我力，周所以替也。雖不能用，吾愁寘之於耳，楚所以亂也。君且休矣，吾將思之，漢所以微也。〔註29〕

〔註27〕《困學紀聞》卷十五《考史》。
〔註28〕皆見翁注引。
〔註29〕《困學紀聞》卷三《詩》。

得賢而不能用，聞忠諫而不能聽，斯則人主之過，而國之所以微。深寧又嘗言：

> 延平先生論治道，必以明天理，正人心，崇節義，厲廉恥爲先。〔註30〕

李延平乃朱子所嘗從學者，眞西山則朱子後傳。觀夫篇首所引西山語與此條所述，則深寧論治之大體可知。總之，深寧之論史則不離論政，言經又不忘證史，而論政又歸本於人心。經史一貫，本末備具，而一一賅之以實證，非徒出於空言而已。其所論有關治道者，已散見於本文經學各篇者不復贅，繼此請言其論人才。

第二節　論人才

《紀聞》云：

> 慕容恪尚在，憂方大耳。如得臣猶在，憂未歇也。覘國者以人爲輕重。〔註31〕

國以人爲輕重，此深寧論史論政之最後歸宿。前燕慕容儁死，晉聞之，曰：「中原可圖矣。」桓溫曰：「慕容恪在，其憂方大。」〔註32〕國尚有人，則國脈猶可保。故又云：

> 鄭用三良未可間，衛多君子未有患，季梁忠謀疆敵畏，汲直守節亂萌弭。《詩》曰：無競維人，四方其訓之。正先諫誅嬴運促，李雲忠隕漢宗覆，章華罹僇陳業驟，昭圖嬰覕唐鼎移。《詩》云：曾是莫聽，大命以傾。〔註33〕

苟得其人，即國勢不絕如縷，仍可使寇讎有所忌憚。故鄭用三良，衛多君子，季梁汲黯之在位，皆所以維國脈於不斷。至所舉正先、李雲、章華、孟昭圖，莫不以忠諫罹戮，而其社稷亦踵之而覆。深寧又云：

> 君子之去留，國之存亡繫焉。故《夏書》終於《汝鳩》《汝方》，《商書》終於《微子》。〔註34〕

君子之與國運，合爲一體。全謝山注云：「深寧於德祐之末，抗疏，即出國門。

〔註30〕《困學紀聞》卷十五《考史》。
〔註31〕《困學紀聞》卷十三《考史》。
〔註32〕參見《史通》卷八《模擬》引蕭方等《三十國春秋》。
〔註33〕《困學紀聞》卷三《詩》。
〔註34〕《困學紀聞》卷二《書》。

其亦有感而言此乎？」﹝註35﹞竊謂深寧此條是否即有感自身之抗疏去國而爲言，雖未能遽斷，而其爲有感於宋祚之絕，殆可無疑。其書中此類立言尚多，說詳下章。《紀聞》又一條云：

> 君子小人之壽夭，可以占世道之否泰。諸葛孔明止五十四，法孝直纔四十五，龐士元僅三十六。而年過七十者，乃奉書乞降之譙周也。天果厭漢德哉？﹝註36﹞

此條貌若新奇，其實亦沿前論而來。所謂君子小人之壽夭，易辭言之，猶言君子小人在位之久暫。君子在位久則道可行，小人在位久則成權姦。故可因之以占世道之否泰。然深寧又云：

> 三國，魏有篡弑，吳有廢立，皆受制強臣。蜀漢未亡之前，庸王尸位，而國無內憂，昭烈武侯之規模遠矣。﹝註37﹞

諸葛孔明固不壽，亦終無以挽蜀漢之亡，然因當初收拾得人才在，故死後猶能維持二十年，此所以謂其規模遠也。﹝註38﹞然繼亮而代起者，若蔣琬、董允、費禕之屬，終亦無此規模，則終亦無以救其國之入於否運。彼輩皆可謂非小人，特才力不足以旋乾轉坤耳。至於小人之爲禍，則深寧言之尤痛切，云：

> 李常寧曰：天下至大，宗社至重，百年成之而不足，一日壞之而有餘。（原注：元祐中對策。）劉行簡曰：天下之治，眾君子成之而不足，一小人敗之而有餘。（原注：紹興中奏疏。）皆至論也。﹝註39﹞

凡事難成而易敗，此理之常也。孔子論政，曰善人教民七年，亦可以即戎。又云善人爲邦百年，亦可以勝殘去殺。成治之難可知矣。至小人敗之，則旦夕可壞。故又云：

> 勿以憸人，《立政》之戒也。爻辭周公所作，《師》之上六、《既濟》之九三，皆曰小人勿用。﹝註40﹞

﹝註35﹞見翁注引。
﹝註36﹞《困學紀聞》卷十三《考史》。
﹝註37﹞同前註。
﹝註38﹞翁注引呂成公《史說》曰：「諸葛亮治蜀規模，死後猶足維繫二十年。以劉禪之庸，而蜀不亂，只緣當初收拾得人才在。故亮死後，蔣琬代之。琬之後，董允代之。允之後，費禕代之。皆是賢者。此亮之規模，有以維持之也。」深寧謂昭烈諸葛之規模遠，即承呂氏說而來。
﹝註39﹞《困學紀聞》卷十五《考史》。
﹝註40﹞《困學紀聞》卷二《書》。

又云：

> 武侯不用魏延之計，非短於將略也。在《易·師》之上六曰：小人
> 勿用。〔註41〕

《易》曰勿用，用字當爲施行義，〔註42〕小人勿用謂小人不宜有所施行也。
而深寧則盡解作勿用小人。即如孔明不用魏延之略，亦以其計爲懸危耳，非
必以其人爲小人而不之用也。〔註43〕故深寧此兩條，若就訓詁考據之立場言，
則皆有可商者，然小人之當勿用，則殆無可爭辯。《紀聞》又一條云：

> 《賈誼書·容經》篇，諺云：君子重襲，小人無由入。正人十倍，
> 邪辟無由來。古之人其謹於所近乎。《詩》曰：芃芃棫樸，薪之槱之。
> 濟濟辟王，左右趣之。此言左右日以善趣也。此即選左右之說。爰
> 延亦云：善人同處，則日聞嘉訓；惡人從遊，則日生邪情。〔註44〕

爲君之道，在親君子而遠小人。君子者眾，則雖有小人，其邪辟亦無由入。
前條謂眾君子成之而不足，一小人敗之而有餘，與此條辭意若不協，而其立
言輕重之間，正善治者所宜細玩也。深寧又言：

> 元祐諸賢不和，是以爲紹聖小人所乘。元符、建中韓曾不和，是以爲
> 崇寧小人所陷。紹興趙張不和，是以爲秦氏所擠。古之建官曰三公，
> 公則無私矣。曰三孤，孤則無朋矣。無私無朋，所以和也。〔註45〕

孔子曰君子和而不同，小人反是。深寧以無私無朋釋君子之和，可發明《論
語》之旨。然觀此條所論，深寧意似認小人之可得爲惡，君子亦未嘗無責。
君子重襲，小人無由入。君子不和，乃使小人有機可乘。然深寧又曰：

> 蔡京之惡極矣，曾布、張商英是以竊君子之名。〔註46〕

又云：

> 夬揚于王庭，以正小人之罪。孚號有厲，以危小人之復。元祐諸賢，
> 似未知其危乃光之義。〔註47〕

其於曾布張商英，固未許以爲君子，即於元祐諸賢，亦因其不知防小人之義，

〔註41〕 《困學紀聞》卷十五《考史》。
〔註42〕 參《經義述聞》卷一。
〔註43〕 參《三國志》卷四十《蜀書·魏延傳》注。
〔註44〕 《困學紀聞》卷三《詩》。
〔註45〕 同註41。
〔註46〕 同註41。
〔註47〕 同註41。

遂以不和而爲小人所乘陷，乃亦頗致不滿也。

　　然君子之和，亦易爲小人所構陷。深寧因亦力闢朋黨之說，曰：

　　　　歐陽子曰：始爲朋黨之論者，甚於作俑。愚考漢史蕭望之、周堪、
　　　　劉更生同心謀議。宏恭、石顯奏望之、更生朋黨，欲專擅權勢。朋
　　　　黨二字，始見於此，遂爲萬世之禍，可謂一言喪邦。〔註48〕

歐陽永叔有《朋黨論》一首，謂君子以道合，小人以利合，故惟君子始有朋，
小人之暫相黨引以爲朋者，僞也。〔註49〕此意其實已先發於范文正。〔註50〕
惟范歐尚不避言黨，而深寧則特惡黨字，故又云：

　　　　漢黨錮以節義，群而不黨之君子也。唐朋黨以權利，比而不周之小
　　　　人也。漢之君子，受黨之名，故其俗清。唐之小人，行黨之實，故
　　　　其俗弊。〔註51〕

將漢黨錮與唐朋黨對言，謂漢之君子特受黨之名，其實爲群而不黨，惟唐之
小人乃行黨之實，而小人惟恐人主之近君子，故遂讒之以爲黨。深寧又云：

　　　　姦臣惟恐其君之好學近儒，非獨仇士良也。吳張布之排韋曜、盛沖，
　　　　李宗閔之排鄭覃、殷侑，亦士良之術。〔註52〕

仇士良之老，中人舉送還第，謝曰：「天子不可令閒暇，暇必觀書。見儒臣則
又納諫，智深慮遠，減玩好，省遊幸，吾屬恩且薄而權輕矣。爲諸君計，莫
若殖貨財，盛鷹馬，日以毬獵聲色蠱其心，極侈靡使悅不知息，則必斥經術，
闇外事。萬機在我，恩澤權力，欲焉往哉？」〔註53〕此則可謂千古姦佞小人
心聲之吐露。然任賢才，黜姦佞，其事在人主，至於君子，則惟在守道之固
而已。深寧云：

　　　　伯宗好直言而不容於晉，國武子好盡言而不容於齊，小人眾而君子
　　　　獨也。漢士習於詔諛，而以汲長孺爲戇，朱游爲狂。晉士習於曠達，
　　　　而以卞望之爲鄙。君子之所守，不以習俗移也。〔註54〕

────────────

〔註48〕《困學紀聞》卷十二《考史》。
〔註49〕參見《歐陽文忠公集》卷十七《朋黨論》。
〔註50〕慶曆四年四月，仁宗與執政論及朋黨事，參知政事范仲淹對曰：「方以類聚，
　　　　物以群分，自古以來，邪正在朝，未嘗不各爲一黨，不可禁也，在聖鑒辨之
　　　　耳。誠使君子相朋爲善，其於國家何害？」參見《涑水紀聞》卷十。
〔註51〕《困學紀聞》卷十四《考史》。
〔註52〕同前註。
〔註53〕參見《新唐書》卷二百七《宦者上・仇士良傳》。
〔註54〕《困學紀聞》卷六《左氏》。

入時趨俗，斯為鄉愿，必不得為君子。深寧言治道，在上層朝廷則重君道臣道，在下層社會則重風俗人心。蓋朝廷有道，有以教化斯民，則可以厲風俗而正人心。而道之通塞，則視人君之能否擇任賢才。使小人得勢，君子自不為所容。而風俗不正，則君子亦必為眾所鄙棄也。庸人但隨風俗，若使社會之風俗尚能保持不壞，則雖上無賢才，而在位之小人猶不敢太過。蓋小人必為鄉愿，在上則務悅人主，在下則求媚世俗故也。是以在上不得賢才，不得已尚應講求在下風俗之維持。至於君子則中心有所守，固不以時俗之好惡而改其行。深寧又曰：

> 朱文公謂蔡季通曰：身勞而心安者為之，利少而義多者為之。李誠
> 之嘗語真希元曰：篤信好學，守死善道。此吾輩八字箴。〔註55〕

君子之所行，但為義不為利耳。深寧論義利之辨，已見上文《論〈書〉》《論〈春秋〉》兩篇。《紀聞》又一條云：

> 古者以德為才，十六才子是也。如狄之酆舒，晉之智伯，齊之盆成
> 括。以才稱者，古所謂不才子也。〔註56〕

古人所謂才者，乃兼德行而言，才即德，德亦才，後世乃轉以狡詐邪僻，行事之有手段者為才，斯古人所謂之不才也。故深寧意想中之人才，毋寧謂為有德之君子之更為恰當。即至後人以才德分言，深寧亦必謂用人不以才勝德也。〔註57〕此皆源於儒家嚮來所有之一種人品觀而來。又一條云：

> 顏真卿、鄭畋，以興復為己任，倡義討賊，其志壯矣。真卿權移於
> 賀蘭進明，畋見襲於李昌言，功不克就。故才與誠合，斯可以任天
> 下之重。〔註58〕

此處所謂才，指才能言。顏鄭二人，依深寧意，可謂有誠而才未足以副其任。故知其意以為才德兼備者方可以當天下之大任，非徒重德而遺才於不論。然二者相較，則主德勝於才為尚也。

深寧又云：

> 或問賢，曰：顏淵、黔婁、四皓、韋玄成。王介甫曰：出乎顏淵，
> 則聖人矣。出乎韋玄成，則眾人矣。〔註59〕

〔註55〕《困學紀聞》卷十五《考史》。
〔註56〕《困學紀聞》卷六《左氏》。
〔註57〕說參本章第一節《論治道》。
〔註58〕《困學紀聞》卷十四《考史》。
〔註59〕《困學紀聞》卷十《諸子》。

此為賢人訂出一範疇，高於顏淵者唯孔子之聖，而下於韋玄成者，雖未至於為小人，然亦終不免為眾人。此條之特堪注意者，顏淵雖嘗問為邦，惟終其一生，一簞食、一瓢飲、居陋巷，而卒早夭，其在政治上可謂一無表見。而於四科之中，獨居德行之首。黔婁、四皓，則尤近道家退隱高蹈一路。所舉四者中，其出仕而有成績者，唯韋玄成一人。史稱玄成於漢元帝永光中代于定國為丞相，守正持重，不及父賢，而文采過之。玄成父賢，宣帝時亦嘗為相。〔註60〕其實如韋玄成者，已不易為之矣，而懸之以為賢眾所由分，過此而上之，則為大賢而可以希聖，未及此者，則極之不免為庸眾。是正可證深寧重德過於重才，重人品過於重事業之意見。

深寧又云：

> 象山先生曰：古者無流品之分，而賢不肖之辨嚴。後世有流品之分，
> 而賢不肖之辨略。〔註61〕

陸象山所謂古無流品之分，猶言古無流品之名耳。嚴辨賢不肖，即無異嚴分流品也。其意蓋以為應就其名而核其實，非謂不應立此流品之目。其言非是反流品，實乃更重視流品，故深寧有取焉。因又言：

> 《八哀詩》，將相宗室之外，名士有三焉：蘇源明不污偽爵，其最優
> 乎。李邕細行弗飾，次也。鄭虔大節已虧，下矣。〔註62〕

此條在《紀聞》書中《評詩》卷。其實與其謂之評詩，毋寧謂之評人。名士之三等，蘇源明不受安祿山之偽署，所以存其節。鄭虔嘗受祿山封，所以虧其守，猶不及李邕之不飾細行也。〔註63〕君子於道之行，則當有所為；於道之不行，則當有所守。惟深寧又言：

> 何武曰：衛青在位，淮南寢謀。李尋曰：淮南王作謀之時，其所難
> 者，獨有汲黯。今人多以淮南寢謀稱黯，而不及青，才能不若節義
> 也。（原注：汲黯在朝，淮南寢謀。其語見吳步驚疏。）〔註64〕

淮南寢謀，或謂忌衛青，或謂憚汲黯。全謝山云：「《淮南王傳》亦嘗有謀刺殺大將軍青之語。《汲黯傳》則固有憚黯之語。」〔註65〕然則何武說殆不足據。

〔註60〕 參《漢書》卷七十三《韋賢傳》。
〔註61〕 《困學紀聞》卷二十《雜識》。
〔註62〕 《困學紀聞》卷十八《評詩》。
〔註63〕 參《新唐書》卷二百二《文藝中·李邕傳》《鄭虔傳》《蘇源明傳》。
〔註64〕 《困學紀聞》卷十二《考史》。
〔註65〕 見翁注引。

深寧釋其事之所以然，謂才能不若節義。節義是德，非後世之所謂才。世俗之論史者，或譏儒者論政尚德之為迂闊不切實際，觀此條之所舉，亦豈其然？衛青豈不才力絕人，淮南王焉有不畏之理。惟尚可謀而刺之，事成，則其才力亦將隨之而逝。若汲黯之持守節義，殺之適足以感召人心，其節義將不隨其身之滅而絕。然則殺之何益。是以使淮南生忌憚之心者，衛汲皆然，而終折其謀者，乃在此而不在彼也。深寧不徒事空言，一一舉史以為之證，殆大有功於義理之學。然則君子之節義，非僅為其一人之修養，並可有其折衝萬里之用矣。故賢人在位，在秉此節義以行道，及世亂道衰，亦惟此節義之是守而已。深寧又云：

> 子皮曰：君子務知大者遠者，小人務知小者近者。程子謂君子之志所慮者，豈止一身，直慮及天下萬世。小人之慮，一朝之忿，不遑恤其身。〔註66〕

小人為私為利，一切僅慮及一身。君子為公為義，所以慮及天下萬世。君子知所以為己，其守義不阿，即所以成己，亦所以成物。所以成今人，亦所以成後人。其所為一出於公義，故必輕視去就。《紀聞》又一條云：

> 四十始仕，道合則服從，不可則去。古之人，自其始仕，去就已輕。色斯學矣，去之速也。翔而後集，就之遲也。故曰：以道事君，不可則止。〔註67〕

此條藉《禮記》以闡《論語》。事君當以道，不可則去其位。此孔子所謂大臣之道。苟不知君子出處之義，勇於進而怯於退，則只可謂之具臣，非臣道也。深寧以為不只臣道有忠，君道亦有忠，此已申於上篇。若不曉去就之義，則其忠亦僅是小忠愚忠，不足以為大臣。深寧又云：

> 君子其潛如龍，非迅雷烈風不起。其翔如鳳，非醴泉甘露不食。司馬德操、諸葛孔明，俱隱於耕稼，而仕止殊。魏玄成、徐洪客，俱隱於黃冠，而出處異。如用之，易地皆然。〔註68〕

司馬、諸葛、魏、徐四人，或仕或止，或出或處，此其迹之異，而深寧獨遺其迹而論其人，謂其人皆如潛龍翔鳳，非其君不仕者。至於形迹之殊，則以其際遇之異，故曰易地則皆然。孔子曰君使臣以禮，臣事君以忠。君能以禮待臣，

〔註66〕 《困學紀聞》卷六《左氏》。
〔註67〕 《困學紀聞》卷五《禮記》。
〔註68〕 《困學紀聞》卷十三《考史》。

臣亦自能盡忠以事君。既已委質爲臣，則當以道事君而盡己之職守。《紀聞》云：

> 劉秩爲祭酒，上疏曰：士不知方，時無賢才，臣之罪也。元積守同
> 州，《旱災自咎》詩曰：上羞朝廷寄，下愧閭里民。秩積可謂知所職，
> 其言不可以人廢。〔註69〕

大學設官，職在造士，故劉秩爲祭酒，上疏云云。秩積之節皆無足稱，而所
言皆知所負荷，故深寧謂不可以人廢言也。《紀聞》又一條云：

> 南豐記王右軍墨池云：愛人之善，雖一能不以廢。愚謂右軍所長，
> 不止翰墨。其勸殷浩內外協和，然後國家可安。其止浩北伐，謂力
> 爭武功，非所當作。其《遺謝萬書》，謂隨事行藏，與士卒同甘苦。
> 謂謝安虛談廢務，浮文妨要，非當時所宜。言論風旨，可著廊廟，
> 江左第一流也，不可以藝掩其德。謂之一能，過矣。〔註70〕

王右軍以書法獨擅千古，世之所以重之者亦惟在此，故其謀國爲政之言論，
遂爲所掩。有宋理學諸儒論學之偏，其一在較不重史學，其二在忽視文學。
至若右軍之書藝，宜亦可視之爲玩物喪志。程子亦寫字，然謂非是要字好，
即此是敬。則寫字亦只是一居敬工夫，非欲求進於藝術。至朱子始兼治史治
文，亦不廢藝術；其文章學曾南豐，書法宗曹孟德，其規模已遠非程門以下
之諸儒所可比；然於右軍亦未稱道。深寧於劉秩元積，則謂不能以人廢言，
於右軍，則特發其言論風旨，謂不能以其藝掩其德，是皆可見其論史論人至
公至平之心也。

深寧又曰：

> 張子曰：《易》爲君子謀，不爲小人謀。朱子謂聖人作《易》，示人
> 以吉凶。言利貞，不言利不貞。言貞吉，不言不貞吉。言利禦寇，
> 不言利爲寇也。〔註71〕

又云：

> 龜山曰：子見南子，包承者也，此大人處否而亨之道。朱文公謂非
> 所以爲訓。若使大人處否，而包承小人以得亨利，則亦不足以爲大
> 人矣。〔註72〕

〔註69〕《困學紀聞》卷十四《考史》。
〔註70〕《困學紀聞》卷十三《考史》。
〔註71〕《困學紀聞》卷一《易》。
〔註72〕同前註。

《易》爲君子謀，故只講君子所當爲，其言利，似與孔子之罕言利不同，然彼所謂利，亦只是爲義之利。小人之利，《易》所不言。至爲君子之謀，其義亦未易明。如楊龜山以子見南子爲包承小人，謂上下不交，小人道長之極，夫子見之乃不得已，此大人處否而亨之道。朱子深不以爲然，云：「龜山以包承小人爲一句，言否之世，當包承那小人，如此卻不成句。龜山之意，蓋欲解洗他從蔡京父子之失也。」〔註73〕深寧此條悉從朱子意。大人處否而包承小人，是鄉愿之行，不足以爲大人。深寧之世，亦可謂上下不交，否之極矣，故其論史論人，乃揚節義而厲廉恥，此即其所以不包承小人之義也。《紀聞》云：

> 巧言如簧，顏之厚矣，羞惡之心未亡也。不愧于人，不畏于天，無羞惡之心矣。天人一也，不愧則不畏。〔註74〕

深寧論在上位者當知有所畏，知天命之可畏，知民心之可畏，已詳《論〈書〉》篇。至於人臣之爲君子者，其在位也，當守其節義；及否塞之世，不在其位，亦當存其節義。而此節義之所以存，則惟在人之一點畏心恥心；不畏無恥，節義焉在？而知畏知恥，莫先於知所愧，亦即孟子所謂羞惡之心。故又云：

> 辛慶忌之救朱雲，張萬福之拜陽城，服儒衣冠者，亦可媿矣。〔註75〕

朱雲、陽城，胥直諫之臣，而忤逆上意，人皆懼禍，未敢救助，惟辛慶忌、張萬福不以一身爲謀，亦直言救之，故謂使服儒衣冠者愧。此皆在位之臣所當守之節義。然深寧又云：

> 劉殷失節於劉聰，而戒子孫曰：事君當務幾諫。大節已虧，其言之是非，不足論也。〔註76〕

劉殷以孝友名，七歲喪父，哀毀過禮，服喪三年，不見其齒。永嘉之亂，沒於劉聰。聰奇其才而擢任之。恒戒子孫曰：「事君當務幾諫，凡人尙不可面斥其過，而況萬乘乎？」〔註77〕深寧亦重孝，惟以殷虧於大節，遂甚惡之，至其言所以事君者，更非直臣之道，故謂其人已如此，則其言亦不足辨。此與上引一條於劉秩元積，以爲不可以人廢言者比觀，頗可見深寧論人所持之標準。秩積之正言，固不與殷語之違道者同科，而彼二人雖無與於節義，然與

〔註73〕 參見《朱子語類》卷七十。
〔註74〕 《困學紀聞》卷三《詩》。
〔註75〕 《困學紀聞》卷十二《考史》。
〔註76〕 《困學紀聞》卷十三《考史》。
〔註77〕 參《晉書》卷八十八《孝友傳》。

殷之有虧大節者仍當有辨也。

深寧論治論人，既秉此一意見，故特重廉恥二字，云：

> 廉恥，國之脈也。廉恥泯，則國從之。是以楚瓦好賄，郢城危。晉
> 盈求貨，霸業衰。秦賂讒牧，還為虜。漢金閒增，垓敗羽。利之覆
> 邦，可畏哉。《大學》之末，七篇之始，所以正人心，塞亂原也。在
> 《益》之《屯》曰：莫益之，或擊之。〔註78〕

國脈之維持，唯在廉恥。而廉恥之屬，則惟在義利之辨。《大學》之末，《孟子》之始，皆所以辨義利。程伊川解《益·上九》云：「利者，眾人所同欲也。專欲益己，其害大矣。欲之甚，則昏蔽而忘義理，求之極，則侵奪而致仇怨。故夫子曰：放於利而行，多怨。孟子謂先利則不奪不饜。聖賢之戒深也。九以剛而求益之極，眾人所共惡，故无益之者，而或擊之矣。」〔註79〕深寧所言，殆承伊洛之緒論；而以廉恥為國脈之所繫，義利為廉恥之所關，則其新義也。所以謂當先知義利之辨，然後可以知廉恥者，蓋因非廉則不足以有恥，惟能廉而後能有所節而知所恥也。故深寧又云：

> 貴而能貧，張文節、司馬公有焉。能賤而有恥，劉道原、陳無己有
> 焉。〔註80〕

君子不以貴賤改其所守，文節溫公皆至相位，而自奉俱儉。道原無己貧無以自給，然亦不易其操。此皆能守廉者，故特為深寧所稱道。人臣之不知廉，斯亦將不知恥，蓋以一己之私利為慮，則國之亡，適可以益其利，遂有利災而樂亡者矣。故深寧於失節之人，特加痛斥。云：

> 晏元獻論秦穆公以由余為賢，用其謀伐戎。夫臣節有死無貳，戎使
> 由余觀秦，終竭謀慮，滅其舊疆，豈鍾儀操南音、樂毅不謀燕國之
> 意哉？秦穆之致由余而闢戎土也，失君君臣臣之訓矣。元獻之論，
> 有補世教，故錄之。〔註81〕

由余降秦，而還滅其故國，故秦視之為賢才。然彼之能也，自戎視之，豈亦得以為賢乎？深寧特錄晏元獻之論，以為有補世教，則其所以再三致辨於臣節者，其旨可知。《紀聞》又一條云：

〔註78〕《困學紀聞》卷一《易》。
〔註79〕參見《伊川易傳》卷三。
〔註80〕《困學紀聞》卷六《左氏》。
〔註81〕《困學紀聞》卷十一《考史》。

　　《法言》末篇稱漢公，斯言之玷，過於美新矣。司馬公雖曲爲之辨，

　　然不能滌莽大夫之羞也。〔註82〕

揚雄《法言・孝至》篇云：「周公以來，未有漢公之懿也，勤勞則過於阿衡。」
司馬溫公《迂書》嘗爲之辨，謂莽自況伊周則與之，至於篡，則不之然也。《通
鑑》於王莽天鳳五年，但書揚雄卒。而朱子《綱目》乃改書莽大夫揚雄死，
所以別寓褒貶之意者，殆於《通鑑》書法有所不滿也。深寧至謂漢公之稱，
其玷尤過於其所作《劇秦美新》之文，其論不可謂不嚴矣。又云：

　　漢之劉歆，魏之元詡，賣宗國以徼利，而身亦不免。小人可以戒矣。

　　〔註83〕

古今小人之賣國徇利者，亦未必盡不得善終，然舉此二人，則可見小人之以
利爲利，有時轉不得其利也。全謝山謂此條之作，乃切齒於趙孟傳之輩。〔註
84〕大抵深寧多感時之言，然亦未必一一皆有具體之事實可指，謝山加一輩字，
可謂斟酌近是。又云：

　　楊堅以后父篡國，亦一莽也。以不仁得之，以不仁守之，必及其世，

　　堅之謂矣。莽堅之女，皆節婦也，爲其父者，亦少愧哉。〔註85〕

莽女爲孝平皇后，堅女爲周宣帝后，皆知守節，故深寧謂皆可愧乃父。又云：

　　韋孝寬知兵而不知義。尉遲迥之討楊堅，所以存周也。孝寬受周厚

　　恩，乃黨堅而滅迥。堅之篡也，孝寬實成之，難以逭《春秋》之誅

　　矣。〔註86〕

由余事秦，秦用其謀以滅戎，非不知謀也。韋孝寬應楊堅徵，舉兵敗尉遲迥，
非不知兵也。其才其能適足以爲其國之害。故知深寧論人之先之以德者，非
徒爲迂濶之言也。又云：

　　歐陽子、司馬公之貶馮道，《春秋》之法也。我朝太宗謂范質欠世宗

　　一死，所以立萬世爲臣者之訓。〔註87〕

深寧論《春秋》，特明其正名之義，說詳《論〈春秋〉》篇。馮道之歷仕數君，
宋初學者尚未非之，至歐陽永叔《新五代史》以逮司馬溫公《通鑑》始抨擊其

〔註82〕《困學紀聞》卷十《諸子》。
〔註83〕《困學紀聞》卷十二《考史》。
〔註84〕參見翁注引。
〔註85〕《困學紀聞》卷十三《考史》。
〔註86〕同前註。
〔註87〕《困學紀聞》卷十四《考史》。

無恥，而益之以伊洛諸儒之痛斥，其人之奸慝，殆成國史之定論。〔註88〕至如范質，其爲人當不與馮道同類，然終欠世宗一死，是亦於人臣大節有虧者。

深寧一面貶斥失節者，另一面則大力旌揚守義守節之士。《紀聞》云：

> 《刺客傳》，說齋唐氏曰：諸侯棄甲兵之讐，爲盟會之禮，乃於登壇之後，奮匕首而劫國君，賊天下之禮者非沬乎？君臣之義，有死無殞，專諸感公子光之豢養，而親劘刃於王僚，賊天下之義者非諸乎？父母全而生之，子全而歸之，政纏終老母之年，遂殺身以爲仲子，賊天下之仁者非政乎？樊將軍以困窮歸燕丹，軻說取其首以濟入秦之詐，賊天下之信者非軻乎？以賊禮賊義賊仁賊信之人，並列於傳，又從而嗟歎其志，不亦繆哉？豫子以不忘舊君，殺身而不悔，抗節致忠，行出乎列士，乃引而寘諸四子之閒，不亦薰蕕之共器乎？〔註89〕

此條取唐說齋說，論《史記·刺客傳》之無當於義。而於諸刺客中，唯許豫讓一人合義，故謂與他四人同傳乃薰蕕之共器。又一條云：

> 王卿月爲澹菴制云：吾身寧蹈東海，獨仲連不肯帝秦。至今名重泰山，微相如何以強趙。〔註90〕

魯仲連寧蹈東海而死，亦不帝不義。此條錄在《評文》之卷，而深寧更無一語置評，則其有取於王氏制言者，固不在其對語之工也。又一條云：

> 魏以不仁得國，而司馬氏父子世執其柄。然節義之臣，釁巨姦之鍔。若王凌以壽春欲誅懿而不克，文欽、毋丘儉以淮南欲誅師而不遂，諸葛誕又以壽春欲誅昭而不成，千載猶有生氣。魏爲有臣矣。鄭漁仲謂晉史黨晉，凡忠於魏者爲叛臣；齊史黨齊，凡忠於宋者爲逆黨。
> 《史通》亦云：古之書事也，令亂臣賊子懼；今之書事也，使忠臣義士羞。〔註91〕

魏晉非治世，其得國亦不以仁，然尚有守義之臣，故謂千載猶有生氣。又云：

> 楊盛不改義熙年號，其志如陶靖節。孰謂夷無人哉？（原注：盛，武都王。）〔註92〕

深寧入元以後，自號浚儀遺民，亦衹書甲子。故於蕃臣之如楊盛者，亦特加

〔註88〕 說參拙著《歐陽修之經史學》下編第二章。
〔註89〕 《困學紀聞》卷十一《史記正誤》。
〔註90〕 《困學紀聞》卷十九《評文》。
〔註91〕 《困學紀聞》卷十三《考史》。
〔註92〕 同前註。

贊賞。又一條云：

> 寧爲袁粲死，不作褚淵生，宋石頭城之謠也。寧爲王凌死，不爲賈
> 充生，宋沈攸之之言也。悲君感義死，不作負恩生，陳魯廣達之留
> 名也。與其含耻而存，孰若蹈道而死，秦郭賢之移檄也。與其屈辱
> 而生，不若守節而死，燕賈堅之固守也。寧爲南鬼，不爲北臣，則
> 有齊新野之劉思忠。寧爲趙鬼，不爲賊臣，則有趙仇池之田崧。寧
> 爲國家鬼，不爲賊將，則有魏樊城之龐惠。寧爲國家鬼，不爲羌賊
> 臣，則有晉河南之辛恭靖。之人也，英風勁氣，如嚴霜烈日，千載
> 如生，其視叛臣要利者，猶犬彘也。〔註93〕

此諸所舉，皆可謂亂世之忠臣。治世之忠臣，則在守職盡分。亂世之忠臣，
則在抗死守節。又一條云：

> 顏見遠死節於蕭齊，其孫之儀，盡忠於宇文周。常山、平原之義，
> 有自來矣。〔註94〕

顏杲卿、眞卿皆忠唐室，杲卿抗安祿山，眞卿抗李希烈，誓死不屈節。深寧
乃考顏氏先世多節義，謂其德有所自來。此條似與上引王莽楊堅之女守節一
條立意相反，然其所以褒揚節義則一也。

深寧論人以此爲最高準則，循至其論史書書法，亦多就此著眼。上舉評
《史記・刺客列傳》一條即已見其意。又一條云：

> 西漢末，郭欽、蔣詡、栗融、禽慶、蘇章、曹竟，不仕於莽。（原注：
> 見《龔鮑傳》。）卓茂與孔休、蔡勳、劉宣、龔勝、鮑宣同志，不仕
> 莽時。（原注：見《卓茂傳》。）王皓、王嘉，並棄官。（原注：見《李
> 業傳》。）漢史不能表而揚之，爲清節傳，而僅附見其名氏。然諸君
> 子清風肅然，立懦夫之志於百世之下，不待傳而彰。〔註95〕

歷考不附王莽諸人，雖云亮節清風不待傳而彰，而其意蓋終以班氏之不傳忠
義爲憾也。〔註96〕又一條云：

〔註93〕《困學紀聞》卷十三《考史》。
〔註94〕同前註。
〔註95〕《困學紀聞》卷十二《考史》。
〔註96〕何義門注此條云：「無他事蹟，但宜於他傳中附見。宋金二史，紛煩無統，皆
　　　　此等議論啓之。勸懲不在傳之有無也。」全謝山非之，曰：「何氏但欲爲班固
　　　　佞臣，故作此語。漢史不傳忠義，自是大闕略事。如何武、鮑宣，不附莽而
　　　　死者也。彭宣、王崇、龔勝、邴漢、梅福、逢萌，不附莽而去者也。辛慶忌
　　　　之三子，不附莽而死者也。翟義、賈萌、張充諸人，討莽而死者也。龔勝，

《藝文志》：于長《天下忠臣》九篇。劉向《別錄》云：傳天下忠臣。
愚謂忠臣傳，當在史記之錄，而列於陰陽家，何也？《七略》，劉歆
所爲，班固因之。歆，漢之賊臣，其抑忠臣也則宜。〔註97〕

此條亦評《班志》因《七略》之失。深寧極惡劉歆之失節，故有是言。又一
條云：

《樓護傳》云：論議常依名節。東萊謂居五侯之門而論名節，猶爲
盜跖之徒而稱夷齊也。陳群爲曹操掾，而傳云雅仗名義，其能免樓
護之譏乎。〔註98〕

《三國志‧陳群傳》謂群爲侍中，領丞相東西曹掾，在朝無適無莫，雅仗名
義，不以非道假人。深寧以曹氏得國非道，故以樓護方陳群，而譏史傳之無
當。又云：

《水經注》引武侯《與步騭書》曰：僕前軍在五丈原，原在武功西
十里。馬冢在武功東十餘里，有高勢，攻之不便，是以留耳。武侯
表云：臣遣虎步監孟琰，據武功水東。司馬懿因水長攻琰營，臣作
竹橋，越水射之，橋成馳去。此可以裨《武侯傳》之闕。晦翁欲傳
末略載瞻及子尚死節事，以見善善及子孫之義。南軒不以爲然。以
爲瞻任兼將相，而不能極諫以去黃皓。諫而不聽，又不能奉身而退，
以冀主之一悟，可謂不克肖矣。兵敗身死，雖能不降，僅勝於賣國
者耳。以其猶能如此，故書子瞻嗣爵，以微見善善之長。以其智不
足稱，故不詳其事，不足法也。此論甚精。〔註99〕

朱子謂南軒諸葛之論，乃是以《春秋》責備賢者之法責之，於瞻爲不薄。〔註
100〕深寧特稱南軒此論，足見其雖重死節守義之臣，然於君子出處進退之道，
亦莫不一一講究也。又云：

不應徵而死者也。孔休、薛方、郭欽、蔣詡、栗融、禽慶、向長、蘇章、蔡
勳，不附莽而隱者也。曹竟不附莽而死於赤眉。李業、王皓、王嘉、譙元，
不仕莽而死於公孫述。其中有事蹟者，蓋十之六。若爲立傳，當勝於儒林諸
公之寥落遠甚。宋金二史之紛繁，其失豈在此哉？且班史嘗爲毫無事蹟之馬
宮作傳，則吾不知蒙奉之徒何以發明作者之義云。」二說皆見翁注引。此有
關乎史體，謝山史學之功亦深，其駁正何氏者甚辯。

〔註97〕《困學紀聞》卷十二《考史》。
〔註98〕同前註。
〔註99〕《困學記聞》卷十三《考史》。
〔註100〕參見《朱文公文集》卷四十《答何叔京》。

范文正公謂劉禹錫、柳宗元、呂溫數人，坐王叔文黨，貶廢不用。
傳稱叔文引禹錫等決事禁中，及議罷中人兵權，悟俱文珍輩，又絕
韋皋私請，欲斬劉闢，其意非忠乎？皋銜之，揣太子意，請監國而
誅叔文。《唐書》蕪駁，因其成敗而書之，無所裁正。韓退之欲作唐
一經，誅姦諛於既死，發潛德之幽光，豈有意於諸君子乎？〔註101〕

韓退之誅姦諛於既死，發潛德之幽光，即孔子作《春秋》，善善惡惡，賢賢賤
不肖之意。此義可懸之爲史家修史之準則。姦諛已死，誅之奚益。然後之復
有姦諛者，則可以知所畏。此孔子作《春秋》，而亂臣賊子所以懼也。善人君
子，其德已潛，其光已幽，乃抉發而明之，可以使來者勸。惟世俗多昧於是
非，而率因其成敗以爲之論，斯義理之所以難明，而朱子之所以以讀《春秋》
爲學者戒也。深寧又云：

歐陽子書唐六臣於唐亡之後，貶其惡也。朱子書晉處士於晉亡之後，
表其節也。一字之懲勸深矣。〔註102〕

書唐六臣於唐亡之後，斯退之所謂誅姦諛於既死也。書晉處士於晉亡之後，
斯退之所謂發潛德之幽光也。此數條皆討論史書之書法，其實亦在論人之賢
奸，易言之，亦即在辨君子小人。深寧又云：

何曾、荀顗之存，論者比之曾、閔。夫以孝事君則忠，不忠於魏，
又不忠於晉，非孝也。顗之罪，浮於曾。曾之驕奢，禍止及家。顗
之姦諛，禍及天下。〔註103〕

深寧重孝，嘗稱忠臣出於孝子，此條則轉謂不忠不足以爲孝。曾子大孝，謂
孝子尊親，不遺父母以惡名。曾顗二人皆無當於此義。小人不忠，惟阿諛苟
合以求媚人主，及其終也，至於禍家禍天下。故儒者論治，必先辨君子小人
者以此。深寧又云：

紹興、隆興，主和者皆小人。開禧，主戰者皆小人。〔註104〕

南宋一朝，和戰之議，始終爭持未下。此是一史學問題，非探究當時兵事形勢，
無以斷其所議之是非。蓋宋室南渡以後，至紹興三十一年，金主亮南犯敗衄，
宋得兩淮州郡，時金主雍初立，乃一恢復良機。越兩年，朱子即入京見張浚，

〔註101〕《困學紀聞》卷二十《雜識》。
〔註102〕《困學紀聞》卷十四《考史》。
〔註103〕《困學紀聞》卷十三《考史》。
〔註104〕《困學紀聞》卷十五《考史》。

說以兵事，謂國家欲大舉，只用十五萬精兵。〔註105〕朱子又嘗言，秦檜死，孝宗即位，乃二大有爲之機會。〔註106〕蓋朱子常不忘恢復，反對和議。孝宗隆興中，執政方主和議，朱子乃請祠以歸。及其晚歲，則轉不主空言復讎。〔註107〕開禧主戰者爲韓侂冑之徒，朱子已先卒。深寧則以君子小人分別之，以見形勢可移、政策可變，而其爲君子小人者則不可易也。深寧又云：

> 古者有常心曰士，無常心曰民。爲己曰君子儒，爲人曰小人儒。善利之間，而舜跖分焉。服言行而堯桀異焉。仁義之心，存與不存，而人禽別焉。懍乎其可懼焉。夫上志謂之士，行己有恥謂之士，否則何以異乎工商？特立獨行謂之儒，通天地人謂之儒，否則何以異乎老釋？困而不學，則下民爾。待文王而興，則凡民爾。無其實而竊其名，可以欺其心，不可以欺其鄉。〔註108〕

此條總論士儒之義，可謂爲深寧論人論學之準繩。顧亭林以博學於文、行己有恥爲教，其義已先發於深寧。深寧之所處，不可謂不困矣。故苟不知其世，則將不知其學。此當另詳下章。至於深寧論政治人才之先辨其人品德行，固爲嚮來儒者之正論，而其特注意於守節義厲廉恥，則當於其時代背景推尋其所以然。其論人物，其實即在論治道。本文分節特爲記述之便耳，當與上下各節滙而觀之，然後可見其全也。

第三節　論風俗（附論深寧地理之學與胡三省）

深寧論史，在上層政治則注重爲政者之德，而歸本於心術；在下層社會則注重民間之風俗，而亦歸宿於人心。此皆程朱以下，儒者論史論治之風旨也。社會風俗之美惡，視上層政府之教化以爲升降，一而二，二而一，非可

〔註105〕參《朱子語類》卷一百一十並一百三十三。

〔註106〕參《朱子語類》卷一百三十三。

〔註107〕朱子云：「恢復之計，須是自家喫得些辛苦，少做十年或二十年，多做三十年，豈有安坐無事，而大功自致之理？」又云：「今朝廷之議，不是戰，便是和。不和便戰。不知古人不戰不和之間，亦有簡且硬相守底道理。卻一面自作措置，亦如何便侵軼得我。今五六十年間，只以和爲可靠，兵又不曾練得，財又不曾蓄得，說恢復底，都是亂說耳。」亦見《語類》卷一百三十三。此俱朱子晚年語。蓋以紹興以還，屢失恢復之機，而數十年間以和議爲得計，無復措置，故朱子以時事已非，乃有此語。

〔註108〕《困學紀聞》卷二十《雜識》。

截爲兩事。政治之隆污，緣人才之盛衰，而人才之產生，則由風俗。豪傑之士，固不必待文王而後興，然雖不得其人，而風俗未盡敗壞，則人心尚可矯挽，世運亦猶可斡旋。深寧處易代之際，社稷已覆，其於君臣之義，遂較少言其積極進取之一面，而多就知恥守節一端上闡發。至於社會之風俗，則始終眷眷未肯釋懷者，即思所以維持人心於不墜，而天地之重光尚可有望也。茲就《紀聞》書中所述，略申其意。

深寧云：

> 《畢命》一篇，以風俗爲本，殷民既化，其效見於東遷之後。盟向之民，不肯歸鄭。陽樊之民，不肯從晉。及其末也，周民東亡，而不肯事秦。王化之入人深矣。唐賈至議取士，以安史之亂爲鑒。謂先王之道消，則小人之道長。小人之道長，則亂臣賊子生焉。蓋國之存亡在風俗。四維不張，而秦歷促。恥尚失所，而晉祚覆。至其知本之言哉。〔註109〕

《畢命》云：「道有升降，政由俗革。」故深寧謂其以風俗爲本。以殷民之知義，爲得於康王畢公之化，蓋從《書序》之說，而又未辨古文之僞故。又引賈至疏語，復證之以秦晉之亡於風俗之壞。而其所謂風俗者，則在四維。四維二字出《管子·牧民》篇，曰「國有四維，四維不張，國乃滅亡」。王者之教化其民，猶牧人之牧養其牛羊。風俗之美，由王化之深，故賈至舉先王之道之消長以言治亂，深寧乃許以爲知本也。又云：

> 風俗，世道之元氣也。觀《萬生》之詩，堯之遺風，變爲北方之強矣。觀《駉驖》《小戎》之詩，文武好善之民，變爲山西之勇猛矣。晉秦以是彊於諸侯。然晉之分爲三，秦之二世而亡，風俗使然也。是以先王之爲治，威彊不足而德義有餘。商之季也，有故家遺俗焉。周之衰也，懷其舊俗焉。〔註110〕

秦晉之興由風俗，其滅亦由風俗，故曰風俗世道之元氣。而此種元氣之培護，則以德不以力，故曰威彊不足而德義有餘。何以風俗竟可以爲世道之元氣而爲國脈絕續之所繫？蓋風俗成於人心，捨却人心，將無風俗之可言。人心可相感相通，一人之心，可以感發千萬人之心，若風氣之相感通而成其習俗。此可謂一人之心，感通了眾人之心。及風俗既成，民居其中，乃習焉而不察，其所言

〔註109〕《困學紀聞》卷二《書》。
〔註110〕《困學紀聞》卷三《詩》。

所行，有不能自外者矣。惟人心之相感通猶不止此，上世人之心，亦可感發後
世人之心，故一時之風俗，可以繼繩維持，亦可以絕而復續。故欲正風俗，莫
先於正人心。人心皆正，風俗斯美。而其事則由一人或少數人始，而漸及於眾。
故儒者論治，莫不舉三代而崇王者之教化者，即此故也。故深寧云：

> 《磨衲集》，王公庭秀作於紹興壬子。考其論議，以鄭介夫爲妄言，
> 陳少陽爲鼓變，是熙豐之法度，非元祐之紛更。謂黨人子孫爲謬賞，
> 謂蘇黃文章爲末藝，甚者擬程子之學於墨釋氏，而以《易傳》爲謝
> 楊刪潤成書，其反理詭道甚矣。詆趙張二相尤力。蓋自紹聖以來，
> 姦慝茂惡，家以荊舒爲師，人以章蔡爲賢，邪說詖行，沈酣入骨髓。
> 更中天之禍，蕭艾不薅，士習熟見聞，至紹興間，邪說猶肆行，筆
> 之簡牘，不恥也。是故人心不正，其害烈於洪水猛獸。吁，風俗移
> 人，可畏哉！〔註111〕

宋室南渡之後，學者多以爲荊舒之學不正而誤國，〔註112〕深寧則直謂人心不
正，其禍甚於洪水猛獸。又云：

> 乃命三后。先儒曰：人心不正，則入於夷狄禽獸。雖有土，不得而
> 居。雖有穀，不得而食。故先伯夷而後及禹稷。此說得孔子去食、
> 孟子正人心之意。小雅盡廢，其既烈於洚水。四維不張，其害憯於
> 阻饑。〔註113〕

此條所謂先儒，乃指呂東萊。《呂刑》云：「乃命三后，恤功于民。伯夷降典，
折民惟刑。禹平水土，主名山川。稷降播種，農殖嘉穀。三后成功，惟殷于
民。」東萊說之如此，深寧激賞之，以爲有得於孔孟論政之遺意。足食足兵，
可使民飽食安居，然猶應先其本而正人心，苟失其本，將並其末而不可得。
深寧又云：

> 一梁以折七國之鋒，一琅邪以續典午之緒，封建可以支變故。安平
> 之功，以畫邑之王蠋；南陽之興，以東郡之翟義，節行可以回人心。
> 〔註114〕

燕人初入齊，聞畫邑人王蠋賢，脅之從，蠋曰：「忠臣不事二君，貞女不更二

〔註111〕《困學紀聞》卷二十《雜識》。
〔註112〕參夏長樸《王安石的經世思想》第七章。（台大博士論文）
〔註113〕《困學紀聞》卷二《書》。
〔註114〕《困學紀聞》卷十二《考史》。

夫。與其生而無義，固不如烹。」齊大夫聞之，乃共立襄王，而後遂有田單之復國。〔註115〕翟義爲東郡太守，王莽居攝，義乃舉兵。〔註116〕此深寧所以謂節行可以回人心也。深寧爲學之特加意於講明節行者，正宜從此領悟，然後可以知其爲學用心之所在，而使學者於千載以下，讀其遺書，猶感其精神奕奕、丹心一片也。惟此條又謂封建可以支變故，殆有感於宋室中央積弱弗振而爲言。何義門嘗駁之，云：「七國獨非封建乎？」〔註117〕深寧復生，恐亦將無辭以對。封建變而爲郡縣，此歷史演變之一大趨，其勢有所不可反。乃以宋室削藩太過，至於地方無力，而復尚乞靈於封建，此則終不免爲書生之見矣。深寧又云：

> 名不可不謹也。《春秋》或名以勸善，或名以懲惡。袞鉞一時，薰猶千
> 載。東漢豪傑，恥不得豫黨錮，慕其流芳也。我朝鑴工之微，不肯附
> 名黨碑，懼其播惡也。名教立而榮辱公，其轉移風俗之機乎。〔註118〕

深寧論《春秋》，多就其正名之一端爲說，已詳《論〈春秋〉》篇。深寧學承朱子，朱子頗不主學《春秋》，而深寧則轉若多於此留意者，正可見世變之移，學亦隨之也。朱子戒學者以時文說《春秋》，深寧則欲藉《春秋》以立名教，爲論各殊，然其關心風俗人心之正，則一也。

深寧又云：

> 劉之道《上李肅之納拜書》曰：古之君子，一語默而禮義明，一施
> 設而風俗厚。如釋之進王生之轔，而漢世重名。如裴度當李愬之謁，
> 而蔡人知禮。〔註119〕

君子之德風，小人之德草，草上之風必偃。禮義之明、風俗之厚，可由君子一言一動而有所影響。故下層社會風俗之所以成，乃由於上層政府之教化。後來清儒曾國藩謂風俗之厚薄，自乎一二人心之所嚮，亦知轉移習俗所以陶鑄人才。〔註120〕又嘗謂無兵不足深憂，無餉不足痛哭，而獨以人心陷溺，絕無廉恥，可爲浩歎。〔註121〕其論乃與深寧若合符節。蓋深寧關注風俗之旨，

〔註115〕參《史記》卷八十二《田單傳》。
〔註116〕參《漢書》卷八十四《翟方進傳》附《義傳》。
〔註117〕說見翁注引。
〔註118〕《困學紀聞》卷六《春秋》。
〔註119〕《困學紀聞》卷二十《雜識》。
〔註120〕參見《曾文正集》卷一《原才》。
〔註121〕參見《曾文正集‧書札》卷二《復彭麗生書》。

晚明亭林以下，求其嗣響，亦唯得曾滌生一人耳。深寧又云：

> 晉傅玄曰：魏武好法術，而天下貴刑名；魏文慕通達，而天下賤守
> 節。然則放曠之風，魏文實倡之。程子謂東漢之士，知名節而不知
> 節之以禮，遂至於苦節。苦節既極，故魏晉之士，變而爲曠蕩。愚
> 謂東都之季，或附曹群亡漢，荃蕙化爲茅矣。苦節之士安在哉？傅
> 玄之言得之。〔註122〕

程子所謂苦節者，蓋指黨錮諸人。謂晉宋清談，因東漢節義一激而至此。其
說不可謂無見，然亦只說得一偏。至朱子乃云東漢節義底人，便有傲睨一世
之意，及後無人學得其清苦節義，只學得其虛驕之氣，遂流入清談而見其弊。
亦復舉荀氏一門三代以論世變，〔註123〕其言可彌縫程子之所偏。深寧此處亦
以荀氏爲例，而錄傅玄之說，殆亦可補程朱之所未盡。其意則在強調人君言
行之所倡，其及於世風者，捷如影響也。此條何義門特譏爲南宋人持論太峻，
以爲由於讀書不詳考本末，翁元圻已詳駁之。〔註124〕義門注書之往往訾詆古

〔註122〕《困學紀聞》卷十三《考史》。
〔註123〕《朱子語類》卷三十四：「或引伊川言，晉宋清談，因東漢節義一激而至此者。
　　　　曰：公且說節義如何能激而爲清談。或云：節義之禍，在下者不知其所以然，
　　　　思欲反之，所以一激而其變至此。曰：反之固是一說。然亦是東漢崇尚節義
　　　　之時，便自有這箇意思了。蓋當時節義底人，便有傲睨一世，污濁朝廷之意。
　　　　這意思便自有高視天下之心，少間便流入於清談去。如皇甫規見雁門太守，
　　　　曰：卿在雁門，食雁肉作何味。那時便自有這意思了。少間那節義清苦底意
　　　　思無人學得，只學得那虛驕之氣，其弊必至於此。」又《朱文公文集》卷三
　　　　十五《答劉子澄》云：「近看溫公論東漢名節處，覺得有未盡處。但知黨錮諸
　　　　賢趨死不避爲光武明章之烈，而不知建安以後，中州士大夫只知有曹氏，不
　　　　知有漢室，卻是黨錮殺戮之禍有以致之也。且以荀氏一門論之，則荀淑正言
　　　　於梁氏用事之日，而其子爽已濡跡於董卓專命之朝。及其孫彧，則遂爲唐衡
　　　　之壻、曹操之臣，而不知以爲非矣。蓋剛大直方之氣折於凶虐之餘，而漸圖
　　　　所以全身就事之計，而不覺其淪胥而至此耳。想其當時父兄師友之間，亦自
　　　　有一種議論，文飾蓋覆，使驟而聽之者不覺其爲非，而眞以爲是，必有深謀
　　　　奇計可以活國救民於萬分有一之中也。邪說橫流，所以甚於洪水猛獸之害，
　　　　孟子豈欺予哉！」
〔註124〕何義門云：「或以爭九錫建國自殺，豈可擠之附曹之列。南宋人有持論太峻，
　　　　而反使亂臣賊子，法無可加者，此類是也。然其病皆生於讀書不詳考本末。」
　　　　翁元圻辯之，云：「義門謂厚齋持論太峻，非也。案《三國志・荀彧傳》注，
　　　　世之論者，多譏彧協規魏氏，以傾漢祚。君臣易位，實彧之由。雖晚節立異，
　　　　無救運移。功既違義，識亦疚焉。是劉宋以前，已有此論。彧之初見魏武也，
　　　　魏武大悅，曰：吾之子房。是魏武固以漢高自居。而彧之說魏武，亦曰：昔
　　　　高祖保關中，光武據河內，皆深固根本，以制天下。兗州，亦將軍之關中河

人以樹己說，大率類此。翁氏之前，《四庫》館臣已深不以為然，然則清儒亦自有公論矣。

深寧又云：

> 君子在下位，猶足以美風俗，漢之清議是也。小人在下位，猶足以壞風俗，晉之放曠是也。《詩》云：君子是則是傚。〔註125〕

深寧論君子小人在位之影響，已詳上文。今則謂君子小人在下位，亦足以左右一時之風俗。深寧當世，其為君子者皆可謂沈於下矣，故其論風俗，遂於漢世之清議特所稱賞。說見下文。深寧又云：

> 周之興也，商民後革，百年化之而不足。周之衰也，衛風先變，一日移之而有餘。〔註126〕

深寧嘗引前人言治，謂百年成之而不足，一日壞之而有餘；眾君子成之而不足，一小人敗之而有餘，而以為至論。此論風化亦然。朝政風俗，莫非人為也，故其理並通，此其所以論政先論人之故。然又云：

> 魏觴諸侯於范臺，魯共公舉觴擇言，以酒味色臺池為戒。漢高帝圍魯，諸儒尚講誦習禮樂，弦歌之音不絕。周公伯禽之化，歷戰國秦楚猶一日也。〔註127〕

此兩條立言各不同。前謂政化之難成易敗，此則謂政化影響之深遠；義取相須，善會其意可也。故又云：

> 欲治國者先齊其家，家之不齊，莫甚於魯衛，觀《詩》可見已。衛不足言也。魯自括戲之爭，而桓宣皆篡兄矣。自文姜之亂，而哀姜襲其跡矣。自成風事季友，而敬嬴事襄仲矣。家法不修，故曰：魯衛之政，兄弟也。然衛多君子，魯無君子者，斯焉取斯，風化猶嫩也。畏清議者，亦曰何以見魯衛之士。政治雖濁，風俗不衰，與漢

內也。又曰：今與公爭天下者，唯袁紹耳。此豈純于為漢者？即其勸操奉迎獻帝，不過曰因此時奉主上以從民望耳。管仲有尊周室之功，其實亦挾天子以令諸侯，假大義以強齊國。或蓋欲為管仲者也，惜所事非桓公耳。及代漢之勢已成，始阻九錫之議，以為君子愛人之德，譬猶教猱升木，為虎添翼，而後制之，豈可及哉？或能擇人而事，委身昭烈，協心孔明，則漢室可興，不負王佐才之目矣。」二說皆見翁注。今按，翁說詳辯矣，義門所以譏人之病者，適足以說己病耳。

〔註125〕《困學紀聞》卷三《詩》。
〔註126〕《困學紀聞》卷二《書》。
〔註127〕同前註。

之東都同。〔註128〕

魯衛之政則已污濁，而風俗未衰，故猶有清議。其實政治不濁，即無所謂清議。其有清議，乃正見其政治之污。惟亦有政濁而無清議者，則見其並風俗而亦衰也。是以知清議之尤為可貴，深寧所以特稱周末東都者以此。《紀聞》又一條云：

> 司馬相如《諭巴蜀檄》曰：父兄之教不先，子弟之率不謹，寡廉鮮
> 恥，而俗不長厚也。漢時有此議論，三代之流風遺俗猶存也。〔註129〕

此條何義門謂是斷章取之，蓋深寧亦不以人廢言之意耳。故但謂有此議論，其於前漢風俗實無所取也。又一條云：

> 陳萬年為三公，而教其子以諂。范滂、姜敘之母一婦人，而勵其子
> 以義。二漢風俗，以是觀之。〔註130〕

其於兩漢風俗，高下之意由此可見。全謝山云：「西京風俗，不可以此一事而盡貶之也。翟義之母，知其子之有禍，而不肯去，則亦賢矣。」〔註131〕深寧固嘗謂南陽之興，以東郡之翟義，已見上引，則非不知翟母之賢可知。此處謂以是可觀二漢風俗之殊，然終未堪謝山之一辯。若此者，其言雖不能一一周匝允愜而無偏無病，然亦宜可據之而得其大意也。深寧又云：

> 江漢之女，不可犯以非禮，可以見周俗之美。范滂之母，勉其子以
> 名節，可以見漢俗之美。〔註132〕

此條亦與上條相類。禮義名節，皆見風俗之美。又云：

> 《曲禮》《少儀》之禮廢，幼不肯事長，不肖不肯事賢。東都之季，
> 風化何其美也。魏昭請於郭泰，願在左右，供給灑掃。荀爽謁李膺，
> 因為其御。范滂之歸，鄉人殷陶、黃穆，侍衛於旁，應對賓客。闕
> 里氣象，不過是矣。〔註133〕

人之知慕賢慕君子，亦已是風俗之美矣。深寧謂闕里氣象亦不過如是，此則其稱賞東都之另一點。然其尤所注重者，則在清議。嘗云：

> 韓信無行，不得推擇為吏。陳湯無節，不為州里所稱。主父偃學從

〔註128〕《困學紀聞》卷六《左氏》。
〔註129〕《困學紀聞》卷二十《雜識》。
〔註130〕《困學紀聞》卷十二《考史》。
〔註131〕見翁注引。
〔註132〕《困學紀聞》卷三《詩》。
〔註133〕《困學紀聞》卷十三《考史》

橫，諸儒排擯不容。李陵降匈奴，隴西士大夫以爲愧。秦漢之後，
鄉黨清議猶嚴也。是以禮官勸學，則曰崇鄉里之化。〔註134〕

鄉黨之清議猶存，則對人之言行尙有一標準，儻其人有所踰越，社會上仍有一公論之存在，而其人將不爲所容。以今語言之，亦可謂清議乃社會上之一股輿論的力量，賴此力量，是非得一公斷，行爲可有一準則。是以政治雖已衰，若使清議尙存，則見人心之正氣仍在，未至於掃地以盡也。深寧因又言：

東都之季，清議扶之而有餘；強秦之末，壯士守之而不足。（原注：
前輩作《風俗萬世之基末韻》。）亶聰明而有作，無作聰明。由仁義
而行，非行仁義。（原注：《舜由仁義行》。）〔註135〕

由仁義行與夫行仁義，孟子謂王霸之所由判，亦義利之所由分也。東都之清議，固可謂是由義不由利，若嬴秦之武力，則亦決非行仁義。深寧又云：

家聲之隳，隴西以爲愧。城角之缺，新平以爲恥。清議所以維持風
俗也。清議廢，風俗壞，則有毀宗澤而譽張邦昌者，有貶張浚而褒
秦檜者。觀民風設教，居賢德善俗，可不謹哉。〔註136〕

清議廢，風俗壞，清議所以維持風俗，此深寧論風俗結穴於清議之說也。夫風俗豈僅清議之一端，唯在上之政治已不可言，乃不得已而寄望於民間之風俗。風俗之他端亦無可說，惟歸言於清議一端。清議乃人心之最後反映，人心已去，則亦無如之何也矣。

深寧云：

僕固懷恩叛唐，李日月爲朱泚將，而其母皆知逆順之理，良心不可
泯也。〔註137〕

人性皆善，故皆可有此良心。良心之終不可泯，斯清議之終可存。深寧又云：

朱溫之兄全昱，楊涉之子凝式。人心之公是非，在其家者如此，況
天下千萬人之心乎？〔註138〕

其人之母若兄若子，皆私親也，而良心尙存，可見人心於是非可有其公。天下千萬人之公心，即所以成其清議也。深寧又言：

小人之毀君子，亦多術矣。唐左拾遺侯昌業上疏，極言時病，而田

〔註134〕《困學紀聞》卷十二《考史》。
〔註135〕《困學紀聞》卷十九《評文》。
〔註136〕《困學紀聞》卷一《易》。
〔註137〕《困學紀聞》卷十四《考史》。
〔註138〕同前註。

令孜之黨，僞作諫疏，有明祈五道，暗祝冥官，於殿内立揭諦道場。

本朝鄒浩，諫立劉后，而章惇之黨，僞作諫疏，有取他人之子之語。

其誣善醜正，不謀而同。然不可泯者，千萬世之清議也。〔註139〕

小人多術，或可顛倒是非於一時，奈何千萬世之下，尚可有清議，則是非仍可還其公。一時無清議，非即「萬古如長夜」。深寧之言，可謂偉矣，而其用心之苦，亦可哀也矣。然則孔子作《春秋》，而亂臣賊子懼，亦可謂爲清議。後世之有史，至於深寧自身之臧否人物，亦無非清議也。深寧云：

記註興而史道誣矣。註當作注。記注，謂漢晉以後起居注之類。虛美隱惡，史無直筆，故曰誣。阮逸謂若裴松之註《三國志》，恐非。

〔註140〕

此條辨阮逸注文中子《中說・問易》篇之失，而以虛美隱惡釋史道之誣。又云：

范正獻公曰：後世人君觀史，而宰相監修，欲其直筆，不亦難乎？其論正矣。然自唐姦臣爲時政記，而史益誣，近世尤甚。余嘗觀寶慶日曆欺誣之言，所謂以一手掩天下之目，所恃人心公議不泯耳。〔註141〕

《通鑑・唐紀》太宗貞觀十七年，初，上謂監修國史房玄齡曰：「前世史官所記，皆不令人主見之，何也？」對曰：「史官不虛美，不隱惡，若人主見之，必怒，故不敢獻也。」上曰：「朕之爲心，異於前世。帝王欲自觀國史，知前日之惡，爲後來之戒，公可撰次以聞。」諫議大夫朱子奢上言：「陛下聖德在躬，舉無過事，史官所述，義歸盡善。陛下獨覽起居，於事無失，若以此法傳示子孫，竊恐曾、玄之後，或非上智，飾非護短，史官必不免刑誅。如此，則莫不希風順旨，全身遠害，悠悠千載，何所信乎？所以前代不觀，蓋爲此也。」上不從。玄齡乃與給事中許敬宗等刪爲高祖、今上實錄。七月癸已，書成上之。上見書六月四日誅建成元吉事，語多微隱，謂玄齡曰：「周公誅管蔡以安周，季友鴆叔牙以存魯。朕之所爲，亦類是耳，史官何諱焉？」即命削去浮詞，直書其事。今觀《通鑑》此段記載，朱子奢之言，乃確然不可易之正論。惜夫太宗不能從，而卒觀之，而其中多微隱語，彼亦一讀即知之。及其命史臣不必隱諱，狀若大公，然已自稱其誅兄弟一猶周公之誅管蔡，則

〔註139〕《困學紀聞》卷十五《考史》。

〔註140〕《困學紀聞》卷十《諸子》。

〔註141〕同註139。

誠如深寧言，殆亦不免欲以一手掩天下之耳目也。故深寧又云：

> 《唐鑑》曰：人君觀史，宰相監修，欲其直筆，不亦難乎？房魏爲
> 相，其父彥謙、長賢，皆得佳傳，況不如房魏者乎？〔註142〕

人君觀史、宰相監修，終使史官不能爲直筆，則亦不能成其爲清議，深寧謂所恃人心公議猶未泯，亦是不得已之言。當時之事，尙可有一世之公議，千百世而下，人心之據以考是非而定公議者，則唯史是賴。此深寧所以一再痛切爲言也。

總之，深寧不離人心而論史，其論君臣之道，論風俗，莫不然。史者人事之跡，事由人爲，亦即由人心所成。抹去人心不論，則一部歷史只見得盡是許多不相干之故事。深寧能歸本於人心以論史，亦可知其於史有精詣，洵爲探驪而得珠也。

深寧之學，其另關蹊徑，而又斐然有成，特爲後人所稱重者，則復有其地理之學。此可謂深寧從經史之學所開出之一項專門學問。地理與風俗之關係甚大，其《詩地理考》一書，已嘗著其說，其義已詳上文《論〈詩〉》篇。《紀聞》云：

> 《管子》曰：齊之水道躁而復，故其民貪麤而好勇。楚之水淖弱而清，故其民輕果而賊。越之水濁重而洎，故其民愚疾而垢。秦之水泔最而稽，埳滯而雜，故其民貪戾，罔而好事。齊晉之水枯旱而運，埳滯而雜，故其民諂諛而葆詐，巧佞而好利。燕之水萃下而弱，沈滯而雜，故其民愚戇而好貞，輕疾而易死。宋之水輕勁而清，故其民閒易而好正。是以聖人之化世也，其解在水，故水一則人心正，水清則民心易。此即《漢志》所謂繫水土之風氣也。杜牧亦云：山東之地，程其水土，與河南等，常重十三，故其人沈鷙多材力，重許可，能辛苦。〔註143〕

班氏《地理志》謂凡民之剛柔緩急音聲不同，繫水土之風氣。人生於天地山川之中，固不能獨自外而不受其任何影響。《紀聞》又一條云：

> 《漢·地理志》言風俗，多取太史公《貨殖傳》。然太史公語尤奇峻，可以參觀。〔註144〕

〔註142〕《困學紀聞》卷十四《考史》。
〔註143〕《困學紀聞》卷十《地理》。
〔註144〕同前註。

然則史書之以地理言風俗，固不自孟堅始。深寧此說，誠可謂古今隻眼。故其考證經史，乃於此特所注意。《紀聞》又一條云：

> 《泉水》云：出宿于干，飲餞于言。說《詩》者未詳其地。《隋志》：邢州內丘縣有干言山。《魯頌》：徂來之松。《後漢》注：兗州博城縣有徂來山。新甫之柏，傳注不言山之所在。唯《後魏‧地形志》，魯郡汶陽縣有新甫山。太史公聞之董生曰：《詩》記山川谿谷，禽獸草木。則山川不可不考也。〔註145〕

考山川，亦可謂深寧格物之學，此意亦當承朱子而來。何義門謂此其《詩地理考》之所由作，殆是也。其意已詳於《論〈詩〉》篇者，今不復贅。深寧又云：

> 西伯既戡黎，祖伊恐。商都朝歌，黎在上黨壺關，乃河朔險要之地，朝歌之西境。密邇王畿，黎亡則商震矣。故武王渡孟津，莫之或禦。周以商墟封衛，狄人迫逐黎侯，衛爲方伯，連率不能救，而《式微》、《旄邱》之詩作。脣亡齒寒，衛終爲狄所滅。衛之亡，猶商之亡也。秦拔上黨，而韓趙危。唐平澤潞，而三鎮服。形勢其可忽哉？〔註146〕

由此可見，深寧之研經史，考山川、辨形勢，固不止於考證名稱沿革之異同而已也。又一條云：

> 維申及甫，維周之翰。申甫之地，爲形勢控扼之要，甫即呂也。《呂刑》一曰《甫刑》。史伯曰，當成周者，南有申呂。《左氏傳》，楚子重請申呂以爲賞田，申公巫臣曰，不可。此申呂所以邑也。是以爲賦，以御北方。蓋楚得申呂而始彊，茲所以爲周室之屏翰歟？《漢‧地理志》：南陽宛縣，申伯國。《詩》《書》及《左氏》注，不言呂國所在。《史記正義》引《括地志》云：故呂城在鄧州南陽縣西。徐廣云：呂在宛縣。《水經注》亦謂宛西呂城，四嶽受封。然則申呂，漢之宛縣也。高帝入關，光武起兵，皆先取宛，其形勢可見。李忠定曰：天下形勢，關中爲上，襄鄧次之。（原注：《輿地廣記》云：蔡州新蔡，古呂國。今按，新蔡之地屬蔡，未嘗屬楚，子重不當請爲賞田。則呂國在宛明矣。）〔註147〕

〔註145〕《困學紀聞》卷三《詩》。
〔註146〕《困學紀聞》卷二《書》。
〔註147〕同註145。

此條則據形勢以考地望，而證之以諸籍史事。此說並見於其《詩地理考》卷二，而詳略有不同，當以此爲晚出。

《詩地理考》而外，其傳世有關地理之專書又有《通鑑地理通釋》十四卷。見於《玉海》附刻。《浚儀遺民自誌》述所著書目，又另有《通鑑地理考》一書，《宋史·本傳》、《藝文志》、《延祐四明志》並著錄一百卷，惟《至正四明志》記所刊書板中，已無其目，則或亦早已散佚。惟二書並列於《自誌》，其爲深寧之成書可無疑。其卷帙相差懸殊，而同關於《通鑑》地理，其異同之所在，今亦無從考論，是誠至可惋惜之事也。

深寧於諸史之中，特重《通鑑》，嘗云：

> 梁武帝勅群臣，自太初終齊，撰《通史》六百二十卷。元魏濟陰王暉業，起上古終宋，著《科錄》二百七十卷，其書無傳。《高氏小史》，自天地未分，至唐文宗爲百二十卷。今雖存而傳者鮮。自書契以來，未有如《通鑑》者。〔註148〕

然其於《通鑑》書法，則亦有不滿，此則承朱子之見。深寧又別有《通鑑答問》一書，乃羽翼朱子《通鑑綱目》之作。其爲《地理通釋·自序》云：

> 太極肇分，天先成而地後定。天依形，地附氣，地圍于天者也。而言地理者難於言天，何爲其難也？日月星辰之度，終古而不易。郡國山川之名，屢變而無窮。是以圖以經之，書以緯之，仰觀俯察，其用一也。《虞書·九共》，先儒以爲《九丘》，其篇軼焉，傳于今者《禹貢》《職方》而止耳。若《山海經》、《周書·王會》、《爾雅》之《釋地》、《管氏》之《地員》、《呂覽》之《有始》、《鴻烈》之《墜形》，亦好古愛奇者所不廢。然諸儒之傳注異，歷代之區寓殊。……或若異而同，或似是而非，不可謂博識爲玩物而不之考也。余閒居觀《通鑑》，將箋釋其地名。舉綱提要，首以州域，次以都邑，推表山川，參以樂毅、王朴之崇論宏議，稽《左氏》《國語》《史記》《戰國策》《通典》所敘歷代形勢，以爲興替成敗之鑒。《大易》設險守國，《春秋》書下陽彭城虎牢之義也。河湟復而唐衰，燕代割而遼熾，述其事終焉。若昔對白題羊腸帝丘內黃，問松亭柳河者，以該洽見稱，今豈無其人乎？孤陋寡聞，未免闕誤，以俟博雅君子。山河不改，陵谷屢邊，亦以發攬古之一慨云。上章執徐歲橘壯之月子王子

〔註148〕《困學紀聞》卷十三《考史》。

書《通釋》後。〔註149〕

其序末自署，乃庚辰之八月，當元世祖至元十七年，時深寧五十八歲，上距元兵之入臨安已四載。蓋用陶淵明但書甲子之義。書內稱梓愼爲梓謹，亦猶爲宋諱。其書以《通鑑》所載地名，異同沿革，最爲糾紛，而險要阨塞所在，措置得失，亦足爲有國者成敗之鑒，因各爲條例釐定成編。首歷代州域，次歷代都邑，次十道山川，次歷代形勢，而終以唐河湟十一州、石晉十六州、燕雲十六州。〔註150〕《四庫提要》稱其書徵引浩博，考核明確，而敘列朝分據戰攻，尤一一得其要領，於史最爲有功。〔註151〕今考其書末云：

> 唐宣宗復河湟，未幾中原多故，旣得遄失。熙寧以後，取熙河、取
> 蘭會、取湟鄯，貪功生事之臣，迷國殄民，而甘涼、瓜沙，汔不爲
> 王土。周世宗取瀛莫二州，而十四州終淪於異域。藝祖出幽燕圖示
> 趙普，普以爲其難在守。宣和姦臣與女眞夾攻得燕山、雲中空城，
> 而故都禾黍，中夏塗炭矣。《易·師》之上六曰小人勿用，必亂邦也。
> 余爲之感慨，而《通釋》終焉。〔註152〕

是則其書之終，乃致歎於宣和也。然其成書於宋亡之後，而自云《大易》設險守國，《春秋》書下陽彭城虎牢之義，又謂敘歷代形勢，以爲興替成敗之鑒，則其爲書用意之所在，亦猶後來顧景范之孜孜矻矻以成其《讀史方輿紀要》於清人入關之後也。

又《宋元學案》列深寧門人，有胡三省身之，于《通鑑》之學亦深且博。嘗爲《通鑑音注》，又有《通鑑釋文辨誤》十二卷。其人《宋史》無傳，惟據寶祐四年《登科錄》，於是年爲五甲一百二十一名進士，與文天祥、謝枋得、陸秀夫同榜。時年二十七歲，〔註153〕少於深寧七歲。其事迹又略見於袁清容

〔註149〕此序見《玉海》附刻《通鑑地理通釋》卷首，又載於《深寧文鈔撫餘編》卷
　　　　二，惟後者題爲《後序》。今按，序文末深寧自署，明言書《通釋》後，則當
　　　　作《後序》爲是，《玉海》殆移諸卷前也。
〔註150〕《四庫提要》謂其書成於元世祖至元十六年庚辰八月，誤。十六年歲次己卯，
　　　　非庚辰。見《提要》卷四十七《史部·編年類》。
〔註151〕同前註。
〔註152〕《通鑑地理通釋》卷十四。
〔註153〕胡氏生平已不可詳考。《元史類編》卷三十四、《元書》卷九十一、《新元史》
　　　　卷二百三十四皆有傳，然皆未詳其生卒。唯近人姜亮夫據《海寧縣志》引《胡
　　　　氏家乘》、胡幼文《胡三省墓碑》，定其生於宋理宗紹定三年庚寅，卒於元成
　　　　宗大德六年壬寅，年七十三。參姜氏《歷代人物年里碑傳綜表》。

所著《師友淵源錄》，稱其釋《通鑑》三十年，兵難，稿三失，乙酉歲留袁氏塾，日抄《定註》。己丑寇作，以書藏窖中得免。《定註》今在家。〔註154〕清容又有祭胡氏文，亦稱其孜孜衛翼拾遺補誤，亦幾乎司馬氏之忠臣而無負。〔註155〕身之亦嘗自言大肆力於是書，依陸德明《經典釋文》整爲《廣註》九十七卷，著論十篇。自周迄五代，略敘興亡大致。遭亂後始以《考異》及所註者散入《通鑑》各文之下。曆法、天文，則隨目錄所書而附註焉。凡紀事之本末、地名之同異、州縣之建置離合、制度之因革損益，悉疏其所以然。若史炤《釋文》之舛謬，悉改正之，別著《辨誤》十二卷。〔註156〕史又稱身之德祐元年以賈似道辟從軍蕪湖，言輒不用，及師潰，間道歸。宋亡隱居不仕。〔註157〕是則其身世出處皆與深寧相近，而其成書，亦在宋亡之後。注中凡稱宋皆曰本朝，曰我宋。其釋地理，皆用宋州縣名，其稱元地名者僅數處，亦以宋無此地，故書元云。〔註158〕故其生平志節，亦有似於深寧。全謝山有《胡梅磵藏書窖記》，考南湖袁學士橋即清容故居，東軒有石窖，即梅磵藏書之所。謝山又疑胡氏本深寧高第弟子，當時師弟同居南湖，深寧方作《通鑑答問》及《地理通釋》，何以胡氏未將此書與深寧商榷，謂其故不可曉。〔註159〕又疑其著書時宋室初亡，深寧蓋杜門不接後進。王梓材亦云胡氏實出深寧之門，特其注《通鑑》地理未嘗商榷于深寧爲不可解。〔註160〕今按，《紀聞》一條云：

> 隋煬帝謂蕭后曰：儂不失爲長城公，卿不失爲沈后。長城公謂陳後主。沈后者，後主之沈后也。《通鑑釋文》，以沈音沉，謂沉湎之后，誤矣。〔註161〕

隋煬帝語見《通鑑·唐紀》高祖武德元年。胡氏註云：「長城公，陳叔寶。叔寶后沈氏。」是則謝山、梓材之疑胡氏未嘗商榷於深寧者，亦不爲無據也。今綜合清容所記與謝山所考，身之甲申至鄞，乙酉歲館袁氏，其注《通鑑》迄是歲多始克成編。蓋既成進士，即從事於是書，前後相距，適三十年也。

〔註154〕參《清容居士集》卷三十三《師友淵源錄》。
〔註155〕參《清容居士集》卷四十三《祭胡梅澗先生》。
〔註156〕參胡三省《通鑑音注·序》，並參《元史類編》卷三十四《儒學四》。
〔註157〕參《元史類編》卷三十四《儒學四》。《新元史》胡氏傳附馬端臨傳後，但著此事，即據《元史類編》而來。
〔註158〕同前註。
〔註159〕參《鮚埼亭集》外編卷十八。
〔註160〕參《宋元學案補遺》卷八十五。
〔註161〕《困學紀聞》卷二十《雜識》。

書成即日事手抄，丙戌始復作《釋文辨誤》。至己丑寇作，以書藏窖中得免。《釋文辨誤》書成何年不可考，疑於己丑亦已竣事。袁清容《祭胡梅澗先生》有云：「甲申之歲，先生出峽訪先子於城南，枘時弱冠氣盛，望先生之道，不知珮玉之利於徐趨，駕車之不可脫銜也。先生微機以抉之。再而赧，三而竭，垂頭却立，畢志以請業。」則清容亦嘗師事身之，乃二人復同居深寧門下，殆亦猶清容之師事戴剡源，剡源亦師事深寧也。惟身之與深寧年齒相差不多，其事深寧當在書成之後。身之甲申始至鄞，謝山所謂二人同居南湖，亦當二人之晚歲。清容則自丁亥始受業於深寧，迄深寧之卒，居門下十年。身之或亦於深寧最後之十歲問業。深寧《通鑑通釋》早成於庚辰，越五年身之《音注》方完稿。至深寧《通鑑答問》成於何年雖不可考，要當在身之成書之前。然則身之之未嘗商榷於深寧，蓋以在丁亥以前，彼二人各自著書，未相交接故也。今深寧遺文，唯《赤城書院記》中一稱「前進士胡君三省為之錄」，〔註162〕則深寧與身之二人之關係，或亦介於師友之間耶？至二人同居甬上之後，身之有無以其書質詢商榷於深寧，若謝山梓材之所疑者，則誠不可考矣。然清容稱其書為《定注》，今其書名《音注》，王梓材疑為身之所自改，則是身之於其成稿復有改訂，亦非不可能也。要之，身之與深寧相接凡十載，若謂深寧史地之學於身之一無影響，亦殊不合常理也。

第四節　論制度

深寧考史，特關心於人心之邪正，風俗之隆污，此外又注重制度。《紀聞》一書中涉及制度者固所在多有，其專為成書者又有《漢制考》四卷；即其《小學紺珠》一書，本為童蒙課本而作者，其十卷之中，職官、制度亦各占一卷；是皆可見其於此之重視矣。

《漢制考》據其自序所署，成於辛巳之夏，乃元世祖至元十八年，時年五十九。是編因《漢書》、《續漢書》諸志於當日制度，多詳於大端，略於細目，因撝采諸家經注及《說文》諸書所載，鈎稽排纂以補其遺。又以唐時賈孔諸疏去古已遠，方言土俗，時異名殊，往往循文箋釋，於舊文未必悉符，故亦一一詳為考訂。〔註163〕其《自序》云：

〔註162〕《深寧文鈔摭餘編》卷一。
〔註163〕參《四庫提要》卷八十一《史部‧政書類》一。

　　嘗謂法始乎伏犧，而成乎堯。三代損益，至周大備。夫子從周與從
先進之言，所謂百世可知其法者，著于《春秋》。東遷之初，先王典
章概有存者……三代之禮，所以扶持於未墜者，豈一人之力哉？戰
國去籍之餘，孟子言井地曰大略，言班爵祿曰聞其略，言諸侯喪禮
曰未學而嘗聞。若其宏綱丕式，因略而致詳，推舊而爲新，聖人復
起，不能易也。《春秋》大復古譏變，古井牧變而阡陌，畿服變而郡
縣，車乘變而步騎，什一變而箕斂，佩玉變而帶劍，籩席變而杯案。
生民之理有窮，則聖王之法可改，古其不可復乎？是意唯太史公知
之，於《夏殷紀》舉孔子正夏時，善殷輅，卓然見損益之要指。於
《高帝紀》曰朝以十月，車服黃屋左纛，蓋歎其襲秦也。漢之止於
爲漢，自高帝之襲秦始。雖然，兩漢之制，文中子奚取焉？吁，三
代遠矣，漢詔令人主自親其文，猶近於《書》之典誥也。郎衛執戟
之用儒生，猶近於王宮之士庶子也。司徒府有百官朝會殿，以決大
事，猶近於外朝之詢眾也。牧守有子孫，郡國有辟舉，庶幾建侯之
舊。丞相進見，御坐爲起，在輿爲下，庶幾敬臣之意。三老掌教化，
孝悌力田，置常員，鄉遂之流風遺韻，亦間見焉。是之取爾。君子
尚論古之人，以爲漢去古未遠，諸儒佔畢訓故之學，雖未盡識三代
舊典，而以漢制證遺經，猶幸有傳注在也。〔註164〕

此序詳述其作意，所謂生民之理有窮，則聖王之法可改，又謂是意唯太史公
知之，卓然見損益之要旨者，可知其書非徒欲復行古制也。又謂孟子因略致
詳，推舊而爲新，聖人所不能易，是皆可謂極明通之論。知舊不知新，非深
寧之所主，然徒知有革，不知有因，亦必不爲其所許也。

　　《紀聞》於古今制度，亦時時及之。其於經部諸籍中，自以《三禮》各
卷論列爲尤多。已略陳於本文經學諸篇中者，今不復贅。其《考史》之六卷
中，最後一卷又特立四主題，曰《漢河渠考》、《歷代田制考》、《歷代漕運考》、
《兩漢崇儒考》。其中河渠漕運兩項，亦可謂其地理之學之又一成績。此卷各
條皆按其時代之先後分立子目，而於每子目之下一一詳考其古今流變，其體
例特與其他各卷爲不同，而與《三通》專言典章制度之史籍體裁相近。然不
尚詳備，而主精要，又時錄諸儒考論之說。故所述皆爲其研求所得之結論，

〔註164〕《漢制考》四卷今亦見《玉海》附刻中。是序在卷首，又別載《深寧文鈔摭
　　　　餘編》卷一。

而非材料之排比，不失爲考述制度較理想之體裁也。

茲請復就《紀聞》書中之言制度者補充述之。

《紀聞》云：

> 《梓材》曰：以厥庶民暨厥臣，達大家。周封建諸侯，與大家巨室共
> 守之，以爲社稷之鎮。九兩所謂宗以族得民，《公劉》之雅，所謂君
> 之宗之，此封建之根本也。魯之封有六族焉，衛之封有七族焉，唐之
> 封有九宗五正焉，皆所以係人心，維國勢。不特諸侯爲然，周公作《皇
> 門》之書曰，維其有大門宗子，茂揚肅德，勤王國王家，乃方求論擇
> 元聖。武夫羞于王所，咸獻言助王恭明祀、敷明刑，用能承天嘏命，
> 先人神祇報職用休，俾嗣在厥家，萬子孫用末被先王之靈光。然則王
> 室之不壞，繫大門宗子是賴。自封建之法廢，國如木之無根，其亡也
> 忽焉。然古者世臣必有家學，内有師保氏之教，外有外庶子之訓。國
> 子之賢者，命之導訓諸侯，若魯孝公是也。使惇惠者教之，文敏者道
> 之，果敢者諗之，鎮靖者脩之，若晉公族大夫是也。教行而俗美，然
> 後託以安危存亡之寄，而國有與立矣。〔註165〕

於此可見深寧對古代封建宗法制之嚮慕，以爲封建係分權與大家巨室，共維
天下。賴此大室宗子，可以扶持王室而不壞。後代封建之法廢，國遂如無根
之木，難乎永繼矣。然其所睎之封建宗法之制，必配以教化，故又謂世臣必
有家學，教行俗美，然後託政焉。此蓋有慨於宋室之不振，而有以爲言也。〔註
166〕此後顧亭林亦激於世變，創爲《郡縣論》，欲寓封建於郡縣之中，設爲久
職，復世官、任終身，舉子若弟爲代。又以爲封建不能復，則莫如重氏族，
欲藉士大夫之勢以立其國。〔註167〕其論旨頗與深寧爲近，蓋皆有懲於亡國，
而深痛地方之無力以抗禍，故轉乞靈於封建氏族，而皆未悟世變之不可復。
有宋程朱二子皆嘗主封建，而晚歲乃俱不堅持。深寧亭林則同淪爲遺民，又
心慕乎復古。居今而讀其議論，或不免覺其迂，然尙論其世，則亦其心可諒，
其志可哀也。深寧又云：

> 觀《蔡仲之命》，知周所以興。觀中山靖王之對，知漢所以亡。周公
> 弔二叔之不咸，方且封建親戚，以蕃屏周。漢懲七國之難，抑損諸

〔註165〕《困學紀聞》卷二《書》。
〔註166〕參翁注引全謝山《三箋》。
〔註167〕參《亭林文集》卷一《郡縣論》，凡九首，並參卷五《裴村記》。

侯，以成外戚之篡。心有公私之殊，而國之興亡決焉。〔註168〕

此謂周之封建出於公，漢之抑諸侯出於私，故其興亡亦隨之。深寧因慕封建，故又重井田，云：

> 禹盡力乎溝洫，濬畎澮，距川。遂人五溝五涂之制，因於古也。以水佐耕者豐，稻人掌之。以水佐守者固，司險掌之。自鄉遂之法弛，子駟為田洫而喪田者以為怨，子產作封洫而伍田疇以為謗。晉欲使齊盡東其畝，而戎車是利。甚而兩周爭東西之流，至商鞅決裂阡陌，呂政決通川防，古制蕩然矣。古者內為田廬，外為溝洫，在《易》之《師》，寓兵於農，伏險於順，取下坎上坤之象。溝洫之成，自禹至周，非一人之力。溝洫之壞，自周衰至秦，非一日之積。先儒謂井田壞而戎馬入中國，如入無人之境。悲夫。〔註169〕

此謂周井田之興亦有漸，至其壞也亦非一日。又申古者兵農合一之意，井田壞，兵制亦壞。深寧對兵制之意見詳下文。總之，其嚮往封建井田之意切，故考歷代田制，首立「秦廢井田開阡陌」一目，而詳考其失，曰：

> 《通典》曰：按，周制步百為畝，畝百給一夫。商鞅佐秦，以一夫力餘，地利不盡，於是改制。二百四十步為畝，百畝給一夫。又以秦地曠而人寡，晉地狹而人稠，誘三晉人發秦地利，優其田宅，復其子孫，而使秦人應敵於外。大率百人，則五十人為農，五十人習戰，兵強國富，職此之由。朱文公《開阡陌辯》曰：說者之意，皆以開為開置之開，言秦廢井田而始置阡陌也。按阡陌者，舊說以為田間之道，蓋因田之疆畔，制其廣狹，辯其橫從，以通人物之往來，即《周禮》所謂遂上之徑、溝上之畛、洫上之涂、澮上之道也。然《風俗通》云：南北曰阡，東西曰陌。又云：河南以東西為阡，南北為陌。二說不同，今以《遂人》田畝夫家之數考之，當以後說為正。蓋陌之為言百也。遂洫從而徑涂亦從，則遂間百畝，洫間百夫，而徑涂為陌矣。阡之為言千也。溝澮橫而畛道亦橫，則溝間千畝，澮間千夫，而畛道為阡矣。阡陌之名，由此而得。至於萬夫有川，而川上之路周於其外，與夫匠人井田之制，遂溝洫澮，亦皆四周，則阡陌之名，疑亦因橫從而命之也。然遂廣二尺、溝四尺、洫八尺、

〔註168〕《困學紀聞》卷二《書》。
〔註169〕《困學紀聞》卷四《周禮》。

澮二尋，則丈有六尺矣。徑容牛馬，畛容大車，涂容乘車。一軌道，
二軌路，三軌則幾二丈矣。此其水陸占地，不得爲田者頗多，所以
正經界、止侵爭，時蓄洩、備水旱，爲永久之計。商君以急刻之心，
行苟且之政，但見田爲阡陌所束，而耕者限於百畝，則病其人力之
不盡。但見阡陌之占地太廣，而不得爲田者多，則病其地利之有遺。
又當世衰法壞之時，歸授之際，必有煩擾欺隱之姦，而阡陌之地，
切近民田，又必有陰據自私，而稅不入於公上者。是以盡開阡陌，
悉除禁限，而聽民兼并買賣，以盡人力。墾開棄地，悉爲田疇，不
使有尺寸之遺，以盡地利。使民有田，即爲永業，而不復歸授，以
絕煩擾欺隱之姦。使地皆爲田，田皆出稅，以戮陰據自私之幸。此
其爲計，正猶楊炎疾浮戶之弊，破租庸以爲兩稅。蓋一時之害雖除，
而千古聖賢傳授精微之意，於此盡矣。故《秦紀》、《鞅傳》皆云：
爲田開阡陌封疆而賦稅平。蔡澤亦曰：決裂阡陌，以靜生民之業，
而一其俗。所謂開者，乃破壞劃削之意，而非創置建立之名。所謂
阡陌，乃三代井田之舊，而非秦之所置也。所謂賦稅平者，以無欺
隱竊據之姦也。所謂靜生民之業者，以無歸授取予之煩也。《大事記・
解題》曰：決裂云者，唐虞三代井田之制，分畫堅明，封表深固，
非大用力以決裂之，不能遽掃滅其迹也。秦始皇三十一年，使黔首
自實田。使井田不廢，何患田之不實乎？〔註170〕

此綜引杜佑、朱子、呂東萊三家說，詳考秦廢井田開阡陌之意，而以朱子說
爲主。以爲後人徒趨苟簡，解一時之弊，而古聖賢立法之遺意，遂不能復見。
深寧於此條後歷考田制之演變，至於其世，考其意，亦只是均田之意。故又
嘗引張橫渠言，曰：

治天下不由井地，終無由得平。周道止是均平。

有田則有賦，有農則有夫，因又及理財與治兵，其言曰：

司徒掌教不言財，司馬掌政不言兵。鄉遂九畿，兵財在其中。井田
封建，足食足兵之本也。《周官》之法不行，無善教善政，於是憂財
用，畏夷狄矣。〔註171〕

全謝山《三箋》云：「古人原不言理財，本常賦而範以定式故也。《大學》言

〔註170〕《困學紀聞》卷十六《考史》。
〔註171〕《困學紀聞》卷四《周禮》。

生財，以賦式之禮壞也。古人原不言治兵，農即兵也。《論語》言足兵，《孟子》言制梃以撻秦楚之堅甲利兵，以軍禮壞也。」所謂法，所謂禮，其實皆猶言制度。田有定制，故有定賦常夫，不言財而財在其中，不言兵而兵亦在其中，而不虞匱乏。深寧又云：

> 蠻夷猾夏，明刑治之而有餘。四夷交侵，征伐制之而不足。虞周之
> 德天淵矣。〔註172〕

謝山《三箋》云：「《史記》不作《兵書》，寓之於《律書》中。《漢書》不作《兵志》，寓之於《刑志》中。舜舞於羽而有苗格，則知以甲兵為大刑，尚非聖人意也。世衰治兵且不足，何況於律，又何況於刑。故《史記》所見是第一義，《漢書》所見是第二義。然為三代以後人言之則遠矣。」其所發明甚精。然亦非謂立國可以無兵，衰世則更不可不治兵，故深寧亦云：

> 漢世祖罷郡國都尉，晉武帝去州郡武備，其害皆見於後。唐穆宗之
> 銷兵，則不崇朝而變生焉。故曰：誰能去兵。〔註173〕

地方無武力以自衛，則一旦亂生，無能消弭，此創制之初所不可不慎者。何義門謂深寧蓋傷宋初防節鎮尾大之禍，削去其兵權，卒也外患疊乘，莫之能禦，〔註174〕其說是也。故深寧之尚論三代封建井田，鄉遂九畿之制，可謂是就理想上立說，非懸空立一至高標準，而擯棄後代之演變於不論不議之列。又云：

> 開禧追貶秦檜，周南仲代草制云：兵於五材，誰能去之，首弛邊疆
> 之禁。臣無二心，天之制也，忍忘君父之讐。又云：一日縱敵，遂
> 貽數世之憂。百年為墟，誰任諸人之責。〔註175〕

去兵而弛邊，遂貽宋室遺憂，此秦檜之為不可恕。若此，亦針對時弊而為言者也。深寧又云：

> 先儒論本朝治體云：文治可觀，而武績未振。名勝相望，而幹略未
> 優。然考之史策，宋與契丹八十一戰，其一勝者，張齊賢太原之役
> 也，非儒乎？一韓一范，使西賊骨寒膽破者，儒也。宗汝霖、李伯
> 紀不見沮於耿汪黃三姦，則中原可復，讐恥可雪。采石卻敵，乃眇
> 然幅巾緩帶，一參贊之功，儒豈無益於國哉？縉紳不知兵，介胄不

〔註172〕《困學紀聞》卷二《書》。
〔註173〕《困學紀聞》卷六《左氏》。
〔註174〕見翁注引。
〔註175〕《困學紀聞》卷十九《評文》。

知義，而天下之禍變極矣。〔註176〕

此條所引先儒，乃指呂東萊。東萊謂本朝文治有餘，武備不及，而儒者事功不競，莫能平殄。深寧則據史以考儒生用兵之實，以駁其說。唯亦以國家之害，在縉紳不知兵，介冑不知義。因又言：

> 李光弼與韋陟論戰守，曰：辨朝廷之禮，我不如公。若夫軍旅，則公不如我。陟無以應。古者治軍有軍禮焉。楚得臣以無禮敗，晉文公以有禮勝。禮莫大於君臣之分，光弼命召不至，愧恨以沒，蓋以禮與軍旅爲二物也。〔註177〕

吐蕃寇京師，唐代宗召光弼入援，光弼畏禍，遷延不敢行，此其但知有兵，不知有禮之失，亦即深寧所謂介冑之不知義也。是以深寧之論治，必先辨君臣之義，所以屬人臣之大節者，其義亦在此。義之不明，則雖有兵，亦不得而用之矣。深寧又云：

> 李晟每戰，必錦裘繡帽自表，而晟以勝。宋殷孝祖每戰，常以鼓蓋自隨，而孝祖以敗。兵豈有定法哉？〔註178〕

此條雖祇關用兵之術，然即此而推，法爲死法，人爲活人，法由人行，無其人，則法亦將不得而行。故深寧所謂知兵知義，合軍旅與禮而一言之者，乃可謂救偏之論也。又言：

> 唐開元之任將，以久任而兆亂，其權顓也。我藝祖之任將，以久任而成功，其權分也。柳氏《家學錄》謂正觀故事，邊將連帥，三年一易，收其兵權。然用得其人，御得其道，不在於數易也。〔註179〕

任將之久暫，深寧所不重，而以爲當分其權使不能專，則雖久任而反可收熟習其事之益，此即御之之道也。而又需用得其人，則是終不可舍人而獨論其制矣。

總之，不廢人而言治道，乃深寧之一大原則。如論諫官之職，曰：

> 袁機仲言於孝宗曰：威權在下，則主勢弱，故大臣逐臺諫以蔽人主之聰明。威權在上，則主勢強，故大臣結臺諫以過天下之公議。機仲之言未盡也。臺諫爲宰相私人，權在下則助其搏噬，以張其威；權在上

〔註176〕《困學紀聞》卷十五《考史》。
〔註177〕《困學紀聞》卷十四《考史》。
〔註178〕同前註。
〔註179〕同前註。

則共爲蔽蒙，以掩其姦。劉時可謂臺諫之議論，廟堂之風旨，頗或參同；夾袋之欲汰，白簡之所收，率多暗合。此猶婉而言之也。開慶初，邊事孔棘，御史有疏云：虜雖強，而必亡之勢已見。咸淳初，召洪君疇長臺端，御史自造謗詩，以尼其來。罔上誣善至此，豈但參同暗合而已哉？是以天子之耳目，勿用憸人，其惟端士。〔註180〕

諫官可以爲天子之耳目，糾彈執政之失，此其創制之意，不爲不善，然苟不得其人而任之，則適足以蔽人主之聰明，安在其爲耳目也。袁機仲之言，乃就執政大臣之一面說，深寧則轉就臺諫一面補充之，是皆針對時弊而發論。故深寧於制度之背後，必先辨君子小人，若不細審其微旨，而徒以爲理學家迂濶之論，則幾何不失之也。深寧又云：

紹興間，李誼言《漢・循吏傳》六人，而五人出於宣帝；《酷吏傳》十二人，而八人出於武帝。《唐・循吏傳》十五人，而出於武德正觀之時者半；《酷吏傳》十二人，而出於武后之時者亦半。吏治視上之趨嚮。〔註181〕

任官守職，若爲制度，然爲循吏、爲酷吏，則在人。而任官之柄，則操在人主，故曰吏治視上之趨嚮。又其論俸祿，則曰：

《宣紀》神爵三年，益吏百石以下奉十五。《通典》引應劭曰：張敞、蕭望之言倉廩實而知禮節，衣食足而知榮辱。今小吏奉率不足，常有憂父母妻子之心，雖欲絜身爲廉，其勢不能。可以什率增天下吏奉。宣帝乃益天下吏奉什二。與《漢紀》不同。〔註182〕

此條實是藉考據以爲議論。深寧論臣道，特屬廉恥。人知廉恥，斯可以爲君子。國有君子，然後始有治道風俗之可言。然人必先能廉而後能有恥，深寧此條，乃明薄俸不足以養廉。亦見其論史論治，皆一一就史實求證，推合人情，非徒事空論而高言之也。其後顧亭林亦重風俗廉恥，而亦云：

今日貪取之風所以膠固於人心而不可去者，以俸給之薄而無以贍其家也。……漢宣帝神爵三年，詔曰：吏不廉平則治道衰，今小吏皆勤事而俸祿薄，欲其毋侵漁百姓，難矣。其益吏百石已下俸十五。……白居易爲盩厔尉詩云：吏祿三百石，歲晏有餘糧。其《江州司馬廳

〔註180〕《困學紀聞》卷十五《考史》。
〔註181〕同前註。
〔註182〕《困學紀聞》卷十二《考史》。

記》曰：唐興，上州司馬秩五品，歲廩數百石，月俸六七萬，官足以庇身，食足以給家。今之制祿，不過唐人之什二三，彼無以自贍，焉得而不取諸民乎？昔楊綰為相，承元載汰侈之後，欲變之以節儉，而先益百官之俸。……謂貪澆之積習不可反而廉靜者，真不知治體之言矣。〔註183〕

亭林所考論，益詳益密，然其意殆亦不逾深寧之所述也。

深寧又云：

崔伯易《感山賦》，以皇祐之版書較景德之圖錄，雖增田三十四萬餘頃，反減賦七十一萬餘斛，會計有錄，非以增賦也。陳君舉奏疏云：自建隆至景德四十五年，南征北伐，未嘗無事，而金銀錢帛，糧草雜物，七千一百四十八萬，計在州郡不會。藏富於州縣，所以培護本根也。〔註184〕

藏富於州縣，則地方有餘財，此是國富之根本，未有地方貧而中央可以久富者。閻潛邱注云：「有天下者，上之藏富於民，次之藏富於州縣，至藏富於國，斯下矣。宋祖宗時，可謂得中策。」所論誠是矣。然使州縣無以供，則必豪奪於民，故所謂上策中策云者，亦互為因果，未可執一以為之論也。深寧又云：

晁景迂謂今賦役幾十倍於漢。林勳謂租增唐七倍，又加夏稅錢，通計無慮十倍。李微之謂布縷之征三，穀粟之征三，力役之征四，蓋用其十矣。〔註185〕

賦役之遠越前代，斯亦宋室所以致弱之一因也。深寧復云：

陳恕定茶法，以中等為可行。張方平論鹽法，以再榷為不可。〔註186〕

茶鹽之征，取之太深，是與民爭利，非深寧所主。此皆其論國家財用之大意見。至其主張不盡民之財力，與民共山澤之利等，已見《論〈禮〉〈樂〉》篇，今不復贅。

深寧又考學校之制，云：

古者無一民不學也。二十五家為閭，閭同一巷，巷有門，門有兩塾。上老坐於右塾，為右師。庶老坐於左塾，為左師。出入則里胥坐右

〔註183〕《原抄本日知錄》卷十六《俸祿》條。
〔註184〕《困學紀聞》卷十五《考史》。
〔註185〕同前註。
〔註186〕同前註。

塾，鄰長坐左塾，察其長幼揖遜之序。新穀已入，餘子皆入學。距
冬至四十五日，始出學。所謂家有塾也。聞之先儒曰：先王之時，
其人則四民也。其居則六鄉、三采、五比、四閭也。其田則一井、
二牧、三屋、九夫也。其官則三吏、六聯、五侯、九伯也。其教則
五典、十義、六德、六行也。其學則五禮、六樂、五射、六馭、六
書、九數也。少而習焉，其心安焉。正歲孟月之吉，黨正社榮之會，
讀法飲射，無非教也。弟子之職，攝衣、沃盥、執帨、播灑、饌饋、
陳膳、執燭、奉席，無非學也。漢有三老，掌教化。父兄之教，子
弟之率，餘論未泯。清議在鄉黨，而廉恥興焉。經學有師法，而義
理明焉。吁，古道何時而復乎！〔註187〕

廉恥之興由清議，清議則存於鄉黨。鄉黨有清議，則民之所行，猶有忌諱，
未敢放肆而無所不至。何以清議能存於鄉黨，此則緣於學校之教化。是深寧
之重風俗重清議重廉恥，仍歸根於教化。然則上層政府與下層社會終是一而
非二，此亦是儒者論治執中不偏之論。又云：

董仲舒在建元初對策，願興太學，置明師以養天下之士，數考問以
盡其材。傳謂立學校之官，自仲舒發之。考之《武帝紀》，建元五年
置五經博士，此所謂學校之官也。元朔五年，始有禮官勸學之詔，
於是丞相宏請為博士置弟子員。《儒林傳》所載，其著公令也，詳於
取而略於教，不過開祿利之塗而已。明經而志青紫，教子而擬籯金，
孰知古者為己之學哉？儻以仲舒為相，使正誼明道之學行於時，則
學者興於禮樂，庶幾三代之風，豈止彬彬多文學之士乎？〔註188〕

朝廷設科射策，勸趨利祿，士子所志，遂不能逾乎此，斯亦人情事勢之所未
能免，古今皆然。公孫宏之措置，使公卿大夫士吏，彬彬多文學之士，〔註189〕
非無可取也。然明經而志青紫，教子而擬籯金，〔註190〕其視董仲舒正其誼不
謀其利、明其道不計其功之意終為有間。故深寧此所辨，一見其議論之尚循
伊洛以下嚴分義利之舊貫，再則亦可見其對有漢經生之評騭。或疑其說不免

〔註187〕《困學紀聞》卷五《禮記》。
〔註188〕《困學紀聞》卷十二《考史》。
〔註189〕參見《漢書》卷八十八《儒林傳序》。
〔註190〕《漢書》卷八十八《夏侯勝傳》云：「勝每講授，常謂諸生曰：士病不明經術。
經術苟明，其取青紫如俯拾地芥耳。」又卷七十三《韋賢傳》云：「鄒魯諺曰：
遺子黃金滿籯，不如一經。」

懸義過高，則又不然。《紀聞》又一條：

> 鄧志宏謂崇寧以來，蔡京群天下學者，納之黌舍。校其文藝，等爲三品，飲食之給，因而有差。旌別人才，止付於魚肉銖兩間，學者不以爲羞，且逐逐然貪之。部使者以學宮成壞，爲州縣殿最。學校之興，雖自崇寧，而學校之廢，政由崇寧。蓋設教之意，專以祿養爲輕重，則率教之士，豈復顧義哉？（原注：崇寧學校之事概見於此。昔之所謂率教者猶若此，今之所謂率教者，又可見矣。）〔註191〕

蓋利祿之途既開，後學趨赴，此世情之所固有，未可根絕；使設教者亦並以利祿爲教，是率天下重利而輕義。至於率教之士不復顧義，則人無廉恥、鄉黨無清議，風俗之隳敗亦無可挽矣。故何義門謂深寧此歎賈似道之以利啗三學者，殆是也。周密《齊東野語》云：「賈似道欲優學舍以邀譽，乃以校尉告身錢帛等，俾京庠擬試。時黃文昌方自江閫入爲京尹，益增賞格，雖末綴猶獲數百千。於是群四方之士，試者紛然。時襄郢已失，江淮日以遽告。有無名子作詩揭之試所云：鼛鼓驚天動地來，九州赤子哭哀哀。廟堂不問平戎策，多把金錢媚秀才。」〔註192〕秀才且可爲金錢所媚，則尚何有廉恥之可言，於何而猶有清議之可存。是故顧亭林言士大夫之無恥，是謂國恥，亦已可於南宋季世先得其證。故風俗人心之所關，清議廉恥之所繫，學校之教，乃可謂最後之一壁壘。壁壘未破，一軍尚存。斯深寧所以致慨於崇寧，而考三代之學，則尤歎古道之不知何時而復也。上源已濁，下流焉清，根本已腐，枝葉何茂，深寧之說，正本清源，識者固知其決非懸高義而爲書生之論也。深寧又嘗云：

> 自荊舒之學行，爲之徒者，請禁讀史書。其後經筵不讀《國風》，而《湯誓》《泰誓》，亦不進講。人君不知危亡之事，其效可覩矣。
>
> 〔註193〕

〔註191〕《困學紀聞》卷十五《考史》。

〔註192〕參見《齊東野語》卷十七。又周密《癸辛雜識》後集《三學之橫》亦云：「三學之橫，盛於景定淳祐之際。凡其所欲出者，雖宰相臺諫，亦直攻之，使必去，權乃與人主抗衡。……一時權相如史嵩之、丁大全，不卹行之，亦末如之何也。……賈似道作相，度其不可以力勝，遂以術籠絡，每重其恩數，豐其饋給，增撥學田，種種加厚。於是諸生啖其利而畏其威，雖目擊似道之罪，而噤不敢發一語。及賈要君去國，則上書贊美，極意輓留。今日曰師相，明日曰元老；今日曰周公，明日曰魏公，無一人敢少指其非。直至魯港潰師之後，始聲其罪，無迺晚乎？」

〔註193〕同註191。

王荊公重經不重史，其實自周程以下之理學家，亦多不重史。此弊也，深寧繼朱子之後，矯挽爲尤力。至於經筵講經，所謂《國風》《湯誓》《泰誓》危亡之事，亦無異於講史也。深寧嘗任經筵講席，每以興亡之理論君，可參本文首章所述。故知深寧意，不惟士子應有所學，人君亦當有教也。學校之教，經筵之席，終宋世其制未嘗絕，是則尤可知深寧之所論，乃就其名而求其實，否則但言制度，則亦名存而實亡耳。

又嘗論有宋科舉之失，曰：

> 止齋曰：國初以科舉誘致偏方之士，而聚之中都。由是家不尚譜牒，身不重鄉貫。〔註194〕

全謝山《三箋》云：「宋人多輕去其鄉，賢者不免。譜牒之學，亦至宋而衰。」不重譜牒鄉貫，終爲有宋科舉制下一流弊。深寧又評慶曆以後策問之失，曰：

> 唐及國初，策題甚簡，蓋學子寫題於試卷故也。慶曆後不復寫題，寖失之繁。今有數千言者，問乎其不足疑。〔註195〕

此若細微末節，而深寧仍推尋其所以然之故。又云：

> 唐以詩取士，錢起之《鼓瑟》、李肱之《霓裳》是也，故詩人多。韓文公薦劉述古，謂舉於禮部者，其詩無與爲比。〔註196〕

以詩取士，則詩人多，因亦知科舉誘士之影響。又云：

> 唐制舉之名，多至八十有六，凡七十六科，至宰相者七十二人。本朝制科四十人，至宰相者，富弼一人而已。中興復制科，止得李垕一人。〔註197〕

此考制科在唐宋兩朝之升降，可見其於此之注意。然又云：

> 唐宏詞之論，其傳於今者，唯韓文公《顏子不貳過》。制舉之策，其書於史者，唯劉蕡一篇。不在乎科目之得失也。〔註198〕

既知重視制度，又能超越制度而知人，此其所謂不以成敗論是非也。深寧初登第，自言今之事舉子業者，沽名譽，得則一切委棄，典章制度漫不省，非國家所望於通儒。於是閉門發憤，誓以博學宏詞科自見，遂假館閣書讀之。寶祐四年中是科。此可證其重視典章制度，於科舉，輕其虛名，重其實學之

〔註194〕《困學紀聞》卷十五《考史》。
〔註195〕同前註。
〔註196〕《困學紀聞》卷十八《評詩》。
〔註197〕《困學紀聞》卷十四《考史》。
〔註198〕同前註。

意，自其早歲已然也。

　　深寧之考史，可謂鉅細靡遺。如考天子之喪，曰：

　　　　常衰與禮官議禮，爲君斬衰三年。漢文帝權制三十六日。我太宗遺
　　　　詔亦三十六日，群臣不忍既葬而除，略盡四月。高宗如漢故事。玄
　　　　宗以來，始變天子喪爲二十七日。（原注：世多以短喪議漢文帝，而
　　　　不知二十七日之制，自玄宗始也。）〔註199〕

翁元圻謂此條錄《唐書・崔祐甫傳》文，是也。深寧又嘗考紙錢之源流，曰：

　　　　歐陽子謂五代禮壞，寒食野祭而焚紙錢。按，紙錢始於開元二十六
　　　　年，王璵爲祠祭使，祈禱或焚紙錢，類巫覡，非自五代始也。古不
　　　　墓祭，漢明帝以後，有上陵之禮，蔡邕議以爲禮有煩而不可省者。《舊
　　　　唐書》開元二十年，寒食上墓，編入五禮，永爲常式。寒食野祭，
　　　　蓋起於此。朱文公謂漢祭河，用寓龍寓馬，以木爲之，已是紙錢之
　　　　漸。唐范傳正謂唯顏魯公、張思業家祭不用紙錢。本朝錢鄧州不燒
　　　　楮鏹，呂南公爲文頌之。〔註200〕

又考告身綾軸錢之罷復，云：

　　　　後唐天成元年，吏部侍郎劉岳奏罷告身綾軸錢。本朝復納綾紙錢。
　　　　淳熙元年始免。〔註201〕

又考漢唐宋三代戶口之增滅，曰：

　　　　《朝野雜記》曰：西漢戶口至盛之時，率以十戶爲四十八口有奇。
　　　　東漢戶口，率以十戶爲五十二口，可準周之下農夫。唐人戶口至盛
　　　　之時，率以十戶爲五十八口有奇，可準周之中次。（原注：其說本程
　　　　沙隨。）〔註202〕

此皆深寧博聞之學，而悉一一詳其源流衍變，是亦可見其考史方法之一斑也。

第五節　貫通經史（兼論其讀書法）

　　《紀聞》云：

　　　　文中子言：聖人述史三焉。《書》、《詩》、《春秋》三者，同出於一。

〔註199〕《困學紀聞》卷十四《考史》。
〔註200〕同前註。
〔註201〕同前註。
〔註202〕同前註。

陸魯望謂六籍之中，有經有史，《禮》、《詩》、《易》爲經，《書》、《春秋》實史耳。（原註：禹、皋陶之賡歌、《五子之歌》，皆載於《書》，則《詩》與《書》一也。文中子之言當矣。）〔註203〕

又云：

劉道原曰：歷代國史，其流出於《春秋》。劉歆敍《七略》、王儉撰《七志》，史記以下，皆附《春秋》。荀勗分四部，史記、舊事入丙部，阮孝緒《七錄》，《記傳錄》記史傳。由是經與史分。〔註204〕

經中有史之說，隋唐人已先發之，而深寧尤許文中子之說。此後明儒王陽明有五經皆史、清儒章實齋復有六經皆史之論。然其爲說之用意實各不同。文中子之學，達於史而上推致於經，其謂六籍之中，聖人述史者三，是則史亦經矣。聖人以前有史，聖人以後亦有史。聖人可以述先世之史，則後人亦宜可述後世之史也。文中子本此意見，遂有其續經之作。陽明所謂五經皆史，其義蓋泛謂經學即史學。史者人事之迹，而人事則莫不本於人心，無此心，將不復有此事。故經籍之所載，亦無非古人所得於其當身之人事與世變之所學，易言之，亦即古人切己反身而得之學耳。然則後人亦可於其當身之人事與世變而自成其學，此則後人切己反身而求之於當身之所遇即可自得之，固不必藉經籍而求之遠古也。其實陸象山之主篤實踐履、陽明之主事上磨練，胥由此一意見而來。故就陸王之意言之，經學史學，皆心學也。至於章實齋之言六經皆史，其旨亦復與陽明不同。彼謂六經皆先王之政典，皆先王得位行教之迹，又謂古之所謂經，乃三代盛時典章法度見於政教行事之實，而非聖人有意作爲文字以傳後世。〔註205〕其所謂史者，史官之謂。謂六經皆掌於古之史官，史官所掌，則猶後世衙門官方之檔案。故實齋之意，六經皆官學，其所指殆與後世之所謂史者有辨。苟知此意，則應於當身事物人倫日用上求道，而史學經世之旨亦不喻而可明。此其意蓋欲鍼砭當時媟經媚經而唯訓詁考訂是務之學病也。〔註206〕是三者之爲說，含義各不同，皆有其用心之所在，然所以視經史爲一貫之意，則一。其實古者雖無史學之名，而早有其實。孔

〔註203〕《困學紀聞》卷八《經說》。

〔註204〕《困學紀聞》卷十二《考史》。

〔註205〕參見章氏《文史通義‧易教上》、《經解上》。

〔註206〕《文史通義》內篇卷五特載《史釋》一篇，詳闡其所謂史者之義。此意詳發於錢賓四師《中國近三百年學術史》第九章。本文此段所述，並參賓四師《經學與史學》一文，載《民主評論》第三卷第二十期。

子紹述堯舜禹湯文武周公，曰好古敏求，是即史學也。後世之有得於儒學之
眞傳者，亦胥知此義。深寧之學，其所以前與文中子不同，後亦與陽明實齋
有別者，蓋所處時世各殊然也。惟其融經貫史，求其通義以有益於世道，則
固不失儒者之矩矱。請試言之。

深寧云：

> 自漢儒至於慶曆間，談經者守訓故而不鑿。《七經小傳》出而稍尚新
> 奇矣。至《三經義》行，視漢儒之學若土梗。古之講經者，執卷而
> 口說，未嘗有講義也。元豐間，陸農師在經筵，始進講義。自時厥
> 後，上而經筵，下而學校，皆爲支離曼衍之詞。說者徒以資口耳，
> 聽者不復相問難，道愈散而習愈薄矣。陸務觀曰：唐及國初，學者
> 不敢議孔安國、鄭康成，況聖人乎？自慶曆後，諸儒發明經旨，非
> 前人所及。然排《繫辭》，毀《周禮》，疑《孟子》，譏《書》之《胤
> 征》、《顧命》，黜《詩》之《序》，不難於議經，況傳注乎？斯言可
> 以箴談經者之膏肓。〔註207〕

經學自漢至宋初大抵可謂無大變，至慶曆始一大變。宋人不信注疏，馴至疑
經，疑經不已，遂至改經、刪經、移易經文以就己說。〔註208〕司馬溫公自謂
幼誦諸經，讀注疏，以求聖人之道，〔註209〕故對當時一輩後生之讀書風氣，
深致不滿，嘗言：「新進後生，口傳耳剽，讀《易》未識卦爻，已謂《十翼》
非孔子之言。讀《禮》未知篇數，已謂《周官》爲戰國之書。讀《詩》未盡
《周南》、《召南》，已謂毛鄭爲章句之學。讀《春秋》未知十二公，已謂《三
傳》可束之高閣。循守注疏者，謂之腐儒；穿鑿臆說者，謂之精義。」〔註210〕
然溫公亦自撰《疑孟》一卷，凡十一篇，斯則一時風氣之所籠罩，有身在其
中而不能自外者焉。陸務觀生於宣和七年，越三年而宋室南渡；卒於嘉定三
年，越十三年而深寧始生；其世約與朱子相當。〔註211〕今觀深寧引放翁語，
可知自慶曆以還，風氣既開，橫淹一代，終宋世無以戢之也。然宋人之疑經
出新義，居今論之，實亦可謂大有功於經學，故深寧一面稱諸儒發明之遠邁

〔註207〕《困學紀聞》卷八《經說》。
〔註208〕說參皮錫瑞《經學歷史·經學變古時代》。
〔註209〕參《司馬文正公集》卷六十二《答懷州許奉世秀才書》。
〔註210〕參《司馬文正公集》卷四十五《論風俗劄子》。
〔註211〕朱子生於高宗建炎四年庚戌，卒於寧宗慶元六年庚申，較陸放翁晚五歲生，
　　　　早十歲卒。

前人，一面又欲以箴談經者之膏肓，要不失爲持平之論。顧此一意見亦不自深寧始，朱子自所疑於經者亦甚多，其於諸經，幾皆有新論，然亦不主廢傳注，惟於諸經傳注，則必一一辨其是非得失。既不主廢傳注而言經，亦不主墨守盲從，此其意即爲深寧所承，故其論諸經疏之言，《紀聞》即錄之，云：

> 朱文公謂《五經疏》，《周禮》最好，《詩》、《禮記》次之，《書》、《易》
> 爲下。愚考之《隋志》，王弼《易》、孔安國《書》，至齊梁始列國學，
> 故諸儒之説，不若《詩》《禮》之詳實。〔註212〕

蓋述朱子說，從而究其所以然，而爲之羽翼焉。《紀聞》又一條，述司馬文正論後生讀書風氣之弊，即上文所引者，繼之則述朱子語，曰：

> 朱文公曰：近日學者，病在好高。《論語》未問學而時習，便説一貫。
> 《孟子》未言梁惠王問利，便説盡心。《易》未看六十四卦，便讀《繫
> 辭》。此皆躐等之病。〔註213〕

是皆可見深寧論經意見之所本。而其自所表見之成績而特爲後人所稱重者，則在其經史考證之學。其所考證，悉原原本本，有根有據，決無憑空之虛論，其意即在糾時人好高之病。《紀聞》一條云：

> 雍熙中校九經，史館有宋臧榮緒、梁岑之敬所校《左傳》，諸儒引以
> 爲證。孔維謂不可。按，據杜鎬引正觀勅，以經籍訛舛，由五胡之
> 亂，學士多南遷，中國經術浸微，今並以六朝舊本爲證，特以詰維，
> 維不能對。（原注：見《談苑》。）太平興國中，校《漢書》。安德裕
> 取《西域傳》山川名號，字之古者，改附近人集語。錢熙謂人曰：
> 予於此書，特經師授，皆有訓説，豈可胸臆塗竄，以合詞章。觀鎬、
> 熙之言，則經史校讎，不可以臆見定也〔註214〕

深寧之考證經史，雖不能遽認爲全無謬誤，要皆一一有所依據，決無憑臆見以爲説者。此條雖言校讎，然此一態度，實邃可用以説明其爲學之一切也。又一條云：

> 李翱爲史官，請作行狀者，指事説實，直載其詞。然我朝名公秉筆，
> 亦有誤者。歐陽公爲《范文正碑》云：至日大會前殿，上將率百官
> 爲太后壽。公上疏，其事遂已。其後老泉編《太常因革禮》，有已行

〔註212〕《困學紀聞》卷八《經説》。
〔註213〕同前註。
〔註214〕《困學紀聞》卷六《左氏》。

之明驗，質之歐公。公曰：諫而不從，碑誤也。東坡爲《張文定銘》
云：神宗問元昊初臣，何以待之。公曰：臣時爲學士，誓詔封冊，
皆臣所草。李微之考國史，誓詔在慶曆四年十月，封冊在十二月。
明年二月，文定始爲學士。（原注：封冊乃宋景文撰。）朱文公爲《張
忠獻行狀》，其後語門人云：向只憑欽夫寫來事實，後看《光堯實錄》，
其中多有不相應處。以上三事觀之，罔羅舊聞，可不審哉？〔註215〕

考證經籍，網羅舊聞，須審愼，戒臆測，遺書具在，條條可證。即此兩條之
所述，亦舉實事以申論，而非凌空立說。則深寧爲學之態度，豈不即此而可
見乎？《困學紀聞》一書，爲其一生學術之所萃者，乃特爲清儒所激賞，自
清初下迄嘉道而猶未衰。唯清儒之稱道於其書者，毋寧可謂專在其成書之方
法，此已詳述於本文經學篇。其於深寧因經求道之主旨，則已多昧失不瞭，
尤以乾嘉以下之專業於考證，考證中又專事訓詁名物之考訂，則究其極，亦
只可謂其所造與深寧爲貌合而神離也。

深寧云：

> 王微之云：觀書每得一義，如得一眞珠船。見陸農師詩注。〔註216〕

又云：

> 聖人作經載道，學者因經明道。學博而不詳說之，無以發群獻之眇指。
> 說詳而不反約，無以折眾言之殽亂。……經學至於通而止。〔註217〕

觀書求義，因經明道，既得其義，則當行義，已明其道，則當行道，故深寧云：

> 曾子曰：與君子游，如長日加益而不自知也。董仲舒之言本於此。
> 行其所聞，則廣大矣。仲舒云：行其所知，則光大矣。〔註218〕

行其所聞、行其所知，即孔門博文約禮之教。深寧自謙爲困學，書名紀聞，
其所學、其所聞，皆可以起而行。其書中固亦有類乎純爲博聞而別無相關者，
然終以明道求義者居多，故徒以博洽多識譽之，竊恐未必爲深寧所首肯也。《紀
聞》又云：

> 晁景迂曰：博之以五經，而約之以《孝經》《論語》。博之以太史公、
> 歐陽公《史記》，而約之以《資治通鑑》。康節先生曰：二十歲之後，

〔註215〕《困學紀聞》卷十四《考史》。
〔註216〕《困學紀聞》卷八《經說》。
〔註217〕《深寧文鈔撝餘編》卷一《諸經通義序》。
〔註218〕《困學紀聞》卷五《大戴禮記》。

　　三十歲之前，朝經暮史，晝子夜集。學者當以此爲法。〔註219〕

《孝經》《論語》，更爲切身近己而可行者，故曰約之以此也。太史公、歐陽公，皆師法《春秋》，其書與溫公《通鑑》相較，前者可謂更富經學精神，而後者則較近史學精神。經學較重理想，史學則較重經驗。因二公《史記》，可得一義理之規模；於《通鑑》，則可觀切身入世之人事也。至邵康節教人讀書，亦四部兼涉，惟經子若較關義理，須更費精神理會，故曰晝日讀之，而讀史集諸籍，則可於昏夜。故深寧之爲學，通貫四部，然必時時毋忘於行己，即於文章，亦持是見，云：

　　梁簡文誡子當陽公書曰：立身之道，與文章異。立身先須謹重，文
　　章且須放蕩。斯言非也。文中子謂文士之行可見。放蕩其文，豈能
　　謹重其行乎？〔註220〕

是亦可窺其文與道合、文與行一之主張。然但求踐履躬行，不重書冊，亦深寧所不許。此則《紀聞》全書即可具體爲證，顧不煩就其言論別求佐驗。而其所以倡博學者，則獨有一番行道救世之心，是則讀其書者所不可不知。

　　深寧初登第，即嘗言今之事舉子業者但沽名譽，得則一切委棄，典章制度漫不省，非國家所望於通儒。故其求學用世之意，殆自早歲已然也。又嘗云：

　　魏相以《易》相漢，能上陰陽之奏，而不能防戚宦之萌，不知繫于
　　金柅之戒也。匡衡以《詩》相漢，能陳《關雎》之義，而不能止奄
　　寺之惡，不知昏椓靡共之戒也。經術雖明，奚益焉。〔註221〕

魏相、匡衡，依此條所述，亦可謂彼等皆知其一而不知其二，斯亦義理未通之過。然深寧則尤強調明道以致用，苟無益於世用，則經術雖明而無益。故若見深寧著書多出之以考證，而遽認其徒爲博聞求眞之學者，無乃與其中心之所志，大相逕庭乎？故深寧又言：

　　善讀書者，或曰此法當失，或曰一卷足矣，奚以多爲。或不求甚解，
　　或務知大義。不善讀者，蕭繹以萬卷自累，崔儦以五千卷自矜，房
　　法乘之不治事，盧殷之資爲詩。〔註222〕

然則其所自爲學，亦豈徒欲博識以自多乎？惜其深旨未能大昌於當世，而索

〔註219〕《困學紀聞》卷二十《雜識》。
〔註220〕《困學紀聞》卷十七《評文》。
〔註221〕《困學紀聞》卷一《易》。
〔註222〕同註219。

解人於後代亦終未易多得也。又云：

> 韓文公曰：凡爲文辭，宜略識字。杜子美曰：讀書難字過，字豈易
> 識哉？李衡《識字說》曰：讀書須是識字。固有讀書而不識字者，
> 如孔光、張禹、許敬宗、柳宗元，非不讀書，但不識字。孔光不識
> 進退字，張禹不識剛正字，許敬宗不識忠孝字，柳宗元不識節義字。
> 此可爲學者之戒。

此條在《紀聞》卷八《小學》中。乾嘉諸儒考訂文字聲音之小學，固當可爲
深寧之小學所兼采。惟深寧意想中之眞知，乃可行之知。知而未能行，是猶
未知也。然則字亦豈易識哉？

深寧又云：

> 周之替也，自原伯魯之不說學。秦之亡也，自子楚之不習誦。〔註223〕

人不說學，斯學遂絕，學絕則道喪，故深寧決不以不學爲教者，以此也。故
又云：

> 蘇魏公《書帙銘》曰：非學何立，非書何習，終以不倦，聖賢可
> 及。蒲傳正戒子弟曰：寒可無衣，飢可無食，至於書，不可一日
> 失。〔註224〕

又云：

> 《文王官人》篇，其少不諷誦，其壯不論議，其老不教誨，亦可謂
> 無業之人矣。（原注：此言可以儆學者。）〔註225〕

若深寧自身，少而諷誦，壯而論議，老而教誨，庶乎無媿於斯言。其又言：

> 胡文定公自登第逮休致，凡四十年，實歷不登六載。朱文公五十年
> 間，歷事四朝，仕於外者僅九考，立於朝者四十日。道義重而爵位
> 輕，所以立言不朽。〔註226〕

胡文定實歷不過六載，朱文公立朝僅得四十日，斯道之所以難行。道義重而
爵位輕，此君子所以難於進而易於退也。深寧立朝之時日，固過於胡文定，
尤遠越乎朱子，而其道亦終不行，德祐之末，乃拜疏出關。重道義而輕爵位，
所以立言不朽，斯深寧所謂壯而論議也。其晚歲之教誨，則悉存《紀聞》書

〔註223〕《困學紀聞》卷六《左氏》。
〔註224〕《困學紀聞》卷二十《雜識》。
〔註225〕《困學紀聞》卷五《大戴禮記》。
〔註226〕《困學紀聞》卷十五《考史》。

中。教學於國亡之後，其志豈不益可悲也哉。

深寧又嘗言：

> 尹和靜謂動靜一理。伊川曰：試喻之。適聞鐘聲，曰：譬如此寺鐘，
> 方其未撞時，聲固在也。伊川喜曰：且更涵養。朱文公在同安，夜
> 聞鐘鼓聲，聽其一聲未絕，而此心已自走作，因此警懼，乃知爲學
> 須專心致志。先儒於鐘聲入耳，體察如此。〔註227〕

尹和靖藉鐘聲以喻動靜一理，朱子因鐘聲而悟收心之法，此皆可謂格物窮理
也。深寧亦嘗引陳烈言收放心然後可以讀書之法，語見本文經學篇《論〈孟
子〉》一節。又云：

> 董仲舒三年不窺園，法眞歷年不窺園，趙昱歷年潛思，不窺園門，
> 桓榮十五年不窺家園，何休不窺園者十七年。〔註228〕

爲學當先收放心，專心致志，又須能耐寂寞。又云：

> 《傅子》曰：人之學者，猶渴而飲河海也。大飲則大盈，小飲則小
> 盈。伊川謂如群飲於河，各充其量。〔註229〕

爲學又如飲河，須各充其量。若深寧之所學，則誠可謂大飲之大盈矣。深寧
此種教學論學，皆承伊洛之緒，而尤有得於朱子之傳。惟特不喜懸空說理，
是以後之論者多誤認其面目。又嘗云：

> 夫子雅言，《詩》《書》執禮，而性與天道，高第不得聞。程子教人，
> 《大學》《中庸》，而無極太極一語未嘗及。〔註230〕

後來顧亭林《日知錄》中，亦特立《夫子之言性與天道》一條，云：

> 夫子之教人，文行忠信，而性與天道在其中矣，故曰不可得而聞。……
> 子貢之意，猶以文章與性與天道爲二……朱子曰：聖人教人，不過
> 孝弟忠信，持守誦習之間，此是下學之本。今之學者，以爲鈍根不
> 足留意。其平居道說，無非子貢所謂不可得而聞者。又曰：近日學
> 者病在好高……又曰：聖賢立言本自平易，今推之使高，鑿之使深。
> 《黃氏日鈔》曰：夫子述六經，後來者溺於訓詁，未害也；濂洛言
> 道學，後來者借以談禪，則其害深矣。〔註231〕

〔註227〕《困學紀聞》卷二十《雜識》。
〔註228〕《困學紀聞》卷十二《考史》。
〔註229〕《困學紀聞》卷十《諸子》。
〔註230〕同註227。
〔註231〕《原鈔本日知錄》卷九。

其說與深寧若不同，而所以深病乎鑿空之論則一也。朱子當時已指摘此種學風之失。黃東發與深寧同時，並爲朱子之嫡傳，而其自爲有關性理之討論，亦遠超於深寧，乃亦極斥空談性道而流入禪家之弊。亭林身處晚明王學末流之餘，其爲學，則一宗朱子，乃亦云：

> 孔門弟子不過四科，自宋以下爲之學者，則有五科，曰語錄科。
>
> 〔註232〕

若孤立此一語，掩去名氏，則幾不可知其爲朱學嫡傳之言。東發、深寧，則俱無語錄矣，學術之隨世轉移，或可由亭林此言中微窺之也。

亭林又言古之所謂理學者，經學也，舍經學安所得理學哉。斯亦猶深寧所謂聖人作經載道，學者因經明道之意。然隸亭林於經學，終不如歸之於史學之爲允。蓋史學固必博稽之於遠古，而窮其源，然亦必證切於當世而見其實。〔註233〕深寧之所造，與亭林近，故其經學，亦可謂皆史學也。其所謂因經明道者，莫不求於史事以爲之證，此即其實事而求是之學。所謂實事，乃指古人之言行，其所求之是，亦即就此具體史事中求明其義理。不離事以言理，則見其理之先於史而有驗，是亦見其道之確乎可行也。斯則其爲學求經史一貫，以史證經之深旨之所在。故曰其經學亦皆可謂史學也。《紀聞》一書所載，若此者不勝舉。今亦隨拈數例以爲證。

《紀聞》云：

> 玩物喪志，志爲物所役也。李文饒《通犀帶賦》曰：美服珍玩，近於禍機。虞公滅而垂棘返，壯武殘而龍劍飛。先哲所以聞義則服，防患則微。昭侯委珮而去，宣子辭環以歸，此可以爲玩物之戒。〔註234〕

玩物喪志，語出僞古文《尚書·旅獒》篇，志爲物所役一語，亦若可盡其義，乃因李文饒賦所及諸事，皆見於史，可以闡明其義，故引以證之。又云：

> 五陽之盛而一陰生，是以聖人謹於微。齊桓公七年始霸，十四年陳完奔齊，亡齊者已至矣。漢宣帝甘露三年，匈奴來朝，而王政君已在太子宮。唐太宗以武德丙戌即位，而武氏已生於前二年。我藝祖受命之二年，女眞來貢，而宣和之禍，乃作於女眞。張芸叟曰：易者，極深而研幾，當潛而勿用之時，必知有亢。當履霜之時，必知

〔註232〕《原鈔本日知錄》卷九。
〔註233〕說參錢賓四師《經學與史學》一文。
〔註234〕《困學紀聞》卷二《書》。

有戰。〔註235〕

五陽盛而一陰生，謂天風《姤》也。此條與其以爲說經，毋寧謂之論史論治。故深寧所謂因經明道者，乃復又藉史事以證明之，是則亦可謂因史以明道，斯其實事求是之學也。又云：

> 靡哲不愚，司空圖之耐辱也。善人載尸，裴度之晚節也。〔註236〕

王政暴虐，則靡哲不愚，善人載尸。天地閉則賢人隱，當小人道長君子道消之世，君子之所可守者唯此耳。深寧因舉司空圖、裴度之出處爲之證。其入元以後凡二十年，聲光黯淡，事迹不著，亦可謂如愚如尸，是即可見其因經明道，行其所聞所知之教，非徒爲口耳之學而已。又云：

> 《萍氏》幾酒，猶妹土之誥也。禹惡旨酒。《易·未濟》之終，以濡首爲戒。曷嘗導民以飲，而罔其利哉。初榷酒酤，書於《漢武紀》，其流害萬世，甚於魯之初稅畝。〔註237〕

此條則轉若引經義以證史，蓋援引經義，以明漢人榷酒酤之無當於古也。又一條云：

> 成湯周公，皆坐以待旦。康王晚朝，宣王晏起，則《關雎》作諷，姜后請愆。況朝而受業，爲士之職。《書》曰：夙夜浚明有家。《孝經》言卿大夫之孝，引《詩》云：夙夜匪懈。言士之孝，引《詩》云：夙興夜寐。《讒鼎之銘》曰：昧旦丕顯，後世猶怠，叔向所以戒也。三晨晏起，一朝科頭，管幼安所以懼也。在家常早起，杜子美所謂質朴古人風者也。雞鳴咸盥櫛，問訊謹暄涼，朱子之詔童蒙也。觀起之朝晏，知家之興廢，呂子之訓門人也。起不待雞鳴，陸務觀示兒之詩也。雞鳴率家人同起，不可早晏無常，葉少蘊與子之書也。雞鳴而起，決擇於善利之間，爲舜而已矣。〔註238〕

此條雜引經史，並及後人詩文，以戒人晏起。所述上溯遠古，下逮當世，是即爲一史學之方法矣。至其考論典制，亦多重沿革流變，已詳《論〈禮〉〈樂〉》篇。即《紀聞》書中《經說》一卷，其實亦多言經學之流變，近人爲經學史者多喜援引，故謂其經學，實無異於史學也。

〔註235〕《困學紀聞》卷一《易》。
〔註236〕《困學紀聞》卷三《詩》。
〔註237〕《困學紀聞》卷四《周禮》。
〔註238〕《困學紀聞》卷二十《雜識》。

復次，深寧以《困學紀聞》名其書，以紀聞爲著作之稱者始於司馬溫公，其書曰《涑水記聞》。記聞即紀聞也。《四庫提要》述之，曰：

> 是編雜錄宋代舊事，起於太祖，訖於神宗。每條皆註其述說之人，故曰記聞。或如張詠請斬丁謂之類，偶忘名姓者，則註曰，不記所傳。明其他皆有證驗也。〔註239〕

溫公此書，述其所見所聞，而一一註其說者，因以記聞爲名。惟其書之所述，則自宋太祖迄於神宗，但錄舊事，是猶當時一部近代之野史也。深寧謙居困學，以自別於下民，自爲之識，則曰開卷有得，述爲《紀聞》，故其書名則源於涑水，而所述則遍及其所讀之一切載籍，則視涑水之書爲丕變矣。

又《四庫全書》著錄《紀聞》一書，歸入子部雜家類。《提要》述雜家書收錄之旨，云：

> 衰周之季，百氏爭鳴，立說著書，各爲流品。《漢志》所列備矣。或其學不傳，後無所述。或其名不美，人不肎居。故絕續不同，不能一概著錄。後人株守舊文，於是墨家僅《墨子》、《晏子》二書，名家僅《公孫龍子》、《尹文子》、《人物志》三書，縱橫家僅《鬼谷子》一書，亦別立標題，自爲支派，此拘泥門目之過也。黃虞稷《千頃堂書目》於寥寥不能成類者併入雜家。雜之義廣，無所不包，班固所謂合儒墨兼名法也。變而得宜，於例爲善，今從其說。以立說者謂之雜學；辨證者謂之雜考；議論而兼敍述者謂之雜說；旁究物理，臚陳繊瑣者謂之雜品；類輯舊文，塗兼眾軌，謂之雜纂；合刻諸書，不名一體者，謂之雜編。凡六類。〔註240〕

遂廁《紀聞》一書入雜考之類。又云：

> 考證經義之書，始於《白虎通義》。蔡邕《獨斷》之類，皆沿其支流。至唐而《資暇集》、《刊誤》之類，爲數漸繁。至宋而《容齋隨筆》之類，動成巨帙。其說大抵兼論經史子集，不可限以一類，是眞出於議官之雜家也。〔註241〕

按：依其說，則雜家之六類特因爲書體例之不同而分耳，至其所以同，則當如班氏所謂以合儒墨兼名法爲之學者。或寥寥不成類者，亦歸入焉。然則深寧

〔註239〕《四庫提要》卷一百四十《子部‧小說家類》一。
〔註240〕《四庫提要》卷一百十七《子部‧雜家類》一。
〔註241〕《四庫提要》卷一百十九《子部‧雜家類》三。

之學，果合儒墨而兼名法乎？此其不可通一也。至以其說兼論經史子集，不可限以一類，而遂認出議官之流亞，則黃東發《日鈔》爲書亦奚異，乃歸入儒家類。此其不可通二也。《提要》述儒家類諸籍，云：

> 今所錄者，大旨以濂洛關閩爲宗，而依附門牆，藉詞衛道者，則僅
> 存其目。金谿姚江之派，亦不廢所長。惟顯然以佛語解經者，則斥
> 入雜家。凡以風示儒者無植黨，無近名，無大言而不愻，無空談而
> 鮮用，則庶幾孔孟之正傳矣。〔註242〕

是則其於儒雜二家，顯分軒輊。東發、深寧之學，《提要》皆認其淵源於考亭，然一歸儒，一入雜，何也？深寧亦力闢禪學，固又決不得謂其雜佛語。是皆無說可以通者。退一步言，依全謝山說，以深寧爲兼綜朱陸呂而不名一師；朱陸可無論矣，即如東萊，則亦已歸諸儒家矣。且黃梨洲《宋元學案》已收深寧，附於眞西山學案之後，即謂其說未爲盡愜，然亦決不宜遽擯之於儒門之外也。與此相類者，則明季陸世儀桴亭《思辨錄輯要》入儒家，顧亭林《日知錄》，則亦置諸雜家。是皆《四庫》館臣之陋且謬也。

〔註242〕《四庫提要》卷九十一《子部・儒家類》一。

第四章　王應麟之學術與清儒之關係

第一節　王應麟學術之主要背景──身世之感

深寧自爲《困學紀聞》識語云：

> 幼承義方，晚遇羈屯。炳燭之明，用志不分。困而學之，庶自別於
> 下民。開卷有得，述爲《紀聞》。

其書蓋成於宋室既屋之後，爲深寧晚歲之著作。付梓雕成，則更在元泰定二
年，深寧下世已三十年之久。其子昌世嘗云：

> 吾父平生書最多，惟《困學紀聞》尤切於爲學者。〔註1〕

袁桷清容，於深寧之晚歲從學焉，先後十年。序其書，亦云：

> 禮部尚書王先生出，知濂洛之學，淑于吾徒之功至溥。然簡便日趨，
> 偷薄固陋，瞠目拱手，面牆背芒，滔滔相承，恬不以爲恥。於是爲
> 《困學紀聞》二十卷，具訓以警。原其要旨，揚雄氏之志也。先生
> 年未五十，諸經皆有說，晚歲悉焚棄，而獨成是書。其語淵奧精實，
> 非細繹玩味不能解。〔註2〕

昌世係深寧嫡子，清容則嘗親炙居門下凡十年，皆以爲《紀聞》一書爲深寧
之最要著作。今觀其《浚儀遺民自誌》，亦嘗云：「嗜學老不倦，爲《困學紀
聞》。」其意亦頗自矜重，可知昌世清容所言非誣。〔註3〕

〔註1〕參見《紀聞》牟應龍《序》。
〔註2〕參見《紀聞》袁桷《序》。
〔註3〕《浚儀遺民自誌》爲深寧先期自作之墓誌，今見於《陳譜》卷後附載。本文

清初太原閻潛邱首爲《紀聞》箋注，欲繪遺像而不可得。〔註4〕及後全謝山爲《宋王尙書畫像記》，云：

> 同學葛君巽亭爲予言，楡英邨王氏有先生像。亟喜，往請而觀之。……須眉惆悵，端居不樂，其當杜門謝客之際乎？惜不令百詩見之也。〔註5〕

據《袁淸容集》，言深寧當元初，嘗爲俗吏所窘。其時甬上故公相家子弟，皆不免於折辱，惟杜門用晦而已。久之，始有稍稍致敬於深寧者。會修學宮，求深寧作記，然深寧杜門如故。朝夕坐堂上，取經史諸書講解論辨。宋亡之歲，昌世甫十歲，因聽受無倦，自是於名理經制治道之體統，古今禮典因革，殊聞異見，靡不悉究。〔註6〕蓋深寧入元以後凡二十年，杜門講學著書以終。故讀其年譜，此二十年中幾無事跡可見，韜晦之極矣。惟其日夕講論著述之所涉，猶可見其經綸救世之心，未嘗一日忘棄也。其《浚儀遺民自誌》又云：

> 生稱逸民，死表其阡曰前進士王君之墓。歸全奚憾，而在三之報，有媿於古之人也。銘曰：學古而迂，志壹而愚。其仕其止，如偃如圖。不足稱於遺老，或庶幾乎守隅。歸從先人，戰兢免夫。

生稱逸民，而自比於韓偓、司空圖，則其志節可知矣。其子昌世亦嘗辭徵辟，言曰：「士之大節，嗣守爲難，願讀父書，求己志，以畢此生，不願乎外。」〔註7〕殆可謂善繼志者矣。昌世子厚孫，三試不偶，遂棄舉子業。嘗就教官，然亦踰月即去官，歸奉母。復有薦除，皆不赴。次寧孫，則未嘗一造場屋。至正間爲慶元路齋長，後爲白鹿洞山長。〔註8〕明儒嘗議深寧入元曾爲山長一節，或涉其孫之事迹而誤也。夫遺民不世襲，若深寧之子若孫，亦已可謂難能而可貴矣。《紀聞》書中多寓身世之慨，閻潛邱、何義門二箋已偶有指出，至全謝山爲之三箋，揭發爲尤多。其實通《紀聞》全書之所論說，莫不可謂與其時世息息相關。前文之所述，已屢有指陳。今復以謝山之說爲主，益以區區淺見，臚述於後，庶幾可以闡明深寧心迹，斯亦所以表微之意云爾。

《紀聞》云：

第一章第一節已引錄其中一段。
〔註4〕參見《紀聞》閻詠《序》後附識語。
〔註5〕參《鮚埼亭集》外編卷十九。
〔註6〕參見《張譜》。
〔註7〕參《紀聞》牟應龍《序》及全氏《三箋》引黃文獻《王昭甫墓誌》。
〔註8〕參錢、陳、張三譜。

張子韶《書說》，於《君牙》、《囧命》、《文侯之命》，其言峻厲激發，
讀之使人憤慨，其有感於靖康之變乎？胡文定《春秋傳》，於夫椒之
事，亦致意焉。朱子《詩傳》，其說《王風・揚之水》，亦然。〔註9〕

謂張子韶、胡文定、朱子之解經，皆託諷時事，寄恢復報讎之意。此其讀前
人書，亦已懷是心，故謝山之多以時事為之箋說者，竊謂雖未必一一可稱知
言，要當無大背於其著書之微旨也。

深寧云：

書狄人入衛，書楚子入陳，不忍諸夏見滅於夷狄，故稱入焉。書吳
入郢，楚昭出奔，猶有君也；申包胥求救，猶有臣也，故不言楚。

書於越入吳，國無人焉，如升虛邑，故言吳。〔註10〕

何義門云：「其意蓋深痛乎伯顏之入臨安也。然于《春秋》之旨亦密。」深寧
謂胡文定《春秋傳》致意於靖康之變，則此處之釋《春秋》書例，所謂不忍
夷之滅夏者，殆亦有感乎元兵之入也。義門之言是矣。深寧又屢繫懷于申包
胥，則致慨於宋室之無其人也。說見下文。又云：

楚有夏州，以夏變夷。衛有戎州，以夷變夏。〔註11〕

此條之過於附會，閻潛邱以下，三箋皆有所辨正，〔註12〕惟謝山指為深寧特
有感之言耳，則既不曲附其說，又進而探其為說之所以然，不失為善得作者
之心也。深寧身當天地翻覆之際，夏已變夷，乃慨乎而為言，遂不顧其說之
無當於考據之實。

夷夏之勢已易，故深寧書中，遂多表彰忠義守節之士。嘗云：

杜氏注云：仲尼之徒，皆忠於魯國。《史記》載夫子之言曰：夫魯，
父母之國，國危如此，二三子何為莫出。此夫子之訓也。〔註13〕

謝山《三箋》云：「然則深寧之拜疏出關，豈得已哉？《宋史》不知本末，書
之曰遯，使與曾淵子輩同科，當改正。」謝山辨《宋史・深寧傳》書法之失，
詳見其《宋王尚書畫像記》，云：「先生於德祐之末，拜疏出關，此與曾淵子

〔註9〕　《困學紀聞》卷二《書》。
〔註10〕　《困學紀聞》卷六《春秋》。
〔註11〕　《困學紀聞》卷六《左氏》。
〔註12〕　閻潛邱云：「楚復封陳，鄉取一人焉以歸，謂之夏州。夏，氏也。」何義門云：
　　　　「夏州，蓋以志夏徵舒之伐也，而豈用夏之謂乎？戎州則其地或故有戎焉，
　　　　未可因其名而罪衛。蒯瞶固云，我姬也，何戎之為？」全謝山云：「深寧特有
　　　　感言之耳。秦有夏聲，不必謂其變西戎之俗。」
〔註13〕　同註11。

之潛竄者不同。先生既不與軍師之任，國事已去，而所言不用，不去何待？必俟元師入城，親見百官署名降表之辱乎？試觀先生在兩制時，晨夕所草詞命，猶思挽既渙之人心，讀之令人淚下，則先生非肯恝然而去者。今與淵子輩同書曰遯，妄矣。」所辨與箋語並同，而其說加詳。謝山精於史學，故能辨深寧之心迹，固非強辭以護其私好也。

深寧又特賞陶淵明，云：

> 陶淵明《讀史述·夷齊》云：天人革命，絕景窮居。述《箕子》云：矧伊代謝，觸物皆非。先儒謂食薇飲水之言，銜木填海之喻，至深痛切，讀者不之察爾。顏延年誄淵明曰：有晉徵士，與《通鑑綱目》所書同一意。《南史》立傳，非也。〔註14〕

此條所謂先儒，乃指真西山，其言見於所為《跋黃瀛甫擬陶詩》一文。深寧之表章淵明志節，殆承朱子《通鑑綱目》之意。其以《南史》立傳為非，後人或斥以為非通論，〔註15〕然使淵明復生，當不願厠身於《南史》諸傳之列。故其說縱或可議，要之可謂得古人之心，此亦當分別而論也。又一條云：

> 朱文公曰：陶公栗里，前賢題詠，獨顏魯公一篇，令人感慨。今考魯公詩云：張良思報韓，龔勝恥事新。狙擊苦不就，舍生悲拖紳。嗚呼陶淵明，奕葉為晉臣。自以公相後，每懷宗國屯。題詩庚子歲，自謂羲皇人。手持《山海經》，頭戴漉酒巾。興與孤雲遠，辯隨還鳥

〔註14〕 《困學紀聞》卷十三《考史》。

〔註15〕 何義門云：「卒於宋代，《南史》何嫌立傳。管幼安不以《魏志》有傳貶其高。」錢竹汀亦云：「淵明卒於宋時，《晉中興書》必未立傳。《宋書》入之《隱逸》，著其不仕之節，深得微顯闡幽之意。若依後儒議論，則前史既未有傳，新史又不可傳，必終於湮沒無稱，豈通論乎？」又曰：「淵明立傳，昉於沈休文《宋書》。《南史》特因其舊耳。」今按，《南史》有《淵明傳》，固亦無貶其高，義門斯言是矣。然淵明永初元年已五十六歲，入宋僅八年而卒，其入宋以後，但書甲子，不復著其年號，則其志甚明。若但以卒於宋而遽以為宋人，則似亦未盡恰當也。故竊意必如竹汀之論，方為平允。竹汀精於史學，宜其說之中旨。惟《宋書》之立《淵明傳》，如竹汀之所釋，必不得以為非；至於《南史》則不然；何則？蓋《宋書》成於沈休文，《南史》則出於李延壽。唐人修《晉書》，延壽已參預編撰之列，且其事尚在其纂修《南北史》之先，此可於所撰《北史·序傳》中得其證。然則《晉書》已為淵明立傳，延壽又於《南史》重為之傳，安在其有得於史法邪？故《宋書》之立《淵明傳》尚有可說，《南史》之立傳，則誠不得以因襲沈氏書為之開釋也。然則深寧之但指《南史》之非而不及沈氏《宋書》者，豈無斟酌於其間乎。

泯。見《廬山記》，集不載。〔註16〕

若孤立此一條，似只見其因朱子語，考查顏魯公此詩之不載集中，唯見於《廬山記》，因遂錄焉。必通貫其全書，又尙友其人、尙論其世，然後知其所爲考據，皆不止於考據事實而已也。深寧入元以後，爲文亦但書甲子，殆即以靖節自況。說參下文。又辨嵇康入晉史之非，云：

> 嵇康魏人，司馬昭惡其非湯武，而死於非辜，未嘗一日事晉也。晉
> 史有傳，則康之羞也。後有良史，宜列於《魏書》。〔註17〕

與此相類者又有後周之韓通，深寧亦云：

> 唐太宗《贈堯君素蒲州刺史詔》曰：雖桀犬吠堯，乖倒戈之志；而
> 疾風勁草，表歲寒之心。我藝祖《贈韓通中書令制》曰：易姓受命，
> 王者所以徇至公；臨難不苟，人臣所以明大節。大哉王言，表忠義
> 以屬臣節，英主之識遠矣。歐陽公《五代史》不爲韓通立傳，劉原
> 父譏之曰：如此是第二等文字。〔註18〕

表忠義所以屬臣節，臨難然後不苟，其論史之再三致意於斯者，即此故。遂又上睎乎商世之遺澤，云：

> 商之澤深矣。周既翦商，歷三紀而民思商不衰。考之《周書》，《梓
> 材》謂之迷民，《召誥》謂之讎民，不敢有忿疾之心焉。蓋皆商之忠
> 臣義士也。至《畢命》始謂之頑民，然猶曰：邦之安危，惟茲殷士，
> 兢兢不敢忽也。孔子刪《詩》，存邶鄘於風，繫商於頌。吁，商之澤
> 深矣。〔註19〕

《畢命》係僞古文，深寧未辨。殷之頑民，周公以王命誥，所以稱殷士者，亦撫摩勞來之意耳。固不獨商澤之深，周德之厚，亦於焉可見。故全謝山云：「厓山未平時，元人以告變之章，大捕四明遺老，以爲欲迎二王。深寧所以唏嘘而言此。」依謝山意，此條乃具體有所指而作。是否合乎情實，今雖不得深論，要之此爲感時之言，則可確認也。《紀聞》又一條云：

> 祖逖曰：晉室之亂，非上無道，而下怨叛也。晉之德澤淺矣。姚弋
> 仲曰：亟自歸于晉。王猛曰：勿以晉爲圖。人心知義，非後世所及

〔註16〕《困學紀聞》卷十三《考史》。
〔註17〕同前註。
〔註18〕《困學紀聞》卷十四《考史》。
〔註19〕《困學紀聞》卷二《書》。

也。〔註20〕

姚弋仲有子四十二人，常誡諸子曰：「我死之後，汝歸晉家，竭盡臣節。」王猛寢疾，苻堅臨省疾，問以後事，猛曰：「晉僻陋吳越，乃正朔相承，臣沒之後，願不以晉爲圖。」〔註21〕晉非盛世，德澤亦無可嚮慕，深寧仍有取於其人心之知義。故全謝山謂此條亦以比宋之無失德，而致嘆於姚弋仲、王猛之不若，則隱指夏貴輩也。今按，夏貴於帝㬎德祐二年正月，以淮西叛降元。其實先於貴而叛降者亦已眾矣，〔註22〕此深寧所以致慨也。又一條云：

> 晉簡文《詠庚闈詩》云：志士痛朝危，忠臣憂主辱。東魏孝靜帝《詠謝靈運詩》曰：韓亡子房奮，秦帝魯連恥。本自江海人，忠義動君子。至今使人流涕。〔註23〕

謝山亦謂此蓋傷德祐之北行也。〔註24〕又一條云：

> 楚之興也，篳路藍縷；其衰也，翠被豹舄。國家之興衰，視其儉侈而已。〔註25〕

謝山亦謂此有感於南宋湖山之華綺。又一條云：

〔註20〕 《困學紀聞》卷十三《考史》。
〔註21〕 見翁注引後魏崔鴻《後秦錄》暨《前秦錄》。
〔註22〕 據翁注綜引《宋史紀事本末》，先是度宗時，知漢陽軍王儀以城降。權守張晏然、都統程鵬飛以州軍降。伯顏遣鵬飛至黃州，招諭陳奕以城降。又以書招蘄州管景模，景模亦降。陳奕以書誘其子嚴，以安東州降。德祐元年，知南康軍葉閶、知德安府來興國、知六安軍曹明，俱迎降于江州。元兵至海州，安撫丁順降，知廣德軍令狐槩以城降。元兵至常州，臨安戒嚴。同知樞密院曾淵子、左司諫潘文卿、右正言季可、兩浙轉運使許自、浙東安撫王霖龍、侍從陳堅、何夢桂、曾希顏等數十人皆遁。岳州總制孟之紹舉城降。京湖宣撫司朱禩孫、湖北制置副使高達、提刑青陽夢炎等降。獨松關守將張濡遁。泰州裨將孫貴、胡惟孝、尹端甫、李遇春開北門納元軍。潭州守將吳繼明、劉孝忠以城降。其實宋季死節者固不少，惟守將或率城以降，或棄城而遁，若以上所舉，至於此數，亦可爲浩歎矣。
〔註23〕 同註20。
〔註24〕 翁注節引《宋史紀事本末》帝㬎德祐二年，先是元軍既迫，遣柳岳奉書如元軍。既還，陳宜中復遣岳及陸秀夫、呂師孟等，求稱姪、納幣，不從。則請稱姪孫，伯顏不許。至是太后命用臣禮，陳宜中難之。太后涕泣曰：「苟存社稷，稱臣非所較也。」遂遣劉岊奉表稱臣，上尊號，歲貢銀絹二十五萬兩疋。二月伯顏至臨安城。時福王亦自紹興至，太皇太后及帝欲與相見，伯顏曰：「未入朝，無相見之禮。」閏月，帝及太后隨元軍北行。元主廢帝爲瀛國公，見於大安殿。尋命帝爲僧、全太后爲尼於正智寺。
〔註25〕 《困學紀聞》卷六《左氏》。

擇三有事，亶侯多藏，貪墨之臣爲蟊賊。小東大東，杼柚其空，聚
斂之臣爲斧斤。《文侯之命》所謂珍資澤於下民也。是時虢石父好利
用事，而皇父以卿士爲群邪之宗。〔註26〕

何義門以爲此皆感歎公田之事，謝山則云：「宋之弊政，始於趙與𥳑、岳珂之聚斂，繼而爲史宅之、趙汝楳之履畝，又繼而爲賈似道之公田，深寧所以浩歎也。何說未備。」若此，或以爲專指一事，或認爲不止一事而發，雖未可遽加論定，總之其爲有感於朝廷小人之貪污聚斂，則兩家箋說之所同，亦當可憑信者也。又一條云：

《漢·恩澤侯表》曰：帝舅緣大雅申伯之意。後之寵外戚者，率以
是藉口。自宣王褒申伯，而申侯終以召戎戜，猶可以爲萬世法乎？
外戚秉政，未或不亡。漢亡於王莽、何進，晉亡於賈謐，唐幾亡於
楊國忠，石晉亡於馮玉。〔註27〕

全謝山《三箋》云：「曹操篡漢，而伏完死難。司馬氏篡魏，而張緝死難。蕭道成篡宋，而王蘊死難。楊堅以外戚篡周，而尉遲迥亦以外戚死難。外戚非必皆不賢也。漢之呂、霍、上官，不可用矣，而竇嬰則名臣。王商、馮野王、傅喜三人，元、成、哀若能大用之，可無王氏之禍。要之在知人耳。然深寧則有感於賈妃而言。」今按，此當以謝山爲正論，深寧說不免稍偏，而謝山謂其有感於賈妃而言，則尤可謂善探其本也。又一條云：

爾土宇昄章，必曰俾爾彌爾性，務廣地而不務廣德者，人君之深戒
也。不務德而勤遠略，齊之霸所以衰。狄之廣莫，于晉爲都，晉之
亂所以萌。〔註28〕

謝山亦辨之云：「晉雖世有赤翟、白翟、中山之禍，然不因此而亡國，深寧特有慨於宋室耳。」實則凡深寧有關治亂興亡之種種討論，雖不能一一確指其事，然皆若有所映射，故其所論，偶亦不免牽合而稍偏，若此所舉兩條，即可見之。惟必如謝山之追究其立言之旨，乃可知其說之未盡平允者亦皆由於身世之感而可諒也。又一條云：

列國之變，極於吳越。通吳以疲楚者，晉也。通越以撓吳者，楚也。
春秋於是終焉。唐以南詔攻吐蕃，而唐之亡以南詔。本朝以女眞滅

〔註26〕 《困學紀聞》卷三《詩》。
〔註27〕 同前註。
〔註28〕 同前註。

契丹，而中原之亡以女真。女真之將亡也，吾國又不監宣和而用夾
攻之策，不知《春秋》之義也。〔註29〕

《續通鑑》理宗紹定五年，時與蒙古兵合圍汴京。蒙古再遣王檝來京湖，議
夾攻金。史嵩之以聞。朝臣皆以爲可遂復讎之舉。獨趙范不喜，曰：宣和海
上之盟，厥初甚堅，迄以取禍，不可不鑒。帝不從，命嵩之報使許之。時深
寧年甫十歲，而及其身鼎祚遂移，故有若是之論。明張溥論其事，云：「遼爲
宋敵，金爲宋仇。敵者，可以存，可以亡者也。八陵之辱，二帝之慘，懷而
不報者，百餘年矣。會有可乘，雖死不顧。必欲鑒宣和之海上，而忘靖康之
北狩，凡爲臣子，其誰堪之？故滅金之役，正也。三京之復，亦正也。其復
而不果者，失在進之太速，守之不固，非盡始謀者過也。」〔註30〕而全謝山
《三箋》則云：「端平之禍，不在夾攻，而在妄取三京。或云元人志在盡吞天
下，即無入洛之師，未必不觀釁而動。曰果爾，則雖不夾攻，而元於滅金之
後，亦自加兵於宋。況女真之讎，必無不報之理。」然則此誠見仁見智之論
矣。朱子早年亦主恢復，晚歲則轉主維持固守，蓋以時機已失，時勢已易故
也。深寧亦豈忘二帝之讎者乎。然亦嘗謂紹興隆興主和者皆小人，開禧主戰
者皆小人矣。宋室之亡非一端，深寧所論者亦不僅此一條。隔代之後而尚論
前史，當時情勢或有未易推明者。此爲深寧親身所遇，其言未必盡無當於事
實也。

就深寧當時言，所謂靖康之讎，其實早已煙消而雲散，然厓山之破，宋
社之覆，此則其所不能一日忘之新讎。故深寧特致意於申包胥，云：

申包胥似張子房，天下士也。楚破矣，請秦師以却吳。韓亡矣，借漢
兵以滅秦。其相似一也。入郢之讎未報，則使越爲之謀以滅吳。韓王
成之讎未報，則從漢爲之謀以滅項。其相似二也。楚君既入而逃賞，
漢業既成而謝事。其相似三也。自夏靡之後，忠之盛者，二子而已。
然楚國復興，而韓祀不續，天也。子房之志則伸矣。我思古人，唯漢
諸葛武侯可以繼之。鞠躬盡力，死而後已，其志一也。若梁之王琳，
唐之張承業，功雖不就，抑可以爲次矣，不當以功之成否論。吁，春
秋亡國五十二，未見其人也。遂之四氏，僅能殲齊戍。其亡而復存者，
唯一包胥，豈不難哉？太史公傳伍員而不傳包胥，非所以勸忠也。《戰

〔註29〕《困學紀聞》卷六《春秋》。
〔註30〕見翁注引張氏《書〈宋史紀事本末〉三京之復後》。

國策》，楚莫敖子華曰：昔吳與楚戰于柏舉，三戰入郢。梦冒勃蘇，贏糧潛行。上崢山，踰深谿，蹠穿膝暴。七日而薄秦朝，鶴立不轉，晝吟宵哭。七日不得告，水漿無入口。秦遂出革車千乘，卒萬人，屬之子滿與子虎。下塞以東，與吳人戰於濁水，大敗之。梦冒勃蘇，即申包胥也。豈梦冒之裔，楚之同姓歟？《淮南·修務訓》云：申包胥贏糧跣走，跋涉谷行。上峭山，赴深谿，游川水，犯津關，躐蒙龍，蹶沙石，蹠達膝，曾繭重胝。七日七夜，至於秦庭。鶴時而不食，晝吟宵哭，面若死灰，顏色黴墨，涕液交集，以見秦王。亦與子華之言同。所謂莫敖大心，深入吳軍而死，以《左氏》考之，即左司馬戌也。戌者，葉公諸梁之父也。諸梁定白公之亂，不有其功，而老於葉。其聞包胥之風而師法之歟？〔註31〕

並舉申包胥、張子房、諸葛武侯，以爲其心迹略同。而於申包胥，尤可謂推崇備至。惟深寧仍以考證事迹出之，斯則正可見其考證之學精神之所在。其意蓋欲思得當時之一申包胥、張子房、諸葛亮，不得已亦求得如王琳、張承業之以身許國者。功之成否，則在天也。又云：

既克有定，靡人弗勝。言天之勝人也。藐藐昊天，無不克鞏，言天之終定也。申包胥曰：人眾者勝天，人曷嘗能勝天哉，天定有遲速矣。《詩》所以明天理也，故不云人勝天。〔註32〕

《詩·小雅·正月》：「民今方殆，視天夢夢。既克有定，靡人弗勝。」朱子《集傳》云：「民方今危殆，疾痛號訴於天。而視天反夢夢然，若無意於分別善惡者。然此特值其未定之時，及其既定，則未有不爲天所勝者也。夫天豈有所憎而禍之乎？福善禍淫，亦自然之理而已。申包胥曰：人眾則勝天，天定亦能勝人。疑出於此。」《大雅·瞻卬》：「藐藐昊天，無不克鞏。」朱《傳》亦云：「惟天高遠，雖若無意於物，然其功用，神明不測。雖危亂之極，無不能鞏固之者。」深寧此條即述其意。謝山云：「厚齋惓惓包胥，其即鄭所南盼望陳丞相自占城至之意耳。」深寧當時，其視藐藐之昊天，豈不夢夢如不顧此下民之疾痛乎？然深寧信天之終定，故猶能有所思有所待。申包胥而外，彼又壯夫差之報越，其言曰：

夫差之報越，其志壯矣。燕昭報齊似之。取其大節，而略其成敗可

〔註31〕《困學紀聞》卷六《左氏》。
〔註32〕《困學紀聞》卷三《詩》。

也。慕容盛之討蘭汗，其言曰：免不同天之責，凡在臣民，皆得明
目當世。君子猶有取焉，況吳乎？〔註33〕

謝山謂此爲天水諸宗子言之，或不免過拘。同時有謝枋得叠山，較深寧晚生
三歲。至元二十六年被執至燕，不屈，絕食而死，時年六十四。其平居亦每
論樂毅、申包胥、張良、諸葛亮事，常若有千古之恨者，而以植世教、立民
彝爲己任。〔註34〕其殉節時宋亡已十三載。蓋同處世變，白髮丹心，乃不期
而亦同有此想慕也。

深寧又云：

《成都石經》，孟蜀所刻，於唐高祖太宗之諱，皆缺畫。范魯公相本
朝，其《誡子姪詩》曰：堯舜理日，深泉薄冰，猶不忘唐也。〔註35〕

何義門云：「乃相承以熟，未可爲不忘唐之證也。厚齋特望人不遽忘宋耳。」
其說是矣。深寧不忘宋室之情，即於其考釋草木文字之一若純乎爲博識考證
者，亦時有透露，如云：

《詩・釋文》，《草木疏》云：葑，蕪菁也。郭璞云：今崧菜也。案
江南有葑，江北有蔓菁，相似而異。張文潛詩：蕪菁至南皆變崧，
崧美在上根不食。瑤簪玉昏不可見，使我每食思故國。〔註36〕

若此則或爲一種有意無意之流露，而觀其全書之通旨，以文潛詩句述其中心
之情，殆亦無遠誇乎其實也。

深寧懷此故國之思，忠義之操，遂痛斥失節之人。嘗言：

公山不狃曰：君子違不適讎國，所託也則隱。斯言也，蓋有聞於君
子矣。背君父以覆宗國者，不狃之罪人也。〔註37〕

謝山云：「斯言也，爲呂文煥、劉整、范文虎諸人言之。」〔註38〕背君父以覆
宗國，當時爲宋室之重臣大將者固不乏其人。又一條云：

子周公之孫也，多饗大利，猶思不義。子贛之責公孫成也。劉歆亦

〔註33〕 《困學紀聞》卷六《左氏》。
〔註34〕 參《宋史紀事本末》卷一百九。
〔註35〕 《困學紀聞》卷二十《雜識》。
〔註36〕 同前註。
〔註37〕 同註33。
〔註38〕 張天如《書〈宋史紀事本末〉文謝之死後》曰：「景定以來，劉整以瀘州叛，
呂文煥以襄陽叛，陳奕以貴州叛，呂師夔以江州叛，范文虎以安慶叛。數人
者，皆宋大將，賈似道所親厚也。金城湯池，社稷所寄，一朝反戈，魚羊食
人，入寇招叛，爲虜前驅。呂文福、笤萬壽，紛起效尤，亂莫制矣。」

少愧哉。〔註39〕

謝山謂此爲趙孟頫輩殺袁鏞以降元而發。〔註40〕孟頫與宋室同宗姓,故其行迹與公孫成、劉歆爲類。袁鏞之死,在德祐二年三月十日,是年即宋亡之歲也。元兵至鄞,鏞與戰死,時深寧亦在甬上,因作《悼袁進士鏞詩》,云:

> 天柱不可折,柱折勢莫撐。九鼎不可覆,鼎覆人莫扛。袁公烈丈夫,
> 獨立東南方。欲以一己力,代國相頡頏。適遭宋祚移,恥爲不義戕。
> 奮然抱志起,誓欲掃欃槍。拔劍突前麾,手回日月光。賊勢愈猖獗,
> 山摧失忠良。嗚呼絕倫志,不得騁才長。妻孥悉從溺,枯骨誰克襄。
> 忠烈動天地,游魂爲國殤。山水倍堪悲,抱恨徹穹蒼。穹蒼幸一息,
> 庶幾紀星霜。西風白楊路,哀猿號崇岡。解劍掛墓柏,泣下沾衣裳。
> 惜哉時不利,抽毫述悲傷。〔註41〕

深寧遺詩傳世者不多,觀此詩,則見其當時一股忠憤之氣,有不能自抑者。此在襃揚袁氏之忠烈,而彼則貶斥趙氏之不義也。又一條云:

> 原繁曰:臣無二心,天之制也。此天下名言,萬世爲臣之大法。《西
> 山讀書記》取之。《博議》貶繁,恐未爲篤論。〔註42〕

《東萊博議》嘗貶原繁爲姦,而深寧乃特取其臣無二心之一語,以爲可立爲萬世爲臣之法,故於東萊之說,遂以爲非篤論。夫君子不以人廢言,即但取其言,亦無不可也。謝山《三箋》云:「此有感於留王之輩。」《紀聞》同卷下一條接云:

> 鄭伯謂燭之武曰:若鄭亡,子亦有不利焉。觀《魏受禪碑》、《唐六
> 臣傳》,利薔樂亡者有矣。

翁元圻云:「宋帝㬎德祐二年八月,以王積翁爲福建招討使。十一月,王積翁叛降元。先是積翁棄南劍州行都,遣人納款于元。至是元軍侵福安,積翁爲內應,遂與王剛中同降。留夢炎,宋之狀元宰相,喪心事虜。文天祥留燕,王積翁請釋爲道士,留夢炎不可,曰:天祥出,復號召江南,置吾等于何地。天祥遂遇害。張天如曰:宋之逆賊,前莫惡于劉整,後莫醜于夢炎。非苟論也。王氏此二條,皆有感而發。」按全翁二說皆是。當時叛降將守大臣,固

〔註39〕《困學紀聞》卷六《左氏》。
〔註40〕全氏《三箋》本此註在本卷上一條「范武子之德」之下,翁元圻以爲誤,移於此。今按,翁說是。
〔註41〕參見《四明文獻集》卷五。
〔註42〕同註39。

不止王留，故謝山加一輩字，乃爲得之。

深寧又云：

> 晉史《忠義傳》，可削者三人。韋忠不見裴顏，辭張華之辟，初節亦
> 足稱矣，而仕於劉聰，爲之討羌而死，非爲晉死也。謂之忠義可乎？
> 王育仕於劉淵，劉敏元仕於劉曜，舍順從逆，皆失節者也，忠義安
> 在哉？唐之修晉史也，許敬宗、李義府與秉筆焉，是烏知蘭艾鸞梟
> 之辨？〔註43〕

此譏唐人修《晉書》之不辨忠義。深寧論經，於《春秋》特張正名定分之義
者，殆即欲嚴忠義與失節之分，已詳本文《論〈春秋〉》篇暨史學篇。又云：

> 袁宏以伏滔比肩爲辱，似知恥矣，而失節於桓溫之九錫，恥安在哉？
> 〔註44〕

謝山謂此指葉李輩嘗立名節而不終。〔註45〕觀此條，則知明儒之議深寧曾應
元人山長之請爲必不可信。謝山辨之，謂即令應之，則山長亦非命官，無所
屈也。〔註46〕竊謂必無其事，殆或涉其嫡孫之嘗出爲山長而誤指耳，說已見
前。使深寧自身氣節非持守不稍假藉，尙能振振爲辭以抨擊他人之晚節不保
邪？彼又嘗云：

> 單穆公曰：旱麓之榛楛殖，故君子得以易樂干祿焉。若夫山林厲竭，
> 林鹿散亡，藪澤肆既，君子將險哀之不暇，而何易樂之有焉？誦險
> 哀二字，此文中子所以有帝省其山之歎也。天地變化，草木蕃，況
> 賢者而不樂其生乎。天地閉，賢人隱，況草木而得遂其性乎？〔註47〕

天地閉而賢人隱，賢人之隱，是亦猶草木之不得遂其性，將何易樂之有。全

〔註43〕 《困學紀聞》卷十三《考史》。
〔註44〕 同前註。
〔註45〕 《元史》卷一百七十三《葉李傳》：李，字太白，一字舜玉，杭州人。宋景定
　　　　五年，世祖南伐。會憲宗崩，世祖班師，襄陽圍解。賈似道自詭以爲己功，
　　　　益驕恣。李乃與同舍生康棣而下八十三人，伏闕上書，攻似道。似道知書稿
　　　　出於李，嗾其黨劉良貴誣李僭用金飾齋扁。竄漳州，會宋亡，歸隱富春山。
　　　　至元十四年，命御史大夫相威行臺江南，且求遺逸。以李姓名上，即授浙西
　　　　道儒學提舉。李聞命欲遁，而使者致丞相安童書云：「士君子當隱見隨時，其
　　　　尚悉心以報殊遇。」李乃幡然北向再拜曰：「仕而得行其言，此臣夙心也。敢
　　　　不奉詔。」
〔註46〕 謝山說詳所著《宋王尚書畫像記》一文，語已引見於本文第二章第六節《論
　　　　〈孟子〉》一段。
〔註47〕 《困學紀聞》卷三《詩》。

謝山訪求得觀深寧畫像，稱其須眉惆悵而不樂，豈不然乎。深寧杜門不出者凡二十年，斯賢人之隱也，故其自況於古人，曰：

> 陶靖節之讀《山海經》，猶屈子之賦《遠遊》也。精衛銜微木，將以填滄海。刑天舞干戚，猛志固常在。悲痛之深，可為流涕。〔註48〕

何義門謂此條深寧所以自況，是也。全謝山亦云：「《深寧集》一百二十卷，不傳。然如《哭袁進士鏞詩》，老淚可掬，悲痛為尤深矣。」《哭袁詩》已見上引。方樸山亦云：「於此見厚齋之忠。」蓋其眷眷於宋室，其志亦猶屈子淵明也。故其於陶淵明，乃特有心會。《紀聞》又云：

> 陶淵明詩：義農去我久，舉世少復真。汲汲魯中叟，彌縫使其淳。又曰：此中有真意，欲辨已忘言。東坡云：淵明欲仕則仕，不以求之為嫌。欲隱則隱，不以去之為高。飢則扣門而求食，飽則具雞黍以迎客。古今賢之，貴其真也。葛魯卿為贊，羅端良為記，皆發此意。蕭統疵其《閑情》，杜子美譏其《責子》，王摩詰議其《乞食》，何傷於日月乎？《述酒》一篇之意，惟韓子蒼知之。〔註49〕

韓子蒼解《述酒》，云：「余反覆之，見山陽歸下國之句，蓋用山陽公事，疑是義熙以後，有所感而作也。故有流淚抱中歎，平王去舊京之語。淵明忠義如此。今人或謂淵明所題甲子，不必皆義熙後，此亦豈足論淵明哉？惟其高舉遠蹈，不受世紛，而至於躬耕乞食，其忠義亦足見矣。」〔註50〕是即可見深寧特賞淵明之所在。又云：

> 《左氏傳》引《商書》曰：沈潛剛克，高明柔克。《洪範》言惟十有三祀，箕子不忘商也，故謂之《商書》。陶淵明於義熙後，但書甲子，亦箕子之志也。陳咸用漢臘亦然。〔註51〕

又一條云：

> 韓偓自書《裴郡君祭文》，首書甲戌歲，銜書前翰林學士承旨銀青光祿大夫行尚書戶部侍郎知制誥昌黎縣開國男食邑三百戶韓某。是歲朱氏篡唐已八年，為乾化四年，猶書唐故官，而不用梁年號。〔註52〕

深寧自入元，亦但書甲子，殆亦箕子淵明韓偓之志也。又云：

〔註48〕《困學紀聞》卷十八《評詩》。
〔註49〕同前註。
〔註50〕韓子蒼著《陵陽集》四卷，《宋史·文苑傳》有傳。此見萬蔚亭《集證》引。
〔註51〕《困學紀聞》卷二《書》。
〔註52〕《困學紀聞》卷十四《考史》。

靡哲不愚，司空圖之耐辱也。善人載尸，裴度之晚節也〔註53〕

此亦其自況之辭，其《浚儀遺民自誌》即嘗以韓偓、司空圖自比。如愚如尸，皆所以畏禍也。此君子之不得遂其性，亦豈得已哉？又云：

羅昭諫《詠松》曰：陵遷谷變須高節，莫向人間作大夫。其志亦可悲矣。唐六臣，彼何人哉。昭諫說錢鏐舉兵討梁，見《通鑑》；其忠義可見。視奴事朱溫之杜荀鶴，猶糞土也。〔註54〕

方樸山謂此亦厚齋所以自況。此條入《評詩》之卷，可見其論詩論文，仍多別有懷抱也。又如云：

更無柳絮隨風舞，惟有葵花向日傾。可以見司馬公之心。浮雲世事改，孤月此心明。見坡公之心。〔註55〕

又云：

浮雲世事改，孤月此心明。坡公晚年所造深矣。〔註56〕

此一卷之中，兩條重出，故何義門云：「再舉此二句，亡國遺臣以自喻也。」二公之心者，亦深寧所以述己心也。又云：

《答王定國詩》：謹勿怨謗讒，乃我得道資。淤泥生蓮花，糞土出菌芝。賴此善知識，使我枯生荑。此尹和靖所謂困窮拂鬱，能堅人之志而熟人之仁也。《詩》曰：它山之石，可以攻玉。〔註57〕

深寧之所處，豈不已猶淤泥糞土乎？斯困窮拂鬱之極矣，故其書曰《困學紀聞》，彼所謂困者，毋寧更當指其所遇也。然淤泥之中，猶可生出蓮花；糞土之中，尚可蒸出菌芝。故雖處困窮，而能堅其志、熟其仁，矻矻於為學，有所聞亦有所述焉。

深寧云：

宋咸注《法言》云：天地不常泰，亦不常否。聖人不常出，亦不常絕。〔註58〕

又云：

劉向論起昌陵疏：自古及今，未有不亡之國也。本於《呂氏春秋》。

〔註53〕《困學紀聞》卷三《詩》。
〔註54〕《困學紀聞》卷十八《評詩》。
〔註55〕同前註。
〔註56〕同前註。
〔註57〕同前註。
〔註58〕《困學紀聞》卷十《諸子》。

〔註59〕

《紀聞》書例，若此者，皆有取於其意。天地不常泰，故古今無不亡之國；然亦不常否，以見一陽之尙可復也。深寧又嘗云：

> 齊威王封即墨大夫。燕取齊七十餘城，唯莒、即墨不下。田單以即墨破燕。齊王建將入秦，即墨大夫入見，畫臨晉武關之策，建不聽而亡。吁，何即墨之多君子也。建能聽即墨大夫之謀，則齊可以勝秦矣。國未嘗無士也。〔註60〕

全謝山謂此亦有慨於汪、文諸公策略之不用。〔註61〕其實深寧自述，亦嘗謂瑣闥封駁，不得其言，則此條亦未必非自諭也。國雖有士，而終不得用而亡，則所可望者將安在？深寧云：

> 凡百君子，各敬爾身。胡不相畏，不畏于天。荆公謂世雖昏亂，君子不可以爲惡，自敬故也，畏人故也，畏天故也。愚謂《詩》云，周宗既滅，哀痛深矣，猶以敬畏相戒。聖賢心學，守而勿失。中夏雖亡，而義理未嘗亡。世道雖壞，而本心未嘗壞。君子修身以俟命而已。〔註62〕

國雖亡，而人心尙未亡，斯則猶可恃而有待。故深寧論史之特重風俗人心者，以此也。說詳本文史學篇。閻潛邱云：「王氏二十年杜門不出，概見於此。」潛邱同時稍先，顧亭林亦嘗有亡國亡天下之辨。深寧所謂中夏亡而義理未亡，世道壞而人心未壞者，易以亭林語，即國雖已亡，而天下猶未亡也。是以深

〔註59〕《困學紀聞》卷十《諸子》。

〔註60〕《困學紀聞》卷十一《考史》。

〔註61〕度宗咸淳十年，京湖制置使汪立信移書賈似道曰：「內郡何事乎多兵，宜盡出之江干，以實外禦。算兵帳，見兵可七十餘萬人，而沿江之守，則不過七千里。若距百里而屯，屯有守將。十屯爲府，府有總督。其尤要害處，輒三倍其兵。無事則泛舟長淮，往來游戲。有事則東西齊奮，戰守並用，剴斗相聞，餽餉不絕，互相應援，以爲聯絡之固。選宗室大臣忠良有幹用者，立爲統制，分東西二府以涖。任得其人，率然之勢，此上策也。」似道得書，抵之地。尋免之。又帝㬎德祐元年七月，元主詔伯顏直趨臨安。八月，文天祥至臨安。上疏言：「宜分境內爲四鎮，建都統居中。以廣西益湖南，而建閫于長沙。以廣東益江西，而建閫于隆興。以福建益江東，而建閫于番陽。以淮西益淮東，而建閫于揚州。責長沙取鄂，隆興取蘄黃，番陽取江東，揚州取兩淮。地大力眾，乃足以抗敵。約日齊奮，有進無退，日夜以圖之。彼備多力分，疲于奔命。而吾民之豪傑者，又伺閒出于其中。如此，則敵不難卻也。」時議以爲迂濶，不報。以上皆見《宋史紀事本末》卷一百六。

〔註62〕《困學紀聞》卷三《詩》。

寧亭林，皆於國亡之後而以維持天下自任者。深寧又言：

> 召平、董公、四皓、魯兩生之流，士不以秦而賤也。伏生、浮邱伯
> 之徒，經不以秦而亡也。萬石君之家，俗不以秦而壞也。《剝》之終
> 曰：碩果不食。陽非陰之所能剝。〔註63〕

全謝山謂此其有感於身世之言。士不以秦賤，經不以秦亡，俗不以秦壞，言
雖壯而心則痛。謝山於此可謂甚有會心。故竊以爲謝山《三箋》視他家之爲
突出者，多在此等處，殆大有功於深寧之書者。深寧又云：

> 君子無斯須不學也。黃霸之受《尚書》，趙岐之注《孟子》，皆在患
> 難顛沛中，況優游暇豫之時乎？《易》曰：困而不失其所亨。〔註64〕

其自謂嗜學老不倦，爲《困學紀聞》，亦猶霸之受《書》、岐之注《孟》也。
其杜門二十年，未嘗一日廢學，講論不輟，著述不怠，斯其所謂困而不失其
所亨之道。此後清儒嗜讀其書者甚多，且有數家爲之箋注；而眞有得於其爲
學著書之精神者唯顧亭林。請先考清儒箋注，再論亭林。

第二節　《困學紀聞》之箋注

《困學紀聞》一書，自清初以還，爲之箋校者多家，其爲清儒所重視即
此可知。首發其事者爲閻潛邱（若璩）、何義門（焯）。繼之者有全謝山（祖
望）、錢竹汀（大昕）、萬蔚亭（希槐），以迄近代之張肖荼（嘉祿），而用力
最勤成就最大者則爲翁鳳西（元圻）。以下請次第言之。

潛邱之子詠序其《初箋》云：

> 康熙戊午己未間，家大人應博學鴻詞之薦入都。時宇內名宿麟集，
> 而家大人以博物洽聞，精於考據經史，獨爲諸君所推重，過從質疑，
> 殆無虛日。或有問說部書最便觀者，誰第一。家大人曰：其宋王尚
> 書《困學紀聞》乎。近常熟顧仲恭以《演繁露》並稱，非其倫也。
> 由是海內始知尊尚此書。……大人自壯至老，手自校讎，不啻五六
> 過，訛者正之，遺者補之。〔註65〕

戊午當康熙之十七年，時潛邱四十三歲。閻詠序於康熙三十七年戊寅，則《初

〔註63〕　《困學紀聞》卷一《易》。按，卷二《書》：「民獻有十夫……史失其名，不獨
　　　　　魯兩生也。」卷十二《考史》：「董公之名不聞，魯兩生之氏不著。」
〔註64〕　《困學紀聞》卷一《易》。
〔註65〕　參見翁注《困學紀聞・原序三》。

箋》之授梓，已在潛邱六十三歲之晚年。詠又摹臨深寧手書自識三十八字，
附記云：

> 右三十八字，乃尚書親筆。常熟毛蘭季辰以視徵君。且曰：盍摹勒
> 諸卷首。徵君欣然如其請。蓋徵君曾兩遣人至鄞縣，訪其裔孫，求
> 行狀、墓銘、神道碑，以補《宋史》列傳之略，不可得。又欲繪其
> 遺像，亦不可得。今存其手蹟，猶前志也。〔註66〕

潛邱之心儀其人，酷嗜其書，於焉可見。

潛邱之《初箋》既付梓，越八載，何義門又爲補校成《二箋》。其自識云：

> 己未冬日，謁曹侍郎秋岳先生於集福精舍。先生教之曰：宋說家之
> 書，莫如洪容齋、王伯厚爲優。然《困學紀聞》條理尤爲秩然，不
> 可以不亟讀也。退而謹識於硯匣。至丙寅遊山陽，乃於書肆中得之。
> 沾漑之益，良非一二可竟。南北奔走，亦未嘗不偕也。丙戌春，爲
> 故友閻百詩先生校此書，付之開雕，因加重閱。〔註67〕

己未年正當潛邱入都應博學鴻詞之薦。閻詠謂海內之知尊此書始自其父入京倡
之，義門則稱初聞《紀聞》之名於曹秋岳。秋岳年輩雖尚稍先於潛邱，〔註68〕
然亦未知是否先有聞於閻氏者。惟義門謂在康熙二十五年丙寅遊山陽始得其
書，則其知此書固晚於潛邱，而用功於其書則更遠在其後。唯《二箋》之開雕，
則在康熙四十五年丙戌，潛邱已先兩年卒，故義門乃稱爲故友校此書也。今閻
何原刻皆不可見，惟晚出之萬氏《集證》暨翁注皆有引述，已存其說。何氏《二
箋》刻在後，其多引及潛邱語固可不論。而《紀聞》中有一條云：

> 或上朱文公啓云：行藏勛業，銷倚樓看鏡之懷。窈窕崎嶇，寄尋壑
> 經丘之趣。〔註69〕

此條深寧亦藉以抒己未得遂其所懷之意。何義門云：

> 記是其人自述語。朱文公謂其人方就省解，未宜遽及此，于吾今日
> 所處卻合。厚齋似誤。俟假《大全集》考之。

〔註66〕參見翁注《困學紀聞‧原序三》。
〔註67〕何氏識語記在《紀聞》第一卷之尾，萬氏《集證》、翁注本皆有載。
〔註68〕姜亮夫《歷代人物年里碑傳綜表》據施愚山《壽曹秋岳詩》，定秋岳生於明神
　　　　宗萬曆四十二年甲寅，而不詳其卒歲。又別錄有曹溶，秀水人，字秋嶽，一
　　　　字潔躬，號倦圃。生於萬曆四十一年癸丑，卒於清康熙二十四年乙丑，年七
　　　　十三。明崇禎進士，官御史。順治初歸清。《清史列傳》卷七十八及《清史稿》
　　　　卷二百七十皆有傳。竊疑秋岳即秋嶽，非有二人；施氏壽詩或亦誤差一歲也。
〔註69〕《困學紀聞》卷十九《評文》。

又云：

> 《跋免解張克明啓》。

而閻氏則云：

> 何屺瞻曰：此《免解張克明啓》中自敍述。朱子謂此老子心事也。
> 此公方求試南宮，而輒以自與，何哉？有跋載《大全集》中，時爲
> 庚子至前一夕，方知南康軍，屢請祠而未允。明年閏三月，遂去郡
> 東歸。今但云上朱子，似小誤。

則明見其由義門之說而來，且已直稱引其語。然則又似潛邱亦見何氏校本。
義門《二箋》始刻於丙戌，時潛邱已卒，其未及見其成書可確認。惟其自識
謂南北奔走，未嘗不以《紀聞》之書自隨。自丙寅購得其書，至丙戌校本付
梓，先後亦已二十年，其於潛邱生前，或互有討論，故潛邱亦得稱引其說也。

閻何之後，全謝山又繼之而作《三箋》，《自序》云：

> 太原閻徵君潛邱嘗爲之箋，已而長洲何學士義門又補之。斯二箋者，
> 世宗憲皇帝居潛藩，皆嘗充乙夜之覽。近年祁門馬氏以閻本開雕，
> 而閒采何說以附之。桐鄉汪氏又以何本開雕。誠後學之津梁也。潛
> 邱詳於考察，其於是書最所致意，然筆舌冗漫，不能抉其精要，時
> 挾偏乖之見。如力攻古文《尚書》，乃其平日得意之作，顧何必嘵嘵
> 攪入此箋之内，無乃不知所以裁之耶？義門則簡核，而欲高自標置，
> 晚年妄思論學，遂謂是書尚不免詞科人習氣。不知己之批尾家當，
> 尚有流露此箋，未經洗滌者。歲在辛酉，予客江都，寓寮無事，取
> 二本合訂之。冗者刪簡，而未盡者則申其說，其未及考察者補之。
> 而駁正其紕繆者，又得三百餘條。……予亦未能成此箋也……闕如
> 者尚多有之。〔註70〕

《序》作於乾隆七年壬戌，上距義門《二箋》之刻，已三十六年。據此《序》，
知此三十餘年間，閻何兩箋尚分別有再刻，則其流布之已廣亦可知。謝山評
閻何之得失，爲《四庫提要》所本。《提要》云：

> 若璩考證之功，十倍於焞。然若璩不薄視應麟，焞則動以詞科之學，
> 輕相詬屬。考應麟博極群書，著述至六百餘卷，焞所聞見，恐未能
> 望其津涯，未免輕於立論。是即不及若璩之一徵。〔註71〕

〔註70〕參見翁注《困學紀聞・三箋序》，亦載萬氏《集證》。
〔註71〕《四庫提要》卷一百十八《子部・雜家類》二。

惟《提要》於閻氏無異辭,則是其時考證學風已大盛,潛邱特見推尊,館臣遂少詆訾也。

謝山以下,繼之方樸山、程易田、錢大昕皆各有箋校,而各本皆不見,其說今悉存於萬蔚亭《集證》中。萬氏《集證》於乾隆末祚已成書,其書卷首附有其伯父南泉氏一序,署乾隆五十九年,可爲證。惟又別有陳詩《序》一篇,則成於嘉慶六年辛酉,則其書之初刻究在何年,已不可確考。余所見臺灣大學所藏嘉慶十六年刻本,書首尙有廣東督學使者錢塘陳嵩慶序,云:

> 王氏是書徵事稍隱,間有自註。國朝閻潛邱、何義門、全謝山、方
> 朴山、程易田皆有校本,時下己意以析疑指。閻全程三君,其才博
> 而亮,其義闊而雅,取資鴻駿,獨秀囊哲。何方二君,雖有援據,
> 多說事情。或又輕作辨論,用相訾詬,蟲生於木,還食其木,是所
> 短也。然質而不撝,文而有理,皆王氏之諍臣矣。黃岡萬君尉亭,
> 既鈔撮其全文,復廣援經傳,著明各條之下,名曰《集證》,遵뾽뾽
> 旨,勿取紛糅。昔范窜著《穀梁集解》,《正義》曰:集解者,撰集
> 諸子之言以爲解也。今之所取,義實同之。往見嘉定錢詹事大昕亦
> 有是書校本,每下一箋,宣古義,蓋與閻全程諸子所見互相發明。
> 收而輯之,是所望於雅才好博之君子。

是序署嘉慶十二年丁卯,則是時萬氏之書,全錄閻何全方程之文,而不及錢竹汀,故其書之全名爲《困學紀聞五箋集證》也。今所見臺大藏本已附刻錢氏校語於眉端,書內扉頁題名《困學紀聞集證合註》,右首小字題六家箋本,已有錢氏之名,左首小字題萬希槐蔚亭氏輯集證校本附十二字。則是本必非萬氏原刻本可知。每卷卷首又署有四明屠繼序校補七字。然增入錢氏校語者,竊疑並不出屠氏之手。何則?今其書中除上述六家箋語外,又有方粹然心醰及屠繼序自注。惟書終屠氏小注自識署嘉慶七年,則屠氏校補在陳嵩慶作序前五年,其未附入錢竹汀校語亦可推而得知。且後來道光間翁元圻爲《紀聞》注,作《凡例》,其中兩條曰:

> 《三箋》本(按指謝山《三箋》)兼載方朴山、程易田、方心醰(原
> 文誤作醇)、屠繼序諸公之說,雖不全錄,亦標明姓氏。

> 近刻有黃岡萬氏《集證》,卷中亦多採錄,仍一一標明,不敢掠美。

則翁氏所見《三箋》本已非全氏初刻之舊,而方心醰、屠繼序之說皆稱兼載於《三箋》,而不云附於萬氏《集證》中,故竊疑屠氏所謂校補者,乃針對謝

山以下之各箋本而作，而後來刻《集證》者，亦錄入其說也。翁注《凡例》不及錢竹汀名氏，而書中則已偶錄其說，是其所見萬氏《集證》，殆或即今本之已收入錢氏校語者歟？然則附刻錢氏校語於《集證》書中，又收入方心醇、屠繼序之注語者，實不知出於誰何人之手，惟其事則當在嘉慶十二年陳氏《序》成之後，並在嘉慶十六年其書鑱成之前也。

今坊間又有民國四十九年《中華叢書》影印萬氏《集證》行世，乃萬氏玄孫耀煌於民國四十一年在日本東京所購得，與臺大所藏者爲同一板本。其自爲《跋》語云：

> 此書承美堂刊版，洪楊之亂燼於火。耀煌懷念先澤，嘗潛心搜集各種版本達十有餘種，抗戰時存於武昌寓所，全部燼於兵燹。家藏之承美堂版，亦片紙無存。

則《集證》書成之後，竟凡十餘刻以上，其量亦至可驚矣。然則後來刻板之有附增，非復萬氏原來面目，亦可得而說也。惟此本影印時刊落乾隆五十九年萬南泉及嘉慶六年陳詩兩序，苟不見臺大所藏原本，則並此亦無能考矣。

翁元圻鳳西之輯注則更爲晚出，《自序》云：

> 元圻幼嗜此書，通籍後，備官禮曹，嘗質疑於中表邵二雲先生。先生教之曰：閻何全之評注，略舉其大意，引而不發。子盍詳注之，使覽者不必繙閱四庫書，而瞭然於胸中乎？余對曰：此非盡讀厚齋所讀之書者不能也。以元圻之淺陋，曷足以任此？先生曰：子姑詳其所可詳，其未詳者，安知不有好學者更詳之乎？余諾之，而未敢必其成也。丁未之冬，揀發雲南，從此移黔移楚，未嘗不攜此書自隨。偶有所得，即細書於簡端。顧行篋所貯卷帙無多，兼簿書鮮暇，不能專心從事。然簡端已無餘地，因另錄而編次之。凡三易稿，而仍多未盡。庚辰四月，改官京秩，因得借書於收藏家，稍有增補。旋自京旋里，就正於蕭山王穀塍同年，又詳數十條。穀塍力勸付梓。自念用心數十年，不忍棄之散簏，因刻之，存於家塾。惜二雲先生墓木已拱，不及刪其繁而補其缺，以至於無遺憾也。

此序作於道光五年乙酉，元圻時七十五歲。丁未當乾隆五十二年，則其自謂幼嗜是書，而始操翰爲注，先後亦垂四十年，至於暮年然後竟其成也。其書於閻何全三箋全錄，他家則有去取，而自所增輯更無慮二千餘條，採摭至備，視其前諸家，洵爲後來居上。錢塘胡敬序其書，曰：

其淹貫成一家言，則李善之注《文選》也。其疏證之旁見側出，足
與原書相輔而行，則裴松之之注《三國志》也。凡厚齋所引之書與
其人，靡不觸類引伸，核其本文，詳其貫履。於書之已佚、姓氏之
就湮者，則博采墜簡零篇，力索冥搜，期於必獲。於諸說之不全不
備蹖駁牴牾者，則下己意補之正之。辭旨和平，不務攻擊，是真能
爲厚齋之學者也，是真能讀厚齋所讀之書者也。

元圻蒐輯增注是書，用力之勤，至可驚人，胡氏推譽之言，非虛美也。

　　翁注之後，又有歸安宋令君月樵，爲《困學蒙證》六卷，專就《紀聞》
中論《易》、《書》、《詩》、《周禮》、《禮記》、《春秋》之各條爲之疏證，而不
及其他。卷首有陳壽祺《序》，署道光十年庚寅，則其書之出，在翁注之後。
陳《序》稱令君齒未壯，其年輩晚於元圻可知，而二家成書先後相差不遠，
然互不相知，故其書亦互不相及也。《蒙證》僅有六卷，亦只關經說，然即此
六卷之所搜，亦見其不及翁注，即於萬氏《集證》亦有未逮也。惟其自爲《凡
例》，述參考前賢著作，自閻何全方程五家箋外，亦及屠繼序，而不及錢大昕、
萬蔚亭，是亦可爲余說繼序校補非爲萬氏《集證》而作之一證。

　　此外又有奉新趙敬襄竹岡，作《困學紀聞參注》一卷，收入《豫章叢書》。
其書僅就深寧原書，逐卷摘三數條辨正，爲量更少。而其書中引用萬氏說，
則亦當成於《集證》之後。然亦未及翁注，不知是否其時翁注尚未成書，抑
翁注刻板之初存於家塾，流布尚未廣也。要之，宋趙二書皆不足以方萬翁兩
家之閎博功深，故今知之者鮮，亦理有固然也。而爲之殿者則爲四明張嘉祿
肖荓所作《補注》二十卷。其書成於光緒間，及其卒後之三十五年，當民國
二十四年，其子壽鏞始刊刻之。今收入《四明叢書》。其書二十卷，係依《紀
聞》原書編次，各卷中非逐條有補注，故其卷帙不如萬翁二氏之多，然亦遠
過乎趙氏之《參注》矣。張氏《補注》雖亦因諸家箋注之例，然其人則頗識
深寧著書之旨，亦特見其卓然也。說詳下節。

第三節　王應麟與顧炎武

　　與深寧身世學術特爲相似者，明末清初有顧炎武亭林。深寧宋亡時五十
四歲，入元二十年始卒；亭林於滿人入關時年三十二，越三十八年始卒。此
其相似者一也。深寧、亭林，皆以經史考證之實學爲後人所推重。二人皆著

作宏富，深寧之特爲後人稱重者爲《困學紀聞》，亭林則爲《日知錄》，二書之內容皆包羅四部之學，成書之體例又極相近。此其相似者二也。深寧《紀聞》之雕成，在泰定二年，已在身後二十九年。《日知錄》之刊行，在康熙三十四年，亦距亭林之卒凡十三年。而二書在清代同受尊崇，自清初閻潛邱以下，皆屢有爲其書作斠正者。《紀聞》至道光六年翁元圻爲之輯注，最爲精眩。《日知錄》亦逮道光十四年黃汝成爲之《集釋》，尤稱詳備。此其相似者三也。惟深寧宋季官至禮部尚書，入元後杜門不復出，足不離甬上。而亭林明季未仕，入清後雖亦矢志不事二姓，然自四十五歲後，北遊往來魯燕晉陝豫諸省，且嘗遍歷塞外，轍輄南北二十餘年，至六十七歲始卜居華陰。是則二人行止之相異也。

章實齋《文史通義》，嘗分清初學術爲浙西、浙東兩派。謂浙西尚博雅，重經學，宗顧亭林，而上溯其淵源於朱子。浙東則貴專家，尚史學，宗黃梨洲，而上源陽明、蕺山，下開二萬。〔註72〕此其見雖未必爲後之研討學術思想流變者所首肯，然以亭林歸宗於朱子，則確乎不可易。且實齋所言，亦旨在調和朱陸門戶之爭，而尤主史學須切人事當世用。故其論以爲六經皆史，皆先王之政典，行道經緯世宙之迹，而非託於空言。〔註73〕又云：

> 浙東之學，雖源流不異而所遇不同，故其見於世者，陽明得之爲事功，蕺山得之爲節義，梨洲得之爲隱逸，萬氏兄弟得之爲經術史裁，授受雖出於一，而面目迥殊，以其各有事事故也。彼不事所事，而但空言德性，空言問學，則黃茅白葦，極面目雷同，不得不殊門戶以爲自見地耳，故惟陋儒則爭門戶也。或問：事功氣節，果可與著述相提並論乎？曰：史學所以經世，固非空言著述也。且如六經同出於孔子，先儒以爲其功莫大於《春秋》，正以切合當時人事矣。後人言著述者，舍今而求古，舍人事而言性天，則吾不得而知之矣。
> 學者不知斯義，不足言史學也。〔註74〕

然則經史一貫，亭林、梨洲，皆足以副其所望，是其所謂浙東浙西之辨，亦可謂無大相殊也。

亭林嘗言君子之爲學，所以明道救世，故作《日知錄》，上篇經術，中篇

〔註72〕參見《文史通義》內篇二《浙東學術》。
〔註73〕參見《文史通義》內篇一《易教上》。
〔註74〕同註72。

治道，下篇博聞，謂苟有王者起，將以見諸行事，以躋斯世於治古之隆，而未敢為今人道。〔註75〕故以實齋語衡之，亭林所為學，皆可謂之史學也。由性理轉向於經史，乃清初儒者為學之大趨，亭林、梨洲莫不然。此亦猶宋季之有黃東發、王深寧也。章實齋謂亭林學宗朱子，此可於其書中屢得其證。朱子而外，對亭林影響至深者當為東發、深寧。此即可謂亭林之學，由東發、深寧而上宗於朱子。《日知錄》中屢稱引《黃氏日鈔》，而於同時人，則屢及陸桴亭《思辨錄輯要》，是即可見其學脈之所自。唯《日知錄》之體例則獨與深寧《困學紀聞》為更近，而稱引《紀聞》轉較少，此緣東發、桴亭尚較多言性理，而言性理自重傳承，深寧似更偏重於言經史考據，經史考據則俱尚創獲也。然《日知錄》及《文集》所論，其淵源出自《困學紀聞》，仍不乏有跡可尋者。〔註76〕即如亭林「博學於文、行己有恥」之教，亦無異於深寧之所揭櫫。本文經史學兩篇中已屢有指陳，茲復舉數例如後。

《紀聞》云：

宣王晏起，姜后請愆，則《庭燎》之箴，始勤終怠可見矣。殺其臣杜伯而非其罪，則《沔水》之規，讒言其興可見矣。

《祁父》傳謂宣王之末，司馬職廢，羌戎為敗。按《通鑑外紀》，三十三年，王伐太原戎，不克。三十八年，王伐條戎奔戎，王師敗績。三十九年，戰于千畝，王師敗績於姜氏之戎。四十一年，王征申戎，破之，轉予于卭。蓋謂此四役也。〔註77〕

全謝山《三箋》云：「此二條乃亭林顧氏《日知錄》中論宣王所本。」按，其

〔註75〕參見《亭林文集》卷四《與人書》二十五。

〔註76〕說詳何佑森師《顧亭林的經學》一文，載《臺大文史哲學報》第十六期。該文有專節論亭林經學淵源，分論朱子、黃東發、王深寧對亭林學術之影響。其有關深寧者，如亭林《日知錄》論「天道」、「人事」，乃源出《紀聞》「《易》言天行有人事」一條。其「《易》該史事」一條，則源出《紀聞》「《易》著商周事乎其人」條。又如《紀聞》中「何天之衢」之解「下學而上達」，「莫益之或擊之證史」之說「廉恥」等，亦多與亭林《與友人論學書》中思想相合。清季張嘉祿《困學紀聞補注》亦指出二書之相關者多條。計有《困學紀聞》卷二「乃命重黎」、「康王釋喪服而被袞冕」、卷三「薄彼韓城」、卷六「《理道要訣》云自古至商子孫不諱祖父之名」、卷八「《孟子》引費惠公之言」、「《急就篇》注」、卷十二「自糊名易書之法密」、卷十三「蔡邕文今存九十篇」、「梁武帝時錢陌減始有足陌之名云云」、卷十四「寫龍寫馬」諸條，《日知錄》皆緣之而繼為詳考。

〔註77〕《困學紀聞》卷三《詩》。

所指，即《日知錄》卷三《變雅》、《太原》之兩條。《紀聞》又一條云：

> 石碏曰：陳桓公方有寵於王。《公羊傳》，公子翬曰：吾爲子口隱矣。
> 《荀子》，周公曰：成王之爲叔父。《穆天子傳》亦云穆滿。皆生而
> 稱諡，紀事之失也。〔註78〕

此條蓋即《日知錄·生稱諡》一條之所本，〔註79〕惟亭林所考，固已遠較深寧爲詳密，此則繼事加精，理所宜然。《紀聞》又一條云：

> 群居終日，言不及義，而險薄之習成焉。飽食終日，無所用心，而
> 非僻之心生焉。故曰民勞則思，思則善心生。寡寐無爲，《澤陂》之
> 詩所以刺也。〔註80〕

方樸山云：「顧寧人先生云：飽食終日，無所用心，難矣哉，北方之強也。群居終日，言不及義，好行小慧，南方之強也。本此。」按此即《日知錄·南北學者之病》條。〔註81〕《紀聞》又一條云：

> 唐棣之華，維常之華，協車字。黍稷方華，協塗字。隰有荷華，協
> 且字。曹氏謂華當作夸，音敷。蓋古車本音居。《易》曰：睽孤，見
> 豕負塗，載鬼一車。來徐徐，困于金車。其音皆然。至《說文》有
> 尺遮之音，乃自漢而轉其聲。愚按，何彼穠矣，《釋文》或云古讀華
> 爲敷，與居爲韻，後倣此。朱文公《集傳》並著二音，而以音敷爲
> 先。〔註82〕

萬蔚亭《集證》即嘗引亭林《唐韻正》之所考，即本諸此條。深寧考《詩》音者僅數條，固未可謂爲亭林治古音淵源所自，〔註83〕而治經之知注意聲音訓詁校勘輯佚諸端，其規模則先自深寧啓之。自深寧上溯，亦可謂先自朱子啓之矣。

　　至於亭林博學於文，行己有恥之教，〔註84〕論史之重風俗人心，風俗中又特重言清議，重人品、尙廉恥，〔註85〕甚至如慕古之封建，重氏族家臣，

〔註78〕《困學紀聞》卷六《左氏》。
〔註79〕《原鈔本日知錄》卷二十四。
〔註80〕《困學紀聞》卷二十《雜識》。
〔註81〕《原鈔本日知錄》卷十七。
〔註82〕《困學紀聞》卷三《詩》。
〔註83〕顧亭林治古音之淵源，當承明陳第季立之遺緒，說參錢賓四師《中國近三百年學術史》。
〔註84〕參見《亭林文集》卷三《與友人論學書》。
〔註85〕《原鈔本日知錄》卷十七有《周末風俗》、《兩漢風俗》、《正始》、《宋世風俗》、

其議論皆與深寧相近。此則尤可見亭林所受之影響，固非此所舉數條有關考據者之可比也。蓋二人同遭亡國之痛，易代而同情，而皆思所以挽未墜之人心，以待王者之再興也。深寧詩文，惜多不存，無從據以詳論其心迹，然即就其《紀聞》之所述，已不可掩如此。亭林詩文集則流傳至今，其生平志節之所在，尤易考究。今觀其詩有《擬唐人五言八韻》，共六首，分詠申包胥乞師、高漸離擊筑、班定遠投筆、諸葛丞相渡瀘、祖豫州聞雞、陶彭澤歸里，〔註86〕又別有《子房》一首，〔註87〕則見其於古人之想慕，亦與深寧心事，若合符節也。

　　近人論清初學術，多以爲當時諸大儒皆反對明儒，昌明古學，而下開乾嘉諸儒之考據。其實如黃梨洲、顧亭林、王船山、李二曲、顏習齋等，皆以明之遺民而爲清之大儒，其有意於糾挽晚明以來士習之壞則然矣，而彼輩皆不爲科舉利祿所惑，矢志躬行用世，以道德經濟氣節學術爲士之倡導，固不止於昌古學而徒爲考證之求眞也。〔註88〕清儒自江藩（鄭堂）爲《漢學師承記》、《宋學淵源記》，而遂有漢學宋學之目。鄭堂謂有清漢學昌明，超軼前古，其《師承記》列梨洲、亭林於卷末，蓋以爲由二人啓之。然梨洲、亭林之所詣，亦豈止於經史之考據邪？抑彼等胸中，亦已有如鄭堂漢宋壁壘對立之想像邪？鄭堂評其人，云：

> 甲申乙酉之變，二君策名於波浪礪灘之上，竄身於榛莽窮谷之中。不順天命，強挽人心。發蛙黽之怒，奮螳螂之臂，以烏合之眾，當王者之師，未有不敗者矣。逮夫故土焦原，橫流毒浪之後，尚自負東林之黨人，猶效西臺之慟哭。雖前朝之遺老，實周室之頑民。當名編熏胥之條，豈能入儒林之傳哉？〔註89〕

其論人如此，其論學之見可知。清儒之重視亭林《日知錄》者，亦多上溯而推重深寧《困學紀聞》，然深寧之所學，亦豈考證求實而止乎？惟清儒之學，由深寧亭林啓其途，終不免至於唯考據之是務；從反陸王起腳，而終不免至

《清議》、《名教》、《廉恥》、《流品》、《重厚》、《耿介》、《鄉原》、《儉約》、《大臣》、《除貪》、《貴廉》、《禁錮奸臣子孫》、《南北風化之失》、《南北學者之病》、《士大夫晚年之學》等多條，皆分別有所論述。

〔註86〕參見《亭林詩集》卷一。
〔註87〕同前註，卷五。
〔註88〕說參柳詒徵《中國文化史》第七章。
〔註89〕《漢學師承記》卷八。

於並程朱而反之者，此則當就清廷之統治以求其故。

清初數帝，皆極崇儒，而自聖祖以下，尤尊朱子。康熙五十一年，特升朱子配享孔廟，時有熊錫履、李光地特以道學爲得君之專業，而光地侍聖祖講學尤親且久，恩眷至隆。同時又有陸隴其，篤守程朱，仕康熙朝，位雖不高，而公論早定，遂享大名。卒於康熙三十一年，越三十二年至雍正之二年，乃首得以本朝人從祀孔廟，儼然一代儒宗。同時復有湯斌，其人品固不在隴其之下，惟以其學尚陸王，乃於道光以前，竟不能言從祀。即此亦可覘清之中世，理學門戶之嚴與夫時君之所尚矣。康雍乾三朝獎掖儒學文教，收輯刊版，遠出前代，而尤以乾隆爲盛。若《四庫》館之所搜，可謂前所未有。然亦有自挾種族之慚，不願人以胡虜夷狄等字加諸漢族以外種人，觸其忌諱，遂毀棄滅迹者。而雍乾間文字獄之興，其慘毒亦史所罕見。其有意觸犯者可毋論，即無意中違礙，亦遽遭殺戮。而尤可怪者，有三事焉。謝濟世注《大學》，從《禮記》本，不從朱子《四書集注》本，不用朱子所補《格致傳》，竟遭參奏爲謗毀程朱。而世宗且以其藉《大學》言人君用人之道，以抒寫其怨望誹謗之私，議斬。後雖得旨免死，而仍需當苦差贖罪。夫《禮記》亦頒定之經書，與《四書》並行，信此不信彼，竟貽大禍。且程朱亦豈不多爲警戒人君之語，舍此而倡程朱，則其所謂程朱者，究將成何面目。同時又有陸生枏作《通鑑論》，多涉經濟制度，亦得罪，判軍前正法。〔註90〕又有尹嘉銓

〔註90〕陸生枏《通鑑論》已不存，然世宗逐條諭駁，所引原文具在《東華錄》。一曰論封建，云「封建之制，古聖人萬世無弊之良規，廢之爲害，不循其制亦爲害。至於害深禍烈，不可勝言」，又云「聖人之世，以同寅協恭爲治，後世天下至大，事繁人多，奸邪不能盡滌，詐僞不能盡燭。大抵封建廢而天下統於一，相既勞而不能深謀，君亦煩而不能無缺失。始皇一片私心，流毒萬世。」二曰論建儲，云「儲貳不宜干預外事，且必更使通曉此等危機」，又云「有天下者不可以無本之治治之。」三曰論兵制，云「李泌爲德宗歷敘府兵興廢之由，府兵既廢，禍亂遂生，至今爲梗，上陵下替」，又云「府兵之制，國無養兵之費，臣無專兵之患。」四曰論隋煬帝，云「後之君臣，儻非天幸，其不爲隋之君臣者幾希。」五曰論人主，云「人愈尊，權愈重，則身愈危，禍愈烈。蓋可以生人殺人賞人罰人，則我志必疏，而人之畏之者必愈甚。人雖怒之而不敢洩，欲報之而不敢輕，故其蓄必深，其發必毒。」六曰論君臣，云「當用首相一人。首相奸諂誤國，許凡欲效忠者皆得密奏。即或不當，亦不得使相臣知之」，又云「因言固可知人，輕聽亦有失人。聽言不厭其廣，廣則庶幾無壅。擇言不厭其審，審則庶幾無誤」，又云「爲君爲臣，莫要於知人，而立大本不徒在政迹。然亦不可無術相防。」七曰論王安石，云「賢才盡屏，謀謨盡廢，而己不以爲非，人君亦不知人之非，則並聖賢之作用氣象而不知」，

為故父會一請諡，又請將湯斌、范文程、李光地、顧八代、張伯行及其父會一從祀文廟，以其冒昧瀆奏，奉旨拏交刑部治罪，並查其家有無狂悖不法文字。有司查得其文有云：「朋黨之說起而父師之教衰，君亦安能獨尊於上哉？」高宗諭旨以為顯悖世宗《御製朋黨論》，又妄欲為帝師。彼又著有《名臣言行錄》，殆亦留心文獻之要務，高宗亦以其當盛世而倣朱子衰世所為之書，實莠言亂政。又因高宗甫七十嘗自稱古稀天子，而嘉銓亦自稱古稀老人，明為僭越。遂由大學士等定擬凌遲處死，家屬緣坐。特旨改絞立決，免其凌遲及緣坐，已謂之加恩。〔註 91〕清廷文字獄之酷烈與無可理喻，即此三事而可見。至於呂晚村之遭斲棺戮屍之禍，而陸隴其服膺晚村，則為清廷褒舉從祀孔廟，則更可無論矣。故乾隆以來學者所以多為樸學，專心於名物訓詁之考訂，而不敢一涉知人論世之文以觸時諱者，良有以也。若戴東原作《原善》、《孟子字義疏證》，排斥程朱，近人章太炎謂所辨欲不可絕、欲當即理，乃肆政之言，非飭身之典，〔註92〕庶為善論當時學術之真相也。

顧亭林《日知錄》自康熙三十四年由其門人潘耒次耕刻於閩中，逮道光十四年黃汝成潛夫薈集眾說以成《集釋》。黃氏自序其書，稱所據以參校者，除潘氏本外，不下十餘家，其簡當而尤善者則有閻若璩百詩、楊宁簡在、沈彤冠雲、錢大昕曉徵四家校本。惟亭林書中用語多觸忌諱，傳世之通行本，皆遭竄改刪節，已非本來面目。其事始於潘次耕之初刻，蓋亦懲於史禍，有屈志而為之者也。〔註 93〕黃汝成輯《集釋》時，所見自潘刻以下凡十餘本，

又云「篤恭而天下平之言，彼固未之見，知天知人之言，彼似未之聞也。人無聖學，能文章，不安平庸，鮮不為安石者。」八曰論無為之治，云「雖有憂勤，不離身心。雖有國事，亦第存乎綱領。不人人而察，但察銓選之任。不事事而理，止理付託之人。察言動，謹幾微，防讒間，慮疏虞。憂盛危明，防微杜漸而已。至若籩豆之事，則有司存」，又云「絳、度數諫，异、鑄順從，是以陷於朋比而不知。蓋有聖功即有王道，使徒明而不學，則人欲盛而天理微，固不能有三代之事功。至力衰而志隳，未有能如其初。」此皆世宗所舉《通鑑論》之原文，以為罪惡之所在，無過於此者。若此而得罪，則從來論史論治者，幾無人得免矣。乃世宗判云「罪大惡極，情無可逭，朕意欲將陸生枏軍前正法，以為人臣懷怨誣訕者之戒」，其陷人於罪，可謂隨心所欲矣。

〔註91〕尹氏請諡事在乾隆四十六年，高宗之《御製古稀說》頒示中外，則在前一年。以上說參孟森《清史講義》第二、第三章。

〔註92〕章氏說見《太炎文錄》卷一《釋戴》。太炎初亦有取於戴氏之排程朱，以清末治程朱之學者率惡言革命也。及民國三年作成《檢論》，則於排斥程朱之談，亦復不取矣。說參錢賓四師《中國近三百年學術史》。

〔註93〕說參《原抄本日知錄》附錄《校記》章太炎《序》。章氏以為刪竄者為潘耒，

莫不然。惟其書成之翌歲，又得原寫本，以校潘刻本，得者大半，而諸家多
未見此本，往往增損有異同，遂據之考正全書，得七百餘條，成《日知錄刊
誤》二卷。翌年又成《續刊誤》二卷，增校一百七十餘條。〔註94〕至民國二
十二年，張繼漙泉由北平購得原抄本《日知錄》，持與章太炎黃季剛同校，始
知二百餘年來通行之本皆遭改竄，凡有關持躬處世、夷夏之防、民族之義諸
語，幾刊落殆盡。亭林爲書之精神，乃沈埋而不彰。黃季剛通校全書，成《校
記》一卷，然後亭林原書之眞貌，始重見於世。〔註95〕張漙泉後又見山東圖
書館所藏另一抄本，與其所得本相同，足證其爲亭林之眞本也。黃季剛以黃
汝成《集釋》及《刊誤》與抄本對校，《集釋》中據原本及引沈彤校本補潘未
刻本者，抄本亦多完具，知抄本實自原本移寫，而汝成雖見原本，並依之作
《刊誤》，然凡遇其涉忌諱者，亦不敢錄出，且未敢明言。〔註96〕今據黃季剛
所校，抄者避清諱至「胤」字而止，當爲雍正時人所抄。亭林嘗與友人書云：
「所著《日知錄》三十餘卷，平生之志與業皆在其中，惟多寫數本以貽之同
好，庶不爲惡其害己者之所去，而有王者起，得以酌取焉。」〔註97〕然則亭
林似於當日已有先見，故原本翳藏二百餘年，乃復發見於今世，寧非學術史
上至奇至幸之一事乎。又其書亭林已多寫贈人，至於雍正時，尙有人據原本
抄錄，下逮道光，黃汝成亦終得見之。迄於民國，張氏乃於北平購得此抄本，
嗣又於山東圖書館見另一抄本。是皆足見亭林之原書，雖未能公開刻行，而
暗中流行，始終未輟也。潘耒親受是書於其師，又復從亭林家求得手稿，其
知此書之眞貌可無論；即黃汝成亦知之，惟諱而不敢言耳。然則自閻潛邱以
下，清儒之得見其原本者，當不乏其人，特亦猶汝成之未能言之耳。〔註98〕
亭林《日知錄》而外，其《詩文集》之康熙原刻本所遭遇並同，其《詩集》

徐文珊疑或不必定出潘氏手，說見《原抄本日知錄》附徐氏《評介》一文。
然其書之遭刪竄自初刻已然，則可確認者也。

〔註94〕 參黃氏《日知錄刊誤序》、《續刊誤序》。

〔註95〕 通行本稱明與前代無異，又《素夷狄行乎夷狄》一條，有錄無書。原抄本書
於明則稱本朝，且用字皆避明諱，又多出《胡服》一條，凡千餘言。通行本
之涉及明清與民族大義而遭竄改刪削，而據原鈔本以正之者，尤不勝舉。參
章太炎《校記·序》。

〔註96〕 參《原抄本日知錄·校記》黃季剛《序》。

〔註97〕 參《亭林文集》卷三《與友人論門人書》。

〔註98〕 康熙十一年壬子，顧亭林入都，館其甥徐健庵家，時閻潛邱年纔三十七歲，
歸太原故籍，適遇之。亭林出所撰《日知錄》相質，潛邱爲改訂數條，亭林
虛心從之。參《閻潛邱年譜》。

部分之遭改竄者爲尤多，近人亦有據傳錄潘耒手抄原本詩稿爲之作校正者。〔註99〕是《詩文集》亦隨《日知錄》之後，得還其本來面目也。

深寧《困學紀聞》受清儒之注意，亦猶亭林之《日知錄》，竟可謂與有清之國祚相終始。而對清人言，其書乃古人之遺籍，且其爲書多以經史故事排比考證以出之，與亭林之爲當代之書，所述又多犯時諱者不同。其實其書中凡稱宋皆曰我朝，稱宋太祖曰我藝祖，爲文於宋亡以後亦但書甲子，其不忘宋室，亦猶亭林之不忘明室也。全謝山《三箋序》且言：「太原閻徵君潛邱嘗爲之箋，已而長洲何學士義門又補之。斯二箋者，世宗憲皇帝居潛藩，皆嘗充乙夜之覽。」此則見其書未爲清廷所忌，而謝山箋校是書，又特發明深寧身世之所寄，故《序》中著此一語，以防無端之禍耳。

夫揭示深寧書中多寓身世之感者，固不始於謝山，閻何兩箋先已偶有指出。上文已略舉數例，茲再摘錄一二條以明之。

《紀聞》云：

> 晏元獻論秦穆公以由余爲賢，用其謀伐戎。夫臣節有死無貳，戎使由余觀秦，終竭謀慮，滅其舊疆，豈鍾儀操南音、樂毅不謀燕國之意哉。秦穆之致由余而闢戎土也，失君君臣臣之訓矣。元獻之論有補世教，故錄之。〔註100〕

此條閻氏無注，惟翁注引《潛邱箚記》卷二以爲之注，云：「《綱目》：赧王三十六年，趙王欲使樂毅謀伐燕。毅泣曰：臣疇昔之事昭王，猶今日之事大王也。若復得罪在他國，終身不敢謀趙之奴隸，況子孫乎？趙王乃止。按，《綱目》減省《通鑑》原文，爲識者所不取。此段則原文所無，而《綱目》補出者，煞有關係。嘗問諸人，人莫能應。余考之，出《三國志‧魏武帝紀》注。」若此固爲潛邱之炫其博聞強記，然謂此段煞有關係，則其於君臣之義，亦非盲目無所見則可知。《紀聞》又一條云：

> 歐陽子、司馬公之貶馮道，《春秋》之法也。我朝太宗謂范質欠世宗

〔註99〕近人輯印《亭林詩文集》，其《文集》係以康熙原刻本爲底本，並以蔣山傭殘稿及光緒張修府及董金鑑（《學古齋金石叢書》）諸刻本補正。《亭林餘集》則用蒯光典重刻本爲底本，而以傅增湘手校抄本略校異同。又輯《文集》、《餘集》及殘稿所未收入之文，輯爲《亭林佚文輯補》，附於書後。至於《亭林詩集》，則用康熙初刻本爲底本，主要則據傳錄潘耒手抄原本詩稿相校，作成《校記》附於詩後，刪去者亦依原書次序補入。參見該書編例，其書台灣世界書局有排印本。

〔註100〕《困學紀聞》卷十一《考史》。

－241－

一死，所以立萬世爲臣者之訓。〔註101〕

潛邱《初箋》云：「王蠋忠臣不事二君，貞女不更二夫之言，直至宋代而明。一明於太宗之責范質以死，一明於程伊川謂餓死事小、失節事大。而後爲人臣、爲人婦者之防始嚴，故宋大有功于綱常。余聞諸前輩先生云。」是尤可證潛邱亦注意及此。即如何義門之《二箋》，清儒亦已多指其輕薄，然《紀聞》云：

楊盛不改義熙年號，其志如陶靖節，孰謂夷無人哉。〔註102〕

義門箋云：「皆深傷宋季之無人也。」是亦非於深寧書之所述無所領會者。惟潛邱終以炫博矜新自足，故論生平所服膺者三人，則以錢牧齋與黃梨洲、顧亭林並尊，〔註103〕殆亦昧於論人者。是以謝山所指閻何二箋之病，亦非過論。

章實齋亦盛推深寧亭林之博古通經，云：

性命之説，易入虛無。朱子求一貫於多學而識，寓約禮於博文。其事繁而密，其功實而難，雖朱子之所求，未敢必謂無失也。然沿其學者，一傳而爲勉齋、九峯，再傳而爲西山、鶴山、東發、厚齋，三傳而爲仁山、白雲，四傳而爲潛溪、義烏，五傳而爲寧人、百詩，則皆服古通經，學求其是，而非專己守殘，空言性命之流也。自是以外，文則入於辭章，學則流於博雅，求其宗旨之所在，或有不自知者矣。生乎今世，因聞寧人、百詩之風，上溯古今作述，有以心知其意，此則通經服古之緒又嗣其音矣。無如其人慧過於識而氣蕩乎志，反爲朱子詬病焉，則亦忘其所自矣。夫實學求是與空談性天，不同科也。考古易差，解經易失，如天象之難以一端盡也。曆象之學，後人必勝前人，勢使然也，因後人之密而貶羲和，不知即羲和之遺法也。今承朱氏數傳之後，所見出於前人，不知即是前人之遺緒，是以後曆而貶羲和也。〔註104〕

其言蓋欲鍼砭戴東原之飲水而忘源，謂乾嘉經學，乃得亭林之緒餘，而已昧失亭林之本原，殆不失爲持平之論。亭林嘗云：

舍多學而識，以求一貫之方，置四海困窮不言，而終日講危微精一之説……我弗敢知也。〔註105〕

〔註101〕《困學紀聞》卷十四《考史》。
〔註102〕《困學紀聞》卷十三《考史》。
〔註103〕説參錢賓四師《中國近三百年學術史》。
〔註104〕《文史通義》內篇二《朱陸》。
〔註105〕《亭林文集》卷三《與友人論學書》。

然則乾嘉諸儒多學而識，實事求是，唯訓詁名物之考證是務，未知亭林亦許之乎？實齋又言：

> 博學強識，儒之所有事也，以謂自立之基，不在是矣。……博學強識，自可以待問耳。不知約守而祇爲待問設焉，則無問者，儒將無學乎？……王伯厚氏搜羅摘抉，窮幽極微，其於經傳子史，名物制數，貫串旁騖，實能討先儒所未備，其所纂輯諸書，至今學者資衣被焉，豈可以待問之學而忽之哉？答曰：王伯厚氏蓋因名而求實者也。昔人謂韓昌黎因文而見道，既見道則超乎文矣。王氏因待問而求學，既知學則超乎待問矣。然王氏諸書，謂之纂輯可也，謂之著述則不可也。謂之學者求知之功力可也，謂之成家之學術則未可也。今之博雅君子，疲精勞神於經傳子史，而終身無得於學者，正坐宗仰王氏，而誤執求知之功力，以爲學即在是爾。學與功力，實相似而不同。學不可驟幾，人當致攻乎功力則可耳，指功力以謂學，是猶指秫黍以謂酒也。夫學有天性焉，讀書服古之中，有入識最初而終身不可變易者是也。學又有至情焉，讀書服古之中，有欣慨會心而忽焉不知歌泣何從者是也。功力有餘而性情不足，未可謂學問也。性情自有而不以功力深之，所謂有美質而未學者也。夫子曰：發憤忘食，樂以忘憂，不知老之耐至。不知孰爲功力，孰爲性情？斯固學之究竟。夫子何以致是？則曰好古敏以求之者也。今之俗儒，且憾不見夫子未修之《春秋》，又憾戴公得《商頌》而不存七篇之闕目，以謂高情勝致，互相贊歎。充其僻見，且似夫子刪修，不如王伯厚之善搜遺逸焉。蓋逐於時趨，而誤以襲績補苴謂足盡天地之能事也。幸而生後世也，如生秦火未燬以前，典籍具存，無事補輯，彼將無所用其學矣。〔註106〕

實齋分辨待問與知學、功力與性情、纂輯與著述，皆針對當時漢學家之爲學而發。蓋自深寧《困學紀聞》之大受重視，亭林《日知錄》、潛邱《箚記》以下，清儒傚其札錄之體以成書者不知凡幾，〔註107〕而漸至於專以博誦強識、輯佚搜遺以爲學，此所以爲實齋所深譏也。其言只舉深寧，而不及亭林，一

〔註106〕《文史通義》內篇二《博約中》。

〔註107〕若何義門《讀書記》、錢竹汀《十駕齋養新錄》、盧抱經《鍾山札記》、王念孫《讀書雜志》、王引之《經義述聞》、陳蘭甫《東塾讀書記》等，餘不備舉。

則以亭林亦承深寧而來，二則實齋意中似認乾嘉博古考證之學，深寧之影響
尤在亭林之上也。然彼亦謂深寧因待問而求學，既知學則超乎待問矣，則是
後之徒將待問以爲學者，乃學者之過，若遂諉過於深寧，似非公論。至謂深
寧諸書，乃纂輯，非著述，亦有可商。蓋深寧類比而輯之作，若《玉海》、若
輯《詩》三家說、《周易鄭注》之類，皆可謂纂輯，非實齋所謂著述之比。至
《困學紀聞》一書，亦並認其徒見求知之功力，而未爲成家之學，循至後之
疲精勞神於書冊，執聞見以爲學者，亦歸罪於深寧，無乃言之太苛而未嘗深
辨乎？其實若潛邱之書，雖源於深寧亭林，固已不可因其爲書體例之相類而
一例並論之也。愚意頗疑清初儒者之好讀深寧亭林之書，其始未嘗不懷一種
民族與故國之感情，惟在清廷高壓懷柔政策交相籠罩之下，其書中所寓經世
濟民之精神，乃無可發展而遽遭扼殺。而一般學者，在朝廷刀鋸之側，凡與
民生日用、經世實務相關者，一概噤口未敢言，學術之途轍，乃僅循深寧亭
林所開示之考索博識一線而下，遂有如實齋所譏者。〔註108〕亭林早歲嘗遊復
社，明季亦未嘗出仕，國亡之後乃南北奔走，圖謀恢復，故其書中之有關時
務者尤多。深寧則爲宋室大臣，國亡不仕，禁忌必益多，故杜門不出者二十
年，其《困學紀聞》以較《日知錄》，似更易見爲一種書冊考證之博聞；又別
開輯佚搜遺之學，則更與當代之政治無涉。故乾嘉諸儒之爲學，就其迹言，
或於深寧爲尤近。實齋之專指彼等坐宗仰深寧而失，若就此一觀點窺之，其
言亦非爲無見也。而清廷又一面高擡程朱，以籠絡讀書人。然高壓可以緘其
口，懷柔則未足以協其心。故此後之清儒，漸棄程朱性理之學於不講。及文
網稍疏，其言義理之學者，亦多以反程朱是尙。此則至乾嘉而極，而以義理

〔註108〕李祖陶《與楊蓉諸明府書》論有清文弊，云：「謂本朝古文不及前朝……見近
人文集中者指不勝屈……夫文者所以明道，亦所以論事也。朝廷之上有直言
極諫之臣……草野之間有盱衡抵掌之士。……或指時政之闕失，或傷學術之
偏頗，或痛文運之遷流……其大者可爲萬世蓍龜，其小者足爲一時藥石。延
至康熙中葉，此風未嘗少衰，此古人之文之所以盛也。今則俔俔伈伈，如在
雲霧之中，始而朝廷之上避之，繼而草野之間亦避之……各思斂筆惜墨以避
禍。士之負聰明才力者，無以發抒，遂各爬梳經義，將古人成說已定者，仍
復顚之倒之，甚至旁引博徵，說曰若稽古至三萬字；而應酬之文不可無以塞
白，遂各駢四儷六以相誇。……蓋古人之文，一涉筆必有關係於天下國家；
今人之文，一涉筆惟恐觸礙于天下國家。此非功令實然，皆人情望風覘景，
畏避太甚，見鱓而以爲蛇，遇鼠而以爲虎，消剛正之氣，長柔媚之風。」見
《邁堂文略》卷一。邁堂嘉道間人，時清廷文網漸弛，遂有若是痛切之反省
也。

排程朱者，則以休寧戴氏爲之魁。此章太炎所以謂其《原善》、《孟子字義疏證》爲詩政之言也。然則乾嘉學術之偏陷，誠出於不得已，是亦可慨而又可諒也。惟自道咸以降，清廷文網既弛，學者遂由東漢許鄭而上溯於西漢，有意乎董子與《公羊》，乃亦復求通經而致用。而舍今求古，終亦無與乎深寧亭林之所想望。惟道光間，翁氏爲《紀聞》輯注、黃氏爲《日知錄》集釋，皆稱詳備，其疏說傳注名物制度，似仍一承乾嘉考索之餘緒，然觀黃徵乂之敘翁書，稱其以經術飾吏治，黃汝成之自序《集釋》，亦睎乎明體達用之學，則亦可微窺其學風之轉移矣。至於四明張嘉祿之《困學紀聞補注》最爲晚出，其門人陳漢章爲之序，稱萬翁二書箋注雖多，俱不能及謝山，而其師意在厚集諸儒遺言，以發明深寧之遺志，所謂識其大者，非徒考據之學也。〔註109〕嘉祿子壽鏞，亦記其父之言云：

> 深寧學問，豈盡心於文字者，蓋將以明道也。《困學紀聞》一書，於
> 君子小人消長之幾，人心風俗維繫之故，言之最切。吾是以致力於
> 斯，汝輩誌之。〔註110〕

其書雖未至於其所欲至，然觀其言，則其視閻何以下之專以博識尊深寧者，洵爲有間矣。陳漢章之於諸箋註中，獨推崇謝山，或亦承其師之意而爲言。蓋發明深寧之遺志者，無疑當以謝山爲最多，固非因全張同爲四明鄉里而私許之也。《補注》以履霜戒於未然，引劉荀《明本釋》防微銷患爲言，張壽鏞謂即此其父之意可知。〔註111〕嘉祿《補注》成於光緒之季，清廷卒亦不旋踵而覆。余讀清儒注深寧之書，自潛邱以下，至於嘉祿，竟可謂與清祚相終始，而尋其轉變之迹，蓋不勝感慨係之矣。

〔註109〕參見張氏《困學紀聞補注》陳漢章《序》。
〔註110〕張氏《困學紀聞補注》張壽鏞《後序》。
〔註111〕同前註。並參《補注》卷一。

參考書目

本書目共分七類：王應麟著作、經、史、子（類書附）、集、雜著、單篇論文。

十三經全部列入；二十五史僅列應麟論著曾涉及者，及宋元二史。

宋明儒著作，稱全書者，入集部；稱語錄者，入子部。

筆談、隨筆、日鈔、札記等書，內容廣泛，徧涉四部者，入雜著類。

一書兩屬者，酌量歸類，不設互見之例。

依梁啟超《清代學術概論》成例，師長前輩均書名，敬稱從略。

（一）

1. 《玉海》，王應麟，華文書局，景印元後至元三年慶元路儒學刊本。
2. 《周易鄭注》，王應麟，《玉海》附刻。
3. 《詩考》，王應麟，《玉海》附刻。
4. 《詩地理考》，王應麟，《玉海》附刻。
5. 《周書王會篇補注》，王應麟，《玉海》附刻。
6. 《踐阼篇集解》，王應麟，《玉海》附刻。
7. 《六經天文編》，王應麟，《玉海》附刻。
8. 《通鑑地理通釋》，王應麟，《玉海》附刻。
9. 《通鑑答問》，王應麟，《玉海》附刻。
10. 《漢制考》，王應麟，《玉海》附刻。
11. 《漢藝文志考證》，王應麟，《玉海》附刻。
12. 《小學紺珠》，王應麟，《玉海》附刻。
13. 《急就篇補注》，王應麟，《玉海》附刻。
14. 《姓氏急就篇》，王應麟，《玉海》附刻。

15. 《三字經》（附），舊題王應麟（章炳麟改編），學海出版社。

16. 《困學紀聞》，王應麟，商務印書館《四部叢刊三編》景印江安傅氏雙鑑
    樓藏元刊本。

17. 《困學紀聞》，王應麟，《子學名著集成初編》景印明萬曆卅一年莆田吳
    氏刊本。

18. 《困學紀聞七箋》，閻若璩等，台灣大學藏本。

19. 《困學紀聞集證》，萬希槐，中華叢書編審委員會。

20. 《翁注困學紀聞》，翁元圻，中華書局《四部備要》。

21. 《翁注困學紀聞》，翁元圻，世界書局。

22. 《困學蒙證》，宋令君，廣文書局。

23. 《困學紀聞參注》，趙敬襄，商務印書館。

24. 《困學紀聞補注》，張嘉祿，中華大典編印會。

25. 《四明文獻集》，鄭眞，中華大典編印會。

26. 《深寧文鈔摭餘編》，葉熊，中華大典編印會。

27. 《深寧先生年譜》，錢大昕，中華大典編印會。

28. 《王深寧先生年譜》，陳僅，中華大典編印會。

29. 《王深寧先生年譜》，張大昌，中華大典編印會。

（二）

1. 《十三經注疏》，藝文印書館。

2. 《大戴禮記》，戴德，商務印書館。

3. 《周易集解》，李鼎祚，學生書局。

4. 《周易本義》，朱熹，廣學社印書館。

5. 《易學啓蒙》，朱熹，廣學社印書館。

6. 《先秦漢魏易例述評》，屈萬里，學生書局。

7. 《宋代易學の研究》，今井宇三郎（日人），東京明治圖書出版社。

8. 《書集傳》，蔡沈，世界書局。

9. 《尚書古文疏證》，閻若璩，漢京文化事業公司。

10. 《尚書今古文注疏》，孫星衍，廣文書局。

11. 《尚書釋義》，屈萬里，華岡出版社。

12. 《逸周書集訓校釋》，朱右曾，藝文印書館。

13. 《韓詩外傳》，韓嬰，商務印書館。

14. 《詩集傳》，朱熹，藝文印書館。

15. 《詩序辨説》，朱熹，藝文印書館。

16. 《呂氏家塾讀詩記》，呂祖謙，商務印書館。

17. 《毛詩傳箋通釋》，馬瑞辰，廣文書局。

18. 《詩毛氏傳疏》，陳奐，廣文書局。

19. 《三家詩遺説考》，陳喬樅，漢京文化事業公司。

20. 《詩三家義集證》，王先謙，藝文印書館。

21. 《詩經釋義》，屈萬里，華岡出版社。

22. 《周禮正義》，孫詒讓，藝文印書館。

23. 《春秋尊王發微》，孫復，漢京文化事業公司。

24. 《東萊左氏博議》，呂祖謙，廣文書局。

25. 《春秋後傳》，陳傅良，漢京文化事業公司。

26. 《四書集註》，朱熹，藝文印書館。

27. 《四書釋義》，錢穆，學生書局。

28. 《論語新解》，錢穆，自印本。

29. 《小學集註》，朱熹（陳選集註），中華書局。

30. 《經典釋文》，陸德明，漢京文化事業公司。

31. 《經義考》，朱彝尊，中華書局。

32. 《經義述聞》，王引之，漢京文化事業公司。

33. 《群經平議》，俞樾，河洛圖書公司。

34. 《經學通論》，皮錫瑞，河洛圖書公司。

35. 《經學歷史》，皮錫瑞，藝文印書館。

（三）

1. 《國語》，撰人不詳，藝文印書館。

2. 《戰國策》，劉向編錄，藝文印書館。

3. 《史記》，司馬遷（三家注），藝文印書館。

4. 《漢書》，班固（王先謙《補注》），藝文印書館。

5. 《後漢書》，范曄（王先謙《集解》），藝文印書館。

6. 《三國志》，陳壽（盧弼《集解》），藝文印書館。

7. 《晉書》，房玄齡等（吳士鑑《斠注》），藝文印書館。

8. 《宋書》，沈約，藝文印書館。

9. 《齊書》，蕭子顯，藝文印書館。

10. 《梁書》，姚思廉等，藝文印書館。

11. 《陳書》，姚思廉等，藝文印書館。

12. 《魏書》，魏收，藝文印書館。

13. 《北齊書》，李百藥，藝文印書館。

14. 《周書》，令狐德棻，藝文印書館。

15. 《南史》，李延壽，藝文印書館。

16. 《北史》，李延壽，藝文印書館。

17. 《隋書》，魏徵等，藝文印書館。

18. 《舊唐書》，劉昫等，藝文印書館。

19. 《新唐書》，歐陽修等，藝文印書館。

20. 《五代史記》，歐陽修，藝文印書館。

21. 《宋史》，脫脫等，藝文印書館。

22. 《宋史新編》，柯維騏，新文豐出版社。

23. 《宋史紀事本末》，馮琦等，鼎文書局。

24. 《宋史翼》，陸心源，文海出版社。

25. 《宋會要輯稿》，徐松，新文豐出版社。

26. 《元史》，脫脫等，藝文印書館。

27. 《新元史》，柯劭忞，藝文印書館。

28. 《資治通鑑》，司馬光，世界書局。

29. 《通鑑胡注舉正》，陳景雲，商務印書館。

30. 《通鑑胡注表微》，陳垣，華世出版社。

31. 《通鑑紀事本末》，袁樞，里仁書局。

32. 《續資治通鑑長編》，李燾，世界書局。

33. 《續資治通鑑長編紀事本末》，楊仲良，文海出版社。

34. 《宋史全文》，不著撰人，文海出版社。

35. 《建炎以來繫年要錄》，李心傳，文海出版社。

36. 《通典》，杜佑，新興書局。

37. 《通志》，鄭樵，新興書局。

38. 《文獻通考》，馬端臨，新興書局。

39. 《史通》，劉知幾（浦起龍《通釋》），九思出版社。

40. 《文史通義》，章學誠，國史研究室。

41. 《涑水記聞》，司馬光，商務印書館。

42. 《建炎以來朝野雜記》，李心傳，文海出版社。

43. 《伊洛淵源錄》，朱熹，藝文印書館。

44. 《宋遺民錄》，程敏政，商務印書館。

45. 《宋季忠義錄》，萬斯同，中華大典編印會。

46. 《朱子年譜》，王懋竑，世界書局。

47. 《漢學師承記》，江藩，廣文書局。

48. 《宋學淵源記》，江藩，廣文書局。

49. 《延祐四明志》，袁桷等，商務印書館。

50. 《寧波簡要志》，黃潤玉，中華大典編印會。

51. 《鄞志稿》，蔣學鏞，中華大典編印會。

52. 《寧波府志》，曹秉仁等，中華叢書委員會。

53. 《勅修浙江通志》，嵇曾筠等，華文書局。

54. 《奉化縣志》，李前泮等，中華叢書委員會。

55. 《南宋館閣錄續錄》，陳騤，商務印書館。

56. 《歷代職官表》，黃本驥，國史研究室。

57. 《郡齋讀書志》，晁公武，廣文書局。

58. 《直齋書錄解題》，陳振孫，廣文書局。

59. 《四庫全書總目提要》，紀昀等，藝文印書館。

60. 《皕宋樓藏書志》，陸心源，廣文書局。

61. 《儀顧堂題跋》，陸心源，廣文書局。

62. 《中國文化史》，柳詒徵，正中書局。

63. 《清史講義》，孟森，文星書店。

64. 《清代學術概論》，梁啓超，中華書局。

65. 《中國近三百年學術史》，梁啓超，中華書局。

66. 《中國近三百年學術史》，錢穆，商務印書館。

67. 《中國思想史》，錢穆，學生書局。

68. 《中國學術思想史論叢》，錢穆，東大圖書公司。

69. 《宋人軼事彙編》，丁傳靖，商務印書館。

70. 《元代漢文化活動》，孫克寬，中華書局。

71. 《歷代人物年里碑傳綜表》，姜亮夫，華世出版社。

72. 《宋人生卒考示例》，鄭騫，華世出版社。

73. 《宋元理學家著述生卒年表》，麥仲貴，新亞研究所。

74. 《明清儒學家著述生卒年表》，麥仲貴，學生書局。

75. 《支那史學史》，內藤虎次郎（日人），清水弘文堂書房。

76. 《中國近世儒學史》，宇野哲人（日人）唐玉貞譯，中華文化出版事業委員會。

77. 《宋元明清近世儒學變遷史論》，麓保孝（日人），國書刊行會。

（四）

1. 《老子》，王弼注，中華書局。
2. 《莊子》，（王先謙《集解》），蘭臺書局。
3. 《荀子》，（王先謙《集解》），藝文印書館。
4. 《韓非子》，（陳奇猷《集釋》），河洛圖書公司。
5. 《呂氏春秋》，（許維遹《集釋》），世界書局。
6. 《淮南子》，（劉文典《集證》），商務印書館。
7. 《上蔡語錄》，謝良佐，廣文書局。
8. 《近思錄》，朱熹（江永《集註》），中華書局。
9. 《朱子語類》，朱熹（門人編錄），正中書局。
10. 《學蔀通辨》，陳建，廣文書局。
11. 《理學宗傳》，孫奇逢，藝文印書館。
12. 《增補宋元學案》，全祖望，中華書局。
13. 《宋元學案補遺》，王梓材等，世界書局。
14. 《明儒學案》，黃宗羲，世界書局。
15. 《清學案小識》，唐鑑，廣文書局。
16. 《清儒學案》，徐世昌，燕京文化事業公司。
17. 《宋明理學概述》錢穆，學生書局。
18. 《朱子新學案》，錢穆，自印本。
19. 《雙溪獨語》，錢穆，學生書局。
20. 《中國近世思想研究》，安井二郎（日人），弘文堂。
21. 《宋明時代儒學思想の研究》，楠木正繼（日人），広池學園出版部。
22. 《初學記》，徐堅等，鼎文書局。
23. 《太平御覽》，李昉等，商務印書館。

（五）

1. 《歐陽文忠公文集》，歐陽修，商務印書館。
2. 《溫國文正司馬公文集》，司馬光，商務印書館。
3. 《臨川先生文集》，王安石，商務印書館。

4. 《二程全書》，程顥、程頤，中華書局。

5. 《楊龜山先生全集》，楊時，學生書局。

6. 《朱文公文集》，朱熹，商務印書館。

7. 《陸九淵集》，陸九淵，里仁書局。

8. 《南軒集》，張栻，廣學社印書館。

9. 《呂東萊文集》，呂祖謙，商務印書館。

10. 《止齋先生文集》，陳傅良，商務印書館。

11. 《陳亮集》，陳亮，河洛圖書公司。

12. 《葉適集》，葉適，河洛圖書公司。

13. 《攻媿集》，樓鑰，商務印書館。

14. 《西山先生眞文忠公文集》，眞德秀，商務印書館。

15. 《重校鶴山先生大全集》，魏了翁，商務印書館。

16. 《何北山先生遺書》，何基，藝文印書館。

17. 《本堂集》，陳著，商務印書館。

18. 《魯齋集》，王柏，藝文印書館。

19. 《桐江集》，方回，中央圖書館。

20. 《桐江續集》，方回，商務印書館。

21. 《仁山先生金文安公文集》，金履祥，藝文印書館。

22. 《文山先生集》，文天祥，商務印書館。

23. 《剡源戴先生文集》，戴表元，商務印書館。

24. 《白雲文集》，許謙，藝文印書館。

25. 《靜修先生文集》，劉因，商務印書館。

26. 《清容居士集》，袁桷，商務印書館。

27. 《道園學古錄》，虞集，商務印書館。

28. 《金華黃先生文集》，黃溍，商務印書館。

29. 《清江貝先生文集》，貝瓊，商務印書館。

30. 《陽明全書》，王守仁，中華書局。

31. 《梨洲遺著彙刊》，黃宗羲，隆言出版社。

32. 《新校顧亭林詩文集》，顧炎武，世界書局。

33. 《穆堂全稿》，李紱，台灣大學藏本。

34. 《鮚埼亭集》，全祖望，商務印書館。

35. 《戴東原先生全集》，戴震，大化書局。

36. 《崔東壁遺書》，崔述，河洛圖書公司。

37. 《邁堂文略》，李祖陶，台灣大學藏本。

38. 《南宋文範》，莊仲方，文海出版社。

39. 《曾文正集》，曾國藩，中華書局。

40. 《康南海先生遺著彙刊》，康有為，宏業書局。

41. 《章氏叢書》，章炳麟，世界書局。

42. 《戴靜山先生全集》，戴君仁，戴靜山先生遺著編輯委員會。

（六）

1. 《夢溪筆談》，沈括，世界書局。

2. 《容齋隨筆》，洪邁，商務印書館。

3. 《黃氏日抄》，黃震，中文出版社。

4. 《羅氏識遺》，羅璧，廣文書局。

5. 《思辨錄輯要》，陸世儀，商務印書館。

6. 《原抄本日知錄》，顧炎武，明倫出版社。

7. 《日知錄集釋》，黃汝成，中文出版社。

8. 《潛邱箚記》，閻若璩，漢京文化事業公司。

9. 《義門讀書記》，何焯，商務印書館。

10. 《十駕齋養新錄》，錢大昕，廣文書局。

11. 《僞書通考》，張心澂，鼎文書局。

（七）

1. 《宋代四明之學風》，張其昀，《中華學術史論集》（一）。

2. 《元代南方之儒試論》，孫克寬，《孔孟月刊》第四卷第十二期。

3. 《元代金華之學述評》，孫克寬，《幼獅學誌》第八卷第三期。

4. 《元儒劉靜修學行述評》，孫克寬，《民主評論》第七卷第二十一期。

5. 《日知錄札記》，何佑森，《臺大文史哲學報》第十五期。

6. 《顧亭林的經學》，何佑森，《臺大文史哲學報》第十六期。

7. 《清代漢宋之爭平議》，何佑森，《臺大文史哲學報》第二十七期。

8. 《萬季野之史學》，杜維運，《中國學術史論集》（二）。

9. 《王應麟著述考》，呂美雀，《故宮圖書季刊》第三卷第一、二期。

10. 《顧炎武の郡縣論》，岡崎文夫（日人），《支那學》第二卷第三號。

11. 《學術上に於ける清代の功績》，安井小太郎（日人），《支那學研究》第四編。